Woodlands Indians Coloring Book

PETER F. COPELAND

Dover Publications, Inc.
New York

INTRODUCTION

IN ANCIENT TIMES the entire eastern part of what is now the United States was one vast sweep of forest, from the dense coniferous woodlands of the north to the evergreens of the far south. Many separate tribes of Native Americans lived in villages scattered here and there throughout these woodlands. Though these tribes differed in their lifestyles, they lived in the forest and derived their sustenance from it. They were quite different from the hunters of the far north and the tribes of the plains and prairies of the west.

The northeast woodlands Indians were farmers, hunters and trappers. They dressed in the tanned skins of animals (though they quickly adopted the brightly colored cloth brought to them by the European traders who entered their lands in the seventeenth and eighteenth centuries). They chiefly spoke dialects of the Iroquois language in the northern territory and Cherokee dialects in the south; to the west, in the Great Lakes area the people spoke Algonquian and Siouan dialects. Wood was their universal building material. They lived in bark-covered lodges within villages protected by stout wooden palisades and they traveled the waterways of the country in bark and dugout canoes.

These Native Americans had not the time or opportunity to cope with the invasions of the Europeans. Disease, warfare and political pressures combined to destroy them in their own land or drive them ever farther to the west. Many of the tribes described here ceased to exist during the years of invasion, or were so fragmented by dispersion and tribal intermarriage as to have lost their identity. According to 1990 census figures, there are now over 37,000 Native Americans in the northeastern United States. Among them are descendants of the forest-dwelling tribes.

The lands once inhabited by the northeast woodlands Indians covered in this book run from maritime Canada in the north to coastal North Carolina in the south, and west through the area of the Great Lakes, to where the prairies begin. The illustrations are arranged geographically, with the exception of the center spread, which appears on pages 22 and 23.

Bibliographical Note

Woodlands Indians Coloring Book is a new work, first published by Dover Publications, Inc., in 1995.

DOVER *Pictorial Archive* SERIES

International Standard Book Number: 0-486-28621-5

Manufactured in the United States of America
Dover Publications, Inc., 31 East 2nd Street, Mineola, N.Y. 11501

A sixteenth-century European drawing of American Indians. This is a typical depiction (perhaps more accurate than most) of Native Americans drawn by a European illustrator who had probably never been to America and who worked from a description of native people brought back to Europe by early explorers.

A Pequot hunter, 1600. The Pequots were natives of southern New England, settled mostly in eastern Connecticut. Dutch explorers established a trade with the Pequots as early as 1615–1620. During the Pequot war of 1637 the

2

English destroyed the Pequot nation, massacring the Pequot
people, taking over their land and enslaving the survivors.
The hunter seen here travels the waterways in a traditional
bark canoe.

A hunter of the Massachuset tribe, 1600. The Massachuset people lived on the south side of Massachusetts Bay. The French explorer Samuel de Champlain met them during his explorations of the southern New England coast in 1605.

Both the French and the Dutch traded with the Massachuset people in the early seventeenth century, before they were largely destroyed by diseases brought to America by the Europeans between 1617 and 1633.

4

Passamaquoddy man spearing fish, 1604. The practice of fishing with a three-pronged wooden spear is practiced by the Passamaquoddy people today in the same way it was done hundreds of years ago. The land of the Passamaquoddys extended from northern Maine to southern New Brunswick in Canada. Today many of the Passamaquoddy people live on two reservations in Maine, where they own houses and small businesses. The Passamaquoddy continue to be skilled in the ancient arts of beadwork and basketry.

Maliseets building a birchbark canoe, 1699. The Maliseets and the Passamaquoddys occupied neighboring territories in northern Maine and spoke the same language. Canoe building required the work of a number of people, and it took as long as three weeks to complete one canoe. Like many coastal Indians, the Maliseets used birch bark for building canoes, while the Iroquoian people used sycamore or hickory bark in constructing their vessels. The splint basket seen here is of the type woven by many northeastern tribes.

Niantic hunters, 1710. The Niantics were part of the Narraganset-Niantic community of Rhode Island. They were hunters as well as planters, men and women working together to clear and plant fields. Hunting was done with bow and arrow, and later with firearms acquired from European traders, as shown by the hunter in the background. The other hunter wears a checkered headband and a necklace of wampum, strung beads of polished shells prized by the Indians as an important item of trade and exchanged during acts of diplomacy between tribes.

A Passamaquoddy chief's daughter, 1817. Here we see Denny Sockabasin, daughter of Passamaquoddy chief Francis Joseph Neptune, as she appeared in 1817, in Eastport, Maine. She wears the conical cap peculiar to some of the women of the far northeastern tribes. A doll, laced into a miniature cradleboard, hangs from the wall.

8

Penobscot men, 1914. The Penobscots are of the Eastern Abenaki nation, natives of Maine. Giovanni da Verrazano was one of the first Europeans to meet them during the sixteenth century. By 1765 continued European settlement, warfare and decimating diseases forced them from their ancient lands and made them impoverished outcasts. Today their descendants live on lands set aside for them by the state of Maine. The man on the right wears a moose-skin shirt and a deer-scalp mask. The other men wear blankets and garments of cloth, typical of the styles used by northeastern Indians after the adoption of European fabrics.

Penobscot basket weavers, 1937. Many northeast wood-lands tribes were expert basket makers, weaving baskets, as we see here, by plaiting hardwood splints. Sometimes the splints were dyed and sometimes a design was painted on

them. Soft-plaited baskets of cedar bark were used for storage, as were baskets made from hemp twine, corn husks and wild sweet grasses. Baskets were used for a multitude of purposes.

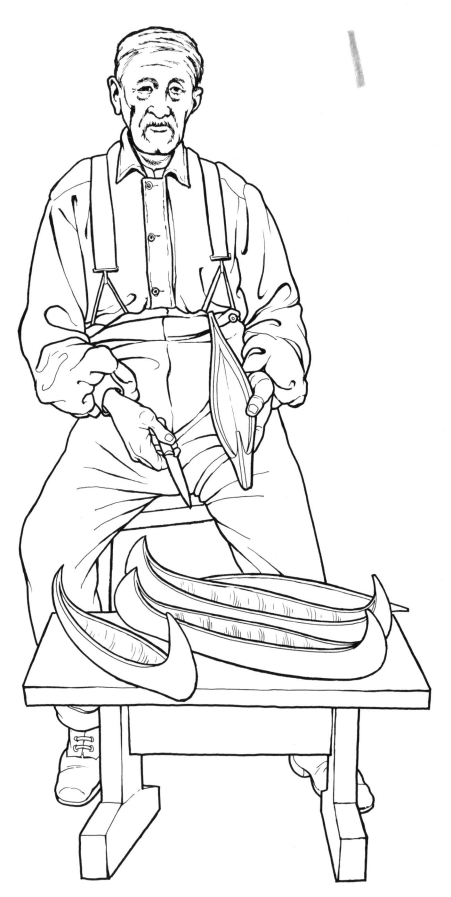

Western Abenaki builder of model canoes, 1923. The land of the Western Abenaki ran north from central Massachusetts through New Hampshire and Vermont into the Canadian province of Quebec. Throughout the seven- teenth and eighteenth centuries, these people were involved in wars between the French and English. This model canoe builder was famed among his tribe as a builder of accurate birchbark-canoe models.

Iroquois men constructing a bark house, 1760. The Iroquois lived in permanent villages usually built on a lake or river bank. The bark house was a simple structure. The frame was made of wooden poles set in the ground with transverse rafters of wooden poles for the roof. The covering of the house was of elm or ash bark flattened into boards. Another set of poles was set up outside the bark exterior and fixed to the bark with splints. At the two ends of the house were doors with animal skins hung before the openings.

A Mohawk hunter, 1770. The tribes of the famous Confederacy of the League of the Iroquois (which was founded about 1570) were the Senecas, Oneidas, Cayugas, Onondagas, Mohawks and Tuscaroras (after 1722). Their land lay in northern New York state. Today the descendants of the Iroquois Confederacy are concentrated in upstate New York and southeast Canada. The Mohawk hunter seen here has abandoned his bow and adopted the European flintlock musket, shot pouch and powder horn.

Iroquois men playing lacrosse, 1785. The Indians of the northeast woodlands played many games, one of which was lacrosse, a sport that remains popular today. The Iroquois played the game as a useful training for war. The ball was made of a single piece of hide with a thong drawstring, and the netting of the racket was made of closely woven leather thongs.

Iroquois mother and child. The baby frame, or cradle-board, designed to transport a small child, was about two feet long and fourteen inches wide, with a carved footboard at the small end. It was carried on the mother's back by means of rawhide shoulder straps through which the mother's arms passed and a tumpline strapped across her forehead.

Iroquois man and woman, 1812. Iroquois dress, like that of other northeastern Indian tribes, changed greatly after woven materials from the white man became plentiful. Men's fringed buckskin shirts and leggings were replaced by cloth kilts secured by a belt or sash, and broadcloth leggings such as those worn by the man above. The woman's dress and cloak are likewise of colored cloth decorated with beadwork. The Iroquois longhouse in the background sheltered several families and had a row of cooking fires down the middle. Below is an Iroquois peace pipe.

Members of the Iroquois Society of False Faces, 1720.
One of the religious societies of the Iroquois people was the Society of False Faces. Members of the society protected their people from evil spirits and cured diseases, wearing grotesquely carved masks as part of their ritual. Each spring and fall, members went round their village performing a ceremony to frighten away evil spirits, a practice that some Iroquois traditionalists continue to this day.

North Carolina Algonquians, 1585. The illustration of these Algonquians of North Carolina is reconstructed from the drawings of John White, done in 1585. The land of these Native Americans was the eastern North Carolina coastline, including Roanoke Island, where the English established their first, and unsuccessful, North American colony in 1585. In the late sixteenth century, the Algonquian population of coastal North Carolina was estimated to have been about 7,000 people, divided into perhaps 27 tribes and villages. This population steadily declined over the next 200 years through disease and warfare. By the year 1900 the Algonquians had virtually disappeared.

Pocahontas and Captain John Smith, 1607. John Smith, leader of a group of English colonists, was captured by the Virginia Algonquians under Chief Powhatan in 1607. Smith was about to be put to death when Pocahontas, daughter of the chief, intervened to save his life. Pocahontas was later kidnapped by the Europeans and carried off to the Jamestown colony, where she married an Englishman, John Rolfe. She later traveled with him to England, where she died of smallpox in 1617.

Virginia Algonquians meeting Europeans, 1635. The land of the Virginia Algonquians was the eastern Virginia shoreland, from Maryland in the north to North Carolina in the south. The establishment of the permanent English colony at Jamestown in 1607 signaled the beginning of the end of the Virginia Algonquian peoples. Intermarriage with both whites and escaped African slaves began in the early 1600s and by 1722 a number of the tribes had become extinct. By 1900 only the Pamunky and Mattaponi tribes still lived on reservations in their ancient homeland.

A Chippewa medicine dance. The ritual of this dance was conducted by priests, each of whom had an assistant. The ceremony was held in late spring and early fall and lasted two to five days. The religious life of the Chippewas was a

matter of daily practice and observance. Sacred spirits were
believed to inhabit trees, birds and animals. Some spirits
dwelt in the sky, some on earth and some underground.
They were honored with dances and other ceremonies.

Young Algonquian women of Virginia, 1650. These young women are wearing finely dressed fringed deerskin aprons and have wreaths around their heads. Their bodies are tattooed and they wear necklaces and ear ornaments of pearls and smooth bones. Their hair is cut short in front and the rest is long, falling to their shoulders and trussed up in a knot.

Virginia Algonquians, 1650. The men of this tribe usually shaved the right sides of their heads to keep their hair from getting tangled in their bowstrings. The hair on the left side was tied in a knot at the neck or rolled in a roach on the top of the head. They wore aprons and leggings made of finely dressed animal skins and decorated themselves with necklaces, bracelets and ear ornaments of shell, bone and copper beads. Before going into battle, they painted their bodies to frighten their enemies.

A mother and daughter of the Western Delawares, 1915.
The ancient land of the Delawares ranged from the valley of
the Delaware River through northern Delaware, eastern
Pennsylvania, New Jersey and parts of New York state,
including the island of Manhattan. Henry Hudson en-
countered the Delawares on his voyage of discovery of 1609.
In 1626 they sold the island to Dutch traders for 60
guilders—a very small sum—in trade goods in a transaction
that has become an American legend. European invasions
into their land eventually resulted in the resettlement of the
surviving Delawares in Wisconsin, Oklahoma and Missouri
between the years 1818 and 1900. Only a few groups
remained in their old eastern tribal lands. The Delaware
mother and daughter seen here are in fancy dress, wearing a
profusion of necklaces.

c. 1619–1700

c. 1813–1820

Ottawa warriors, 1619–1700 and 1813. The home of the Ottawa people was in the heart of the Great Lakes country, around the shores of Lakes Michigan, Huron, Erie and Superior. Samuel de Champlain reported meeting these people in 1615 and they subsequently became allied with the French against the English and Iroquois in the colonial wars of the eighteenth century. The Ottawas were a warlike people who practiced scalping, torture and, reportedly, ritual cannibalism. By the mid-nineteenth century the Ottawa people were scattered, most far from their old homeland, some living in Canada, others in Ohio, Kansas, Michigan and Oklahoma. The warrior on the left is drawn from representations done in 1619 and 1700. The man on the right, a chief, wears clothing of trade cloth and silver trade ornaments, as seen in a painting of 1813.

Huron women, 1657. The tribal area of the Hurons in the seventeenth century extended along the northeastern shore of Lake Huron. The Hurons were the middlemen in the trade that developed between the French and other northern tribes. They spoke a northern Iroquoian language and, before the terrible smallpox epidemics of the 1630s (in which two-thirds of the population died), they numbered perhaps 30,000 people. Wars with the Iroquois in the 1630s and 1640s also contributed to the Hurons' decline, with survivors often intermarrying into other tribes. The women we see here wear traditional buckskin dresses common among Native American people before the coming of the Europeans. They use tumplines (the straps across their foreheads) to carry their heavy loads of trade goods.

A Chippewa hunter sounding a moose call. The Chippewa people once roamed freely over a vast area, mainly north of Lakes Superior and Huron on the United States–Canadian border. After the seventeenth century they were dispersed, moving into western Saskatchewan in Canada and south into Michigan, Wisconsin, Minnesota and North Dakota. The Chippewas were much involved in the rich fur trade that flourished from 1670 to 1800. In the first half of the nineteenth century, a long period of warfare between the Chippewas and their ancient enemies, the Dakotas, combined with so-called "land adjustments" dictated by the United States government, resulted in the loss of a great deal of Chippewa territory, including land rich in minerals. Today surviving Chippewas live on seven reservations in northern Minnesota along the United States–Canadian border. The Chippewa hunter seen here is in a birchbark canoe and is using a bark moose call.

A Huron burial. On the third day after the death of a member of the tribe, a feast was held and gifts exchanged, after which the body was placed in a scaffold eight to ten feet above the ground. (Those killed in battle or by drowning were buried underground.) Mourning for the deceased lasted about ten days, but the wife or husband of the deceased was expected to mourn for one year.

French missionary and Illinois Indians, 1735. The old tribal lands of the Illinois people were in Illinois, Missouri, southern Iowa and Arkansas. The Illinois were subsistence farmers, hunters and fishermen. Corn was their staple agricultural crop. By the mid-nineteenth century, tribal warfare with the Iroquois and other Great Lakes tribes, dependence upon the French settlers and demoralization caused by liquor, disease and poverty had destroyed the Illinois as a people. In the 1850s the few survivors, calling themselves the Confederated Peoria, were settled in eastern Kansas. Increased American settlement of Kansas drove them further west, and they were eventually settled on a reservation in northeastern Oklahoma. In 1956 the Peoria numbered 439 people. The men seen here wear black, red and brown body paint and red breechclouts and carry spears and bows. The woman wears a red skirt.

An Illinois chief, 1796. This chief has a roached haircut with red feathers and his headband has silver ornaments. He wears red face paint, a white calico shirt, a blue cloth robe and purple leggings with blue garters. This is a good example of the Native American transition to European clothing when it became available to them through trade.

Miami people in winter camp, 1796. In the late seventeenth century, the French used the name Miami to designate a group of six tribes of Indians. The collective term later came to identify a tribe living along the upper reaches of the Wabash River in Indiana. The culture and language of the Miami closely resembled those of the Illinois people. They were early allies of the French against the Iroquois, and during the American revolution they fought as allies of the English, correctly predicting that an American victory would result in the loss of their land. In 1814 the remnants of the tribe were relocated to Missouri, then to Kansas and finally to northeastern Oklahoma. By 1959, only 323 Miami survived in Oklahoma and about 700 still lived in Indiana.

1750

Styles of dress among the Hurons, 1750 to 1880. The transition from fringed buckskin garments worn by north-eastern Indians before the European invasions of the seventeenth and eighteenth centuries to Europeanized styles is exhibited here. In the early years of European contact, the Indians used European cloth to make traditional garments—shirts, robes and leggings—previously made

1808

1880

from animal skins. In time the adoption of cloth and increasing contact with whites resulted in the prevalence of European fashions, as seen by the outfit worn by the man of 1880: his coat is European and his leggings begin to resemble trousers. The man of 1808 is clad in the common dress of a French Canadian farmer of the time.

Kickapoo man using a prayer stick, c. 1830. The movements of the Kickapoo people were so extensive that the tribe cannot be identified with one specific area. At the time of the first European contact, the Kickapoos lived in southern Wisconsin. Soon after, they moved to central Illinois where they stayed until American expansion forced them to move west of the Mississippi River in the early 1800s. Some Kickapoos settled in Kansas, others in Missouri and some as far away as Texas; a group of Kickapoos resettled near Nacimiento in Coahuila, Mexico. Today there is a small reservation in northeastern Kansas and another in Oklahoma. The Kickapoos have preserved more of their culture and identity than most of the dispersed Indian tribes of North America. The Kickapoo prayer stick seen here contains pictographs representing heaven and hell and five prayer symbols.

Fox warriors, 1830. The people of the Fox tribe were closely allied with the Sauk people, and the two tribal names were often used synonymously even though the two were not a single unit or integrated tribe. The Fox tribe originally inhabited lands in the Great Lakes region. They fought the French in the early eighteenth century and the French and their Indian allies tried to wipe out the entire tribe, nearly accomplishing this objective by 1733. Allying themselves with the Sauks, the Fox fled with them to Iowa. After defeating them in the Black Hawk War, the United States forced the Sauk and Fox to give up part of their lands in 1832 and seized more of it in 1842, assigning the two tribes to a reservation in Kansas. These warriors of 1830 wear red-dyed roaches of hair with eagle feathers, red and green shawls around their heads, red breechclouts and red leggings with blue and green trim. Their faces are painted red, yellow and black.

Sauk tribesmen, 1835 and 1860. The original homeland of the Sauk people lay in Wisconsin in the Green Bay area. When, after their alliance with the Fox, the two tribes were robbed of their lands in Illinois, Wisconsin and Missouri, they joined in war against the United States. They were defeated and driven off their land and by 1842 were settled on a reservation in Kansas; the United States Army forcibly removed them to Oklahoma about 1869. By 1884 the Sauk population in Oklahoma was listed as 450. The warrior on the right is drawn from a painting of 1835. He wears a red-dyed roach of deer hair, buckskin leggings with fur and red yarn garters. The man at left wears a fur turban, a bear claw necklace, a beaded leather skirt and a beaded blanket robe.

A Winnebago chief, 1835. The Winnebagos were a populous sedentary people from east central Wisconsin. They were a nation of warriors, reliable allies of the French in the eighteenth century, but the sworn enemy of the Illinois people, whom they tried to expel from the Illinois River valley. Despite a peace treaty between the Winnebagos and the United States, signed in 1816, a series of land cessions gradually drove them from their traditional territories. The government removed them to Nebraska, though some few managed to stay on in Wisconsin. The Winnebago chief seen here wears a long blue coat with red front, cuffs and sash.

Shawnee chief (1834) and woman (1934). In ancient times the Shawnees were associated with the area of southern Ohio where most of the tribe lived. In the seventeenth century the Shawnees were already widely scattered, some living in Illinois, Ohio, Maryland and along the Savannah River in faraway Georgia. The Shawnees were allies at one time or another of both the French and the British during the colonial wars of the eighteenth century. During their wars against the United States the Shawnees devastated Kentucky and other frontier areas, and their towns were gradually destroyed by the American Army. In 1795 they were forced to make peace and in 1831 they were forced onto a reservation in northeastern Oklahoma. By 1959, only 2,252 Shawnees were listed as surviving, many having intermarried into other tribes. The Shawnee chief seen here wears a red headdress and turban, blue coat fringed with white, a yellow shirt and red sash.

Sauk woman, 1835. This Sauk woman, a chief's wife, wears a black cloth blouse with a number of silver brooches, brass bracelets, a pink flowered shawl, red leggings edged with white beads, and buckskin moccasins. In the background is seen a Sauk summer lodge covered with bark.

Two young Menominee men, 1836. The Menominee inhabited the region bounded by Green Bay, Lake Michigan and Lake Superior in central Wisconsin. The first white residents, Jesuit missionaries, came among the Menominee in 1671. The French fur trade in the late seventeenth and eighteenth centuries destroyed the Menominee villages, and the tribe fragmented into roving bands pursuing game, trapping and trading with the French. The Menominee came under United States government control in 1815 and by 1852 all of the Menominee lands had passed into the hands of the Americans. The tribe was forced onto a reservation in northern Wisconsin. The two young braves seen here wear eagle feathers in their hair, green breechclouts and red leggings.

Winnebago men, 1900. In 1855 the United States government settled some of the Winnebago people in southern Minnesota on land that they farmed successfully for some years. During the Civil War many Winnebago men enlisted in the Union army, but the 1862 Sioux uprising in Minnesota caused the United States government to relocate the surviving Sioux as well as the peaceful Winnebagos from Minnesota to inferior and desolate territory in South Dakota. Many perished in the harsh winter of 1862. The Winnebago men seen here wear a form of dress common to their tribe in the mid-nineteenth century.

Chippewa dwellings. The wigwam (left) was built by the women of the tribe from long, thin saplings, bent in semicircles and set into the ground. The conical framework was then covered with bark, animal skins and various reeds and grasses woven into mats. Some wigwams were built to accommodate 25 to 30 people. The teepee (right) was

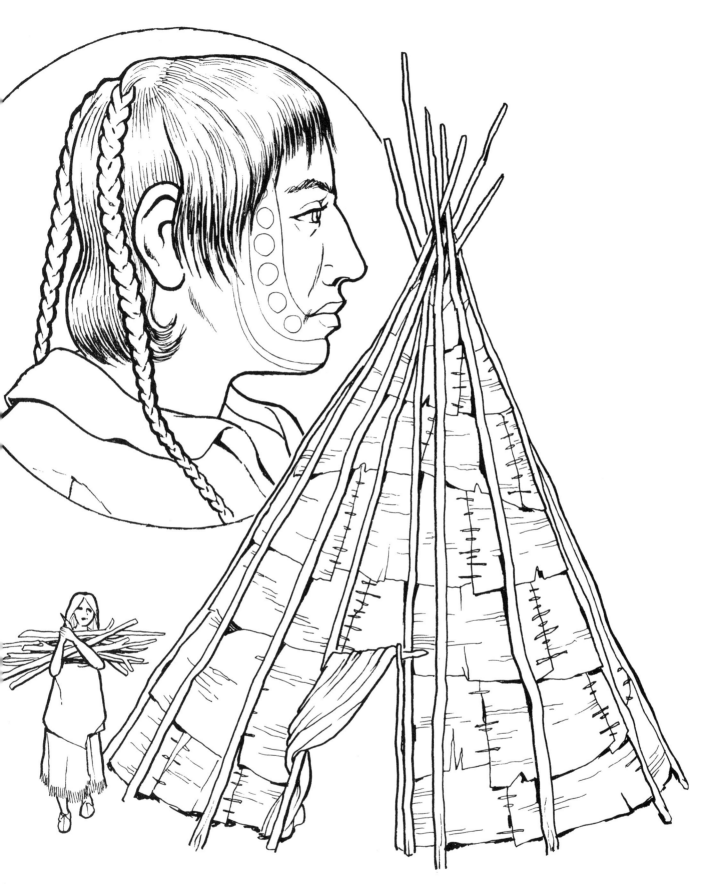

constructed of sturdier poles than the wigwam, and covered like the wigwam with bark sheets (sometimes laced together for more permanent winter dwellings), grasses, skins or whatever came to hand. The inset drawing shows a southwestern Chippewa man of 1851 whose face is painted red, green and yellow.

Kickapoo woman stretching a deerskin, 1954. After the deerskin was thoroughly scraped and cleaned of any remaining flesh, it was washed and the hair was scraped off. An oil made by boiling the deer's brain was then rubbed into the skin and left to soak in. The skin was then stretched on a frame, as seen here, and rubbed laboriously with a stone tool, which left the skin soft and white. The hide was then smoked over a smudge fire, which turned it a yellow-brown color. Tanned hides were made into fringed shirts, leggings, dresses, skirts and moccasins.

CAMPUS SUR

CURSO INTENSIVO DE ESPAÑOL

A1-B1

CUADERNO DE EJERCICIOS

Francisco Rosales Varo
Teresa Moreno
Ana Martínez Lara
Pilar Salamanca
Kris Buyse
Silvia López
Juan Francisco Urbán
Roberto Castón

difusión

Las actividades de este cuaderno están destinadas a reforzar el aprendizaje de los contenidos del Libro del alumno y, en su mayoría, proponen un trabajo individual. En ocasiones, sin embargo, se sugiere la interacción con otras personas de la clase.

CAMPUS Y CAMPUS.DIFUSION.COM

Para reforzar la experiencia del aprendizaje, **CAMPUS SUR** cuenta con numerosas extensiones digitales. Entra en **campus.difusion.com** o descárgate* la aplicación de Campus Difusión y accede a todos los recursos complementarios del manual: **transcripciones**, **vídeos**, **textos mapeados**, **actividades complementarias**, etc.

Recursos gratis para estudiantes y profesores

campus 👥 difusión

* Disponibles en   Disponible en el App Store   Disponible en Google play

PUNTO DE PARTIDA Y DOCUMENTOS PARA EMPEZAR

Índice
En esta columna se indican los contenidos de las actividades de la unidad.

Punto de partida
En esta sección se proponen actividades que permitirán a los estudiantes activar sus conocimientos previos sobre los temas que trata la unidad del Libro del alumno.

Documentos para empezar
Actividades destinadas a reforzar y profundizar en los documentos y contenidos de la sección *Documentos para empezar*, del Libro del alumno. En algunos casos, se propone trabajar con un documento nuevo relacionado con el tema de la unidad.

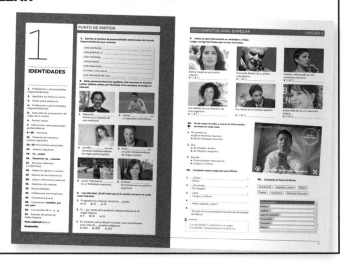

DOCUMENTOS PARA DESCUBRIR

Actividades destinadas a reforzar y profundizar en los documentos y contenidos de la sección *Documentos para descubrir*, del Libro del alumno. En algunos casos, se propone trabajar con un documento nuevo relacionado con el tema de la unidad.

SISTEMA FORMAL

Actividades destinadas a reforzar y sistematizar los contenidos gramaticales, léxicos, discursivos y de pronunciación que se trabajan en la sección *Sistema formal*, del Libro del alumno. Dichas actividades se estructuran en los siguientes apartados:

Gramática
Léxico
Características del texto
Sonidos

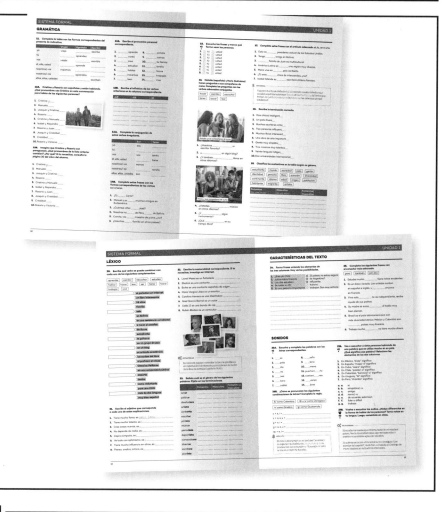

FOCO CULTURAL Y EVALUACIÓN

Foco cultural

Sección dedicada a uno o varios países de habla hispana o con una gran población de hispanohablantes. A partir de uno o varios documentos, se aborda un aspecto de la cultura de esos países relacionado con el tema de la unidad.

Evaluación

Sección destinada a evaluar los conocimientos adquiridos en la unidad del Libro del alumno. Dentro de esta sección, hay un **Diario de aprendizaje**, que anima a los alumnos a reflexionar sobre su progreso.

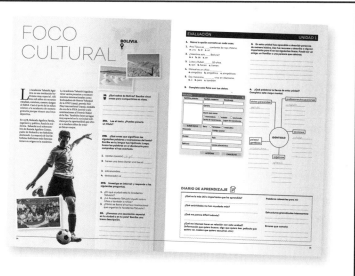

ICONOS

🔊 **1** Actividad de comprensión auditiva o de sensibilización hacia los sonidos del español. Las audiciones están en **campus.difusion.com**

🎥 **1** Actividad en la que se trabaja con el vídeo de la unidad del Libro del alumno. Los vídeos están en **campus. difusion.com**

👥 Actividad de interacción oral, para trabajar en parejas o en grupos.

ÍNDICE

1

IDENTIDADES

1. Profesiones y personalidades hispanohablantes.

2. Apellidos de América Latina.

3. Datos sobre población.

4. Profesiones y personalidades hispanohablantes.

5. Actividad de comprensión del vídeo de la unidad.

6. Formar frases.

7. Información sobre personajes guatemaltecos.

8 – 10. Números.

11. Presente de indicativo (verbos regulares).

12 – 13. Pronombres personales.

14. Verbos irregulares.

15. **Tú** y **usted**.

16. **Vosotros/-as** y **ustedes**.

17. Artículos definidos e indefinidos.

18. Adjetivos: género y número.

19. Género de los sustantivos.

20. Léxico: información personal.

21. Adjetivos de carácter.

22. Nacionalidades.

23. Profesiones: terminaciones.

24. Conectores **y**, **e**, **o**.

25. Conectores: **también**, **por eso**, **pero**.

26. Los sonidos /θ/ /s/, /x/, /g/.

27. Acentos de países de habla hispana.

Foco cultural: Bolivia

Evaluación

PUNTO DE PARTIDA

1. Escribe el nombre de personalidades destacadas del mundo hispanohablante que conoces.

un/a escritor/a: ....

un/a político/-a: ....

un/a cantante: ....

un/a pintor/a: ....

un/a deportista: ....

un actor / una actriz: ....

un/a director/a de cine: ....

2. Estas personas tienen los apellidos más comunes en América Latina. ¿Sabes cuáles son? Escríbelo. Si lo necesitas, investiga en internet.

1. Alejandro .... Iñárritu es un director de cine mexicano.

2. James .... es un futbolista colombiano.

3. Jennifer .... es una cantante estadounidense de origen portorriqueño.

4. Andy .... es un actor estadounidense de origen cubano.

5. Javier "Chicharito" .... es un futbolista mexicano.

6. Cristina .... de Kirchner es una política argentina.

3. Lee este test. ¿Cuál crees que es la opción correcta en cada caso? Márcala.

1. El español es el idioma oficial de .... países.
   a. 23 **b.** 21 **c.** 19

2. El .... por ciento de la población estadounidense es de origen hispano.
   a. 5 **b.** 10 **c.** 15

3. En América Latina (Brasil incluido) viven actualmente poco más de .... pueblos indígenas.
   a. 500 **b.** 300 **c.** 100

4. Indica si esta información es verdadera o falsa.
Luego, corrige las frases que no son correctas.

Salma Hayek es una actriz cubana.
V ☐ F ☐ ....

Fernando Botero es un pintor colombiano.
V ☐ F ☐ ....

Natalia Lafourcade es una cantante mexicana.
V ☐ F ☐ ....

Icíar Bollaín es una directora de cine argentina.
V ☐ F ☐ ....

Pau Gasol es un tenista español.
V ☐ F ☐ ....

Isabel Allende es una escritora chilena.
V ☐ F ☐ ....

5A. Ve de nuevo el vídeo y marca la información
correcta en cada caso.

1

1. Mi nombre es...
   a. Efraín Martínez Guzmán.
   b. Efraín Rodríguez Guzmán.

2. Soy...
   a. de Totopán, Aculco.
   b. de Totopán, Acapulco.

3. Estudio...
   a. Comunicación Intercultural.
   b. Lengua y Cultura.

5B. Completa estas preguntas para Efraín.

1. – ¿Cómo ....?
   – Efraín.

2. – ¿De dónde ....?
   – De Totopán.

3. – ¿Qué ....?
   – Lengua y Cultura.

4. – ....
   – Hablo español y otomí.

5. – ....
   – Estudio en la Universidad Intercultural del Estado
   de México.

🔔 **ATENCIÓN** ------------------------------

   Con **¿De dónde...?** preguntamos el origen.
   Con **¿Dónde...?** preguntamos la localización.

Jóvenes indígenas

VÍDEO DISPONIBLE en campus.difusion.com

5C. Completa la ficha de Efraín.

estudiante   español y otomí   Efraín

Puebla   mexicano   Martínez Guzmán

Datos personales	
Nombre:	
Apellidos:	
Lugar de nacimiento:	
Nacionalidad:	
Ocupación:	
Idiomas:	

6. Lee el texto de la página 22. Luego, relaciona los elementos de las dos columnas para formar frases.

1. Lía es
2. Aldo y Domingo hacen
3. Inti y Aldo viven en
4. Sara toca
5. Sara y Lía son

a. la guitarra
b. rap
c. cantantes
d. colombiana
e. el extranjero

7A. Lee este texto sobre dos mujeres guatemaltecas y marca qué frases son correctas.

	V	F
1. Sara y Rebeca escriben sus canciones.	☐	☐
2. Sara y Rebeca no tienen estudios universitarios.	☐	☐
3. Sara y Rebeca trabajan con organizaciones sociales.	☐	☐
4. Sara y Rebeca comparten el mismo género musical.	☐	☐
5. Sara y Rebeca cantan sobre temas sociales.	☐	☐

Dos voces guatemaltecas

Rebeca Lane y Sara Curruchich tienen varias cosas en común: son guatemaltecas, son cantautoras talentosas y hacen música con contenido social y político.

Sara (1993) es de origen maya kakchiquel. Toca la guitarra, hace música pop y escribe canciones en kakchiquel y español sobre el amor, la amistad, el respeto a la naturaleza y la memoria de los pueblos mayas. También colabora con ONU Mujeres.

Sara Curruchich

Rebeca (1984) es socióloga, actriz y activista feminista. Habla inglés. Escribe poesía, *hip hop* y en sus textos habla de los derechos humanos. También trabaja con diferentes colectivos para defender la diversidad étnica y sexual y la igualdad social.

Rebeca Lane

Sara y Rebeca viajan a diferentes países y transmiten un mismo mensaje: si todos aprendemos de la historia, podemos hacer un mundo mejor.

Guatemala es el segundo país con mayor población de ascendencia indígena en América Latina.

7B. Busca en el texto las palabras que acompañan estos verbos.

escribir >
>
hacer >
tocar >
viajar >

7C. Completa la información sobre Sara y Rebeca con el verbo correspondiente.

| hablan | hacen | son | tienen |

1. Rebeca y Sara .... otro idioma además del español.

2. Las dos chicas .... del mismo país.

3. Las dos .... más de 18 años.

4. Las dos .... música interesante.

7D. Completa la información sobre estas personas guatemaltecas destacadas. Si lo necesitas, investiga en internet.

cantante	informático/-a	político/-a
Estados Unidos	Guatemala
Premio Grammy	Premio Nobel de la Paz
Premio MacArthur	México

1. Rigoberta Menchú Tum

es ....,

vive en ....,

es ganadora del

....

2. Ricardo Arjona

es ....,

vive en ....

.........., es ganador del

....

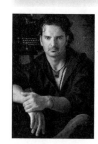

3. Luis von Ahn

es ....,

vive en ....,

es ganador del ....

....

8. Escucha y completa el texto con las cifras correspondientes.

El español es el idioma oficial de (1) .... países. Los países con mayor población son México, Colombia y España. En México viven aproximadamente (2) .... millones de personas. España y Colombia tienen alrededor de (3) .... millones de habitantes. La población hispana en los Estados Unidos también es importante: con poco más de .... millones, representa el (4) ....% de la población total.

Los países hispanohablantes tienen una gran diversidad étnica, cultural, lingüística y una biodiversidad notable. Colombia, Ecuador, México, Perú, Estados Unidos y Venezuela forman parte de los (5) .... países llamados "megadiversos" porque contienen más del (6) ....% de la biodiversidad del planeta. España es también el país europeo con mayor biodiversidad.

ATENCIÓN

0 cero	**11** once	**22** veintidós	**100** cien
1 uno/un/una	**12** doce	**23** veintitrés	**101** ciento un(o/a)
2 dos	**13** trece	**30** treinta	**111** ciento once
3 tres	**14** catorce	**31** treinta y uno/-ún/-una	**200** doscientos/-as
4 cuatro	**15** quince	**32** treinta y dos	**220** doscientos/-as veinte
5 cinco	**16** dieciséis	**40** cuarenta	**300** trescientos/-as
6 seis	**17** diecisiete	**50** cincuenta	**400** cuatrocientos/-as
7 siete	**18** dieciocho	**60** sesenta	**500** **quin**ientos/-as
8 ocho	**19** diecinueve	**70** setenta	
9 nueve	**20** veinte	**80** ochenta	
10 diez	**21** veintiuno/-ún/-una	**90** noventa	

---

9. Marca los números que escuchas.

1. ☐ 15 ☐ 5

2. ☐ 2 ☐ 12

3. ☐ 6 ☐ 7

4. ☐ 8 ☐ 80

5. ☐ 4 ☐ 44

6. ☐ 39 ☐ 93

10. ¿Conoces idiomas en los que algunos de estos números se parezcan al español? ¿Cuáles? Escribe en la tabla el número y el nombre del idioma.

4	cuatro	*quatro (portugués)*	
6	seis		
8	ocho		
10	diez		
13	trece		
20	veinte		
90	noventa		
100	cien		

ESTRATEGIAS

Es muy útil establecer relaciones entre los idiomas que conoces y tomar nota de las diferencias y similitudes.

GRAMÁTICA

11. Completa la tabla con las formas correspondientes del presente de indicativo.

	Viajar	Aprender	Escribir
yo	viajo	....	escribo
tú	....	aprendes	....
vos	viajás	....	escribís
él, ella, usted	....	aprende	....
nosotros/-as	viajamos	....	....
vosotros/-as	....	aprendéis	....
ellos, ellas, ustedes	....	....	escriben

12A. Cristina y Rosario son españolas y están hablando. ¿Qué pronombres usa Cristina en esta conversación para hablar de las siguientes personas?

1. Cristina: *yo*
2. Manuela: ....
3. Joaquín y Cristina: ....
4. Rosario: ....
5. Cristina y Manuela: ....
6. Isabel y Alejandra: ....
7. Rosario y Juan: ....
8. Joaquín y Cristóbal: ....
9. Cristóbal: ....
10. Rosario y Victoria: ....

12B. Imagina que Cristina y Rosario son paraguayas. ¿Qué pronombres de la lista anterior cambian? ¿Por qué? Si lo necesitas, consulta la página 30 del Libro del alumno.

1. Cristina: *yo*
2. Manuela: ....
3. Joaquín y Cristina: ....
4. Rosario: ....
5. Cristina y Manuela: ....
6. Isabel y Alejandra: ....
7. Rosario y Juan: ....
8. Joaquín y Cristóbal: ....
9. Cristóbal: ....
10. Rosario y Victoria: ....

13A. Escribe el pronombre personal correspondiente.

1. .... aprende
2. .... canto
3. .... creo
4. .... estudian
5. .... hablas
6. .... hacemos
7. .... leen
8. .... pintáis
9. .... somos
10. .... te llamas
11. .... tenéis
12. .... tocas
13. .... trabajás
14. .... vive

13B. Escribe el infinitivo de los verbos anteriores en la columna correspondiente.

-AR	-ER	-IR
....	....	....
....	....	....
....	....	....
....	....	....
....	....	....
....	....	....

14A. Completa la conjugación de estos verbos irregulares.

	Ser	Tener
yo	soy	....
tú	....	....
vos	sos	tenés
él, ella, usted	....	tiene
nosotros/-as	somos	....
vosotros/-as	....	tenéis
ellos, ellas, ustedes	son	....

14B. Completa estas frases con las formas correspondientes de los verbos ser o tener.

1. ¿Tú .... Carla?
2. Manuel y yo .... muchos amigos en Sudamérica.
3. ¿Cuántos años .... José?
4. Nosotros no .... de Perú, ... de Bolivia.
5. Camila, vos .... maestra de piano, ¿no?
6. ¿Vosotros .... familia en otros países?

15. Escucha las frases y marca qué forma usan las personas.

🔊 3

	tú	usted
1.	☐ tú	☐ usted
2.	☐ tú	☐ usted
3.	☐ tú	☐ usted
4.	☐ tú	☐ usted
5.	☐ tú	☐ usted
6.	☐ tú	☐ usted
7.	☐ tú	☐ usted
8.	☐ tú	☐ usted

16. Natalia (española) y Mario (boliviano) hacen preguntas a sus compañeros de curso. Completa las preguntas con los verbos adecuados conjugados.

hacer	escribir	escuchar
tener	tocar	leer

Natalia y sus compañeras de curso

1. ¿Vosotras .... un escritor favorito?

2. ¿......................... en algún blog?

3. ¿Y también .... libros en otros idiomas?

Mario y sus compañeros de curso

4. ¿Ustedes .... música en otros idiomas?

5. ¿Y .... algún instrumento?

6. ¿Qué .... en su tiempo libre?

17. Completa estas frases con el artículo adecuado: el, la, un o una.

1. Este es .... presidente actual de los Estados Unidos.

2. Tengo .... amigo en Bolivia.

3. .... familia de Juan es multicultural.

4. América Latina es .... una región muy diversa.

5. Mario vive en .... país caribeño.

6. ¿Tú eres .... chica de intercambio, ¿no?

7. Isabel Allende es .... escritora chilena famosa.

📌 **RECUERDA** -

Usamos el artículo definido (el, la) cuando nuestro interlocutor ya sabe a qué nos referimos: Esto es el Machu Picchu (el único que existe), Mi palabra preferida es la palabra *sí* (ya sabemos de qué hablamos).

18. Escribe la terminación correcta.

1. Dos chicas inteligent....

2. Un país divers....

3. Muchos escritores crític....

4. Tres personas influyent....

5. Muchos libros interesant....

6. Una obra de arte important....

7. Gente muy simpátic....

8. Tres músicos muy talentos....

9. Veinte lenguas indígen....

10. Dos universidades internacional....

19. Clasifica los sustantivos en la tabla según su género.

estudiante	mundo	sociedad	país	gente
identidad	persona	libro	canción	diversidad
continente	idioma	edad	origen	población
habitante	migrante	artista		

Femenino (la, una, esta)	Masculino (el, un, este)	Femenino/masculino
....	....	....
....	....	....
....	....	....
....	....	....
....	....	....
....	....	....

LÉXICO

20. Escribe qué verbo se puede combinar con cada uno de los siguientes complementos.

| aprender | escribir | escuchar | estudiar |

| hablar | hacer | leer | ser | tener | tocar |

| trabajar | vivir |

> el periódico en internet

un libro interesante

> 18 años

familia

> solo

en Bolivia

en una residencia estudiantil

> a tocar el saxofón

> de Sucre

estudiante

> la guitarra

en un grupo de *jazz*

> en un blog

un artículo académico

> los audios del libro

al profesor en clase

> Ciencias Políticas

en una universidad pública

> deporte

teatro

> como voluntario

para una ONG

> más de dos lenguas

muy bien español

21. Escribe el adjetivo que corresponde a cada una de estas explicaciones.

1. Tiene mucha fama, es *famoso, famosa*
2. Tiene mucho talento, es *t*
3. Crea cosas nuevas, es *c*
4. No depende de nadie, es *i*
5. Inspira simpatía, es *s*
6. Ve todo con optimismo, es *o*
7. Tiene mucha influencia en otros, es *i*
8. Piensa, analiza, critica, es *c*

22. Escribe la nacionalidad correspondiente. Si lo necesitas, investiga en internet.

1. Lionel Messi es un futbolista ....
2. Shakira es una cantante ....
3. Buika es una cantante española de origen ....
4. Mario Vargas Llosa es un escritor ....
5. Carolina Herrera es una diseñadora ....
6. Gael García Bernal es un actor ....
7. Calle 13 es una banda de rap ....
8. Rubén Blades es un cantautor ....

⚙ **ESTRATEGIAS**

En internet puedes consultar la lista de gentilicios en español del Diccionario panhispánico de dudas de la Real Academia Española (RAE).

23. Señala cuál es el género de las siguientes palabras. Fíjate en las terminaciones.

	Femenino	Masculino	Femenino y masculino
act**or**	....	....	....
polític**o**	....	....	....
diseñad**ora**	....	....	....
art**ista**	....	....	....
cant**ante**	....	....	....
escult**or**	....	....	....
pint**ora**	....	....	....
músic**o**	....	....	....
period**ista**	....	....	....
deport**ista**	....	....	....
composit**ora**	....	....	....
direct**or**	....	....	....
escrit**ora**	....	....	....
pian**ista**	....	....	....

CARACTERÍSTICAS DEL TEXTO

24. Forma frases uniendo los elementos de las tres columnas. Hay varias posibilidades.

1.	¿Eres de Chile	**y**	21 países, no estoy seguro.
2.	Julián habla francés	**o**	de Argentina?
3.	Los dos estudian	**e**	influyente.
4.	Se habla en 20		italiano.
5.	Es una persona importante		trabajan. Son muy activos.

....

....

....

....

....

....

....

25. Completa las siguientes frases con el conector más adecuado.

pero   también   por eso

1. Estudia mucho, ... tiene notas excelentes.

2. Es un disco variado. Los artistas cantan en español e inglés, y .... un poco en francés.

3. Vive solo, ... no es independiente, recibe ayuda de sus padres.

4. Su madre es suiza, ... él habla muy bien alemán.

5. Brasil es el país latinoamericano con más diversidad étnica. México y Colombia son .... países muy diversos.

6. Trabaja mucho, ... no tiene mucho dinero.

SONIDOS

26A. Escucha y completa las palabras con las letras correspondientes.

4

1. ......sa

2. ......pata

3. ......nte

4. ......rra

5. ......nea

6. ......tano

7. ......nzález

8. ......sefa

9. ......lena

10. ......mena

11. puertorri......ño

12. costarri......nse

13. ......venes

14. ......bres

26B. ¿Cómo se pronuncian las siguientes combinaciones de letras? Completa la regla.

/k/ como Colombia   /θ/ o /s/ como Zaragoza

/x/ como Ginebra   /g/ como Guatemala

c + e, i = ...

c + a, o, u = ...

g + e, i = ...

g + a, o, u = ...

qu + e, i = ...

🔔 **ATENCIÓN** --------------------------------------

En toda Latinoamérica, en las Islas Canarias y en regiones de Andalucía, za, ce, ci, zo y zu se pronuncian con el sonido /s/. El sonido /θ/ solo se usa en el resto de España.

27A. Vas a escuchar a siete personas hablando de una palabra que se utiliza mucho en su país. ¿Qué significa esa palabra? Relaciona los elementos de las dos columnas.

5

1. En México, "órale" significa
2. En España, "majo/-a" significa
3. En Cuba, "asere" significa
4. En Chile, "pololo/-a" significa
5. En Colombia, "berraco/-a" significa
6. En Uruguay, "ta" significa
7. En Perú, "chamba" significa

a. sí.
b. simpático/-a.
c. amigo.
d. novio/-a.
e. de acuerdo, está bien.
f. líder o difícil.
g. trabajo.

27B. Vuelve a escuchar los audios. ¿Notas diferencias en la forma de hablar de las personas? Toma notas en tu lengua. Luego, coméntalo en clase.
5

⚙️ **ESTRATEGIAS** -------------------------------------

El español es una lengua diversa, hablada en muchos países. Ver la diversidad como algo enriquecedor y positivo te ayudará a aprender español.

Si quieres escuchar otros acentos, ve a la página "Los acentos del español", de *El País*, o consulta el Catálogo de voces hispánicas del Instituto Cervantes.

FOCO CULTURAL

La Academia Tahuichi Aguilera es una institución boliviana muy especial. Allí tres mil niños sin recursos estudian, conviven, comen y juegan al fútbol. Casi el 90 % de los niños asisten a la academia de manera gratuita porque tienen una beca deportiva.

En 1978, Rolando Aguilera Pareja, ingeniero y político, funda la academia. *Tahuichi* es el sobrenombre de Ramón Aguilera Costas, padre de Rolando y un futbolista destacado. La mayoría de los futbolistas bolivianos más famosos tienen su origen en la academia.

La Academia Tahuichi Aguilera tiene varios premios y reconocimientos internacionales como Embajadora de Buena Voluntad de la ONU (1993), premio Fair Play International (1995), medalla de oro de la FIFA (2000) y seis nominaciones al Premio Nobel de la Paz. También tiene un lugar muy especial en la sociedad boliviana por la oportunidad que ofrece a muchos niños de tener un futuro mejor.

28. ¿Qué sabes de Bolivia? Escribe cinco cosas para compartirlas en clase.

....

....

....

29A. Lee el texto. ¿Puedes ponerle un título?

....

29B. ¿Qué crees que significan las siguientes palabras y expresiones del texto? Escribe en tu lengua tus hipótesis. Luego, busca las palabras en el diccionario para comprobar si has acertado.

1. asisten (asistir): ¿to go?..................

2. tienen una beca (tener una beca): ....

....

3. sobrenombre: ....

4. destacado/-a: ....

29C. Investiga en internet y responde a las siguientes preguntas.

1. ¿En qué ciudad está la Academia Tahuichi?
2. ¿La Academia Tahuichi ayuda solo a niños o también a niñas?
3. ¿Cómo se llama el torneo internacional que organiza la Academia Tahuichi?

30. ¿Conoces una asociación especial en tu ciudad o en tu país? Escribe una breve descripción.

....

....

....

1. Marca la opción correcta en cada caso.

1. Ana Tijoux es .... cantante de rap chilena.
a. una   **b.** Ø   **c.** un

2. ¿Vosotros sois .... Bolivia?
a. ø   **b.** de   **c.** en

3. Luisa y Rubén .... 18 años.
a. son   **b.** hacen   **c.** tienen

4. Manuel es un chico ....
a. simpático   **b.** simpática   **c.** simpáticos

5. Soy mexicano, ... vivo en Alemania.
a. o   **b.** pero   **c.** también

2. Completa esta ficha con tus datos.

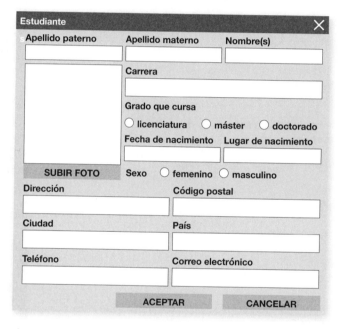

Estudiante   ✕

Apellido paterno   Apellido materno   Nombre(s)

Carrera

Grado que cursa
○ licenciatura   ○ máster   ○ doctorado

Fecha de nacimiento   Lugar de nacimiento

SUBIR FOTO   Sexo   ○ femenino ○ masculino

Dirección   Código postal

Ciudad   País

Teléfono   Correo electrónico

ACEPTAR   CANCELAR

3. En esta unidad has aprendido a describir personas de manera básica. Usa tus recursos y describe a alguien importante para ti en las siguientes líneas. Puede ser un amigo, un familiar o una persona que admiras.

....

....

....

....

....

4. ¿Qué palabras te llevas de esta unidad? Completa este mapa mental.

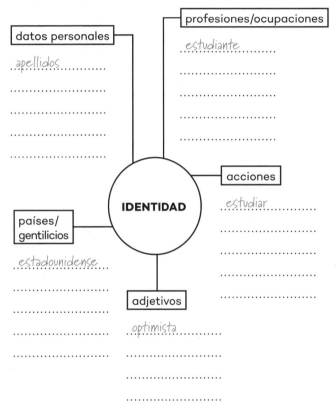

datos personales

profesiones/ocupaciones
estudiante
....
....
....

apellidos
....
....
....
....
....

IDENTIDAD

acciones
estudiar
....
....
....
....
....

países/ gentilicios
estadounidense
....
....
....

adjetivos
optimista
....
....
....
....
....

DIARIO DE APRENDIZAJE

¿Qué es lo más útil o importante que he aprendido?

....

¿Qué actividades me han ayudado más?

....

¿Qué me parece difícil todavía?

....

¿Qué me interesa hacer en relación con esta unidad?
(información que quiero buscar, algo que quiero leer, película que quiero ver, música que quiero escuchar, etc.)

....

Palabras relevantes para mí:

....

Estructuras gramaticales interesantes:

....

Errores que cometo:

....

2

PLANES

1. **Hola** en distintos idiomas.

2. Las lenguas y yo.

3. Test cultural sobre idiomas.

4. Relacionar verbos con imágenes.

5. Actividades que hacemos y cómo las hacemos.

6. Identificar frases falsas según la información de un texto.

7. Texto sobre el turismo idiomático del español.

8. Anuncios de intercambio lingüístico.

9 – 10. **Por**, **para** y **porque**.

11. Motivaciones para estudiar algunas carreras.

12. Planes para el fin de semana.

13. Conjugación del presente de indicativo.

14. Posesivos.

15. Significados del verbo **querer**.

16. Miembros de la familia.

17 – 18. Actividades de tiempo libre y de estudios.

19. Combinaciones con el verbo **ir**.

20. Los verbos **saber** y **conocer**.

21 – 22. Reglas de acentuación.

23. Dividir palabras en sílabas.

24. Pronunciación de la letra **r**.

Foco cultural: Paraguay

Evaluación

PUNTO DE PARTIDA

1. **Así se dice** hola **en otros idiomas, ¿sabes cuáles son?**

Salut	*francés*	Shalom	....
Ciao	....	Salām	....
Ahoj	....	Hallo	....
Ní hao	....	Privyet	....
Konnichiwa	....	Yasas	....

2. Completa las frases con tu información.

- Mi lengua materna es ....
- En mi país se habla ....
- Mi lengua materna tiene .... millones de hablantes y se habla en ....
- Hablo .... lenguas: ....
- Quiero aprender a hablar ....

3. Marca la respuesta correcta. Si lo necesitas, puedes buscar en internet.

1. El idioma más hablado del mundo es...
   a. el inglés.
   b. el español.
   c. el chino mandarín.

2. El guaraní es uno de los idiomas oficiales de...
   a. Brasil.
   b. Paraguay.
   c. Guinea Ecuatorial.

3. El único país centroamericano que no tiene el español como idioma oficial es...
   a. Guatemala.
   b. Costa Rica.
   c. Belice.

4. Algunas lenguas indígenas habladas en Sudamérica son...
   a. el náhuatl y el maya.
   b. el quechua y el mapuche.
   c. el suahili y el yoruba.

5. Las lenguas oficiales de la Organización de Naciones Unidas son...
   a. el árabe, el chino, el inglés, el francés, el ruso y el español.
   b. el inglés, el árabe, el español, el alemán, el ruso y el chino.
   c. el inglés, el alemán, el ruso, el francés, el japonés y el italiano.

6. Las lenguas cooficiales de España son...
   a. el catalán, el gallego y el asturiano.
   b. el catalán, el vasco y el gallego.
   c. el catalán, el asturiano y el vasco.

7. Un país asiático que tiene relaciones históricas y lingüísticas con España es...
   a. Malasia.
   b. Filipinas.
   c. Indonesia.

4. Relaciona los verbos con las imágenes.

pronunciar | escribir | marcar | subrayar | escuchar | preguntar

repetir | mirar | leer | relacionar | hablar

1. ....   2. ....   3. ....   4. ....   5. ....   6. ....

7. ....   8. ....   9. ....   10. ....   11. ....

5A. Lena es estudiante de Filología Románica y habla varios idiomas. ¿Qué hace en cada uno? Completa las frases.

chatea | habla | lee cómics | tiene clases | ve series | lee poemas

1. .... con su novio en francés.

2. .... en español.

3. .... alemán con su mamá.

4. .... en japonés.

5. .... en inglés.

6. .... en italiano.

5B. Escucha esta conversación entre Lena y un amigo. Marca cómo hace Lena cada una de estas cosas.

🔊 6

	Perfectamente	Muy bien	Bastante bien	Bastante mal	Muy mal
Habla español.	☐	☐	☐	☐	☐
Habla alemán.	☐	☐	☐	☐	☐
Escribe en inglés.	☐	☐	☐	☐	☐
Escribe en francés.	☐	☐	☐	☐	☐
Lee en japonés.	☐	☐	☐	☐	☐

5C. ¿Y tú? ¿Cómo haces estas cosas?

genial	+++	bastante bien	+	muy mal	– –
muy bien	++	bastante mal	–	no sé	ø

• Bailar salsa
• Jugar al fútbol
• Tocar la guitarra
• Hablar inglés

• Escribir poemas
• Cocinar
• Cantar

No sé bailar salsa, pero cocino bastante bien.

....

....

....

6A. Lee de nuevo el texto de la página 34 del Libro del alumno. ¿Qué frases tienen informaciones falsas? Corrígelas.

1. El principal país de intercambio para los estudiantes europeos es Inglaterra. **V** ☐ **F** ☐

....

2. Argentina es uno de los tres destinos preferidos de los estudiantes estadounidenses. **V** ☐ **F** ☐

....

3. El español es la segunda lengua más usada en las redes sociales. **V** ☐ **F** ☐

....

4. Casi 10 millones de personas estudian español como lengua extranjera en el mundo. **V** ☐ **F** ☐

....

6B. Relaciona las columnas.

1. Hacer un voluntariado   **a.** en una universidad
2. Hacer unas prácticas   **b.** en una empresa
3. Hacer un intercambio   **c.** en una organización (ONG)

7A. ¿Sabes qué es el turismo idiomático? Completa esta definición con las siguientes frases.

| comparten sus experiencias | viven la vida |

| viajan a otros países | vuelven varias veces |

Los turistas idiomáticos son personas

que .... para aprender el idioma

directamente con la cultura y la gente local,

y .... auténtica y cotidiana.

Son muy importantes para el sector turístico porque

muchos .... positivas con

otras personas y .... al país

acompañados de amigos y familiares.

7B. Lee el texto sobre el turismo idiomático del español. ¿En qué lugares del texto puedes poner estas frases?

1. para promover estas estancias lingüísticas
2. por la seguridad y la calidad de la enseñanza
3. porque ayudan a la difusión de la cultura cuando vuelven a sus países

El turismo idiomático del español

Buenos Aires

Cada vez más personas viajan a otros países para aprender el idioma. Las asociaciones de centros de idiomas los llaman "embajadores del español" ☐. Son personas que buscan el contacto directo con la cultura, viven con gente local y experimentan la vida cotidiana mucho más que otros visitantes. Además, la mayoría de ellos vuelve varias veces, en algunas ocasiones acompañados de amigos o familiares. Según un artículo del periódico *El País*, este tipo de turista tiene entre 13 y 25 años y un 70 % son mujeres.

España es el principal país receptor, particularmente de franceses, italianos y alemanes. En España, Salamanca es una de las ciudades preferidas ☐. En América Latina, el país más popular es Argentina, que recibe mayoritariamente estadounidenses y brasileños. La ciudad de Buenos Aires es la más popular.

En países como Colombia y Uruguay los Gobiernos tienen también programas ☐ como Spanish in Colombia o Descubrí Montevideo.

8A. Estos estudiantes de la Universidad Nacional de Asunción (Paraguay) quieren hacer un intercambio lingüístico. Lee los anuncios y forma las parejas.

• • •

← → C ⌂ Q.

1

¡Hola! Soy Michael y soy estadounidense. Quiero conversar para hablar español con más fluidez. Estudio Música y toco el piano y el saxofón. Mi número: **5491167865382**.

A

Soy Rodrigo, estudio Comunicación Audiovisual y soy un apasionado del cine. Quiero practicar inglés, conversar y hablar sobre la cultura de los países anglófonos. **rodri.flores@ gmail.com** Saludos.

2

¡Hola! Soy Jennifer, soy de Londres, estudio Historia y estoy de intercambio este semestre. ¡Necesito mejorar mi español para entender las asignaturas y hacer exámenes en español! Por eso, quiero escribir textos y leer libros en español. Escríbeme: **jenny.jones@mail.com**

B

Busco hablante nativo para practicar inglés. Quiero hablar mucho, escuchar canciones y entender sus letras. ¡Conozco los mejores bares de *jazz* de la ciudad! Contacto: **anita1297@hotmail.com** Saludos, Ana María

3

¿Quieres mejorar tu inglés o tu francés? Yo te ayudo y tú me ayudas con mi español. Soy Christian, soy de Canadá. Quiero ir a ver películas en español y hablar mucho. Correo: **chris.witt@gmail.com**

C

¡Hola! Soy Gonzalo y quiero aprender a escribir bien en inglés porque voy a estudiar en Nueva York el próximo semestre. Estudio Literatura y también soy profesor de español para extranjeros. Quiero hablar de libros y aprender gramática. Mi correo: **gonzalo.diaz@ hotmail.com** ¡Hasta pronto!

8B. ¿Cómo se llaman estos signos en español?

1. @ ....

2. - ....

3. _ ....

4. . ...

8C. Quieres hacer un intercambio lingüístico. Antes de escribir un anuncio, responde a estas preguntas.

¿Cuántas lenguas hablas?

....
....
....
....
....
....

¿Qué lenguas quieres practicar?

....
....
....
....
....
....

¿Cómo eres y qué tipo de persona buscas?

....
....
....
....
....
....

¿Qué actividades quieres hacer para practicar la lengua?

....
....
....
....
....

GRAMÁTICA

9. ¿Cuáles son los motivos de Anton para aprender español?
Completa las frases con por, para **o** porque.

1. Estudia español .... su novia, que es argentina.

2. En su país va a clases de español .... cree que aprende mejor con un grupo de estudiantes.

3. Hace un intercambio lingüístico con un español .... quiere tener amigos hispanohablantes en su ciudad.

4. Quiere hacer un curso intensivo en Salamanca .... aprender más rápido y hablar con la gente local.

5. Quiere obtener un nivel alto en la lengua .... poder trabajar en una empresa española.

10. ¿Qué países hispanohablantes quieres visitar? Escribe tus razones.

Quiero visitar ....

porque ....

para ....

por ....

11A. Estas son las carreras más estudiadas en México.
Relaciónalas con los iconos correspondientes.

1. Administración de Empresas: ....

2. Ingeniería: ....

3. Contabilidad: ....

4. Medicina: ....

5. Derecho: ....

6. Psicología: ....

7. Magisterio: ....

8. Computación: ....

a.   b.   c.   d.

e.   f.   g.   h.

11B. ¿Cuáles son las carreras más estudiadas en tu país?
Investígalo y escríbelo.

1. ....

2. ....

3. ....

4. ....

11C. Entrevista a cinco amigos para saber por qué
estudian sus carreras. Luego, completa las frases.

Marcel estudia Psicología para trabajar con jóvenes con problemas en un colegio.

1. .... estudia .... porque/para ....

2. .... estudia .... porque/para ....

3. .... estudia .... porque/para ....

4. .... estudia .... porque/para ....

5. .... estudia .... porque/para ....

12. ¿Qué planes tienes para el fin de
semana? ¿Y tus amigos y familiares?

Yo ....

....

....

....

....

....

....

....

....

....

....

13A. Completa la conversación con los siguientes verbos conjugados en presente de indicativo.

1. | hacer (2) | | ir | | jugar |

– Marcos, ¿tú .... deporte en tu

tiempo libre?

– Bueno, sí, ... al gimnasio

casi todos los días. ¿Y tú?

– Sí, yo .... mucho deporte,

.... al fútbol y al baloncesto

con amigos...

2. | cocinar | | vivir | | visitar | | ver |

– Diego, ¿tú qué haces los fines de

semana normalmente?

– Pues mi novia .... en otra

ciudad, así que los fines de semana

me .... y nos quedamos

en casa, ... juntos platos

especiales y .... películas...

3. | salir (2) | | ser | | leer |
| descansar |

– ¿Tú .... mucho, Lara?

– No mucho, mis amigos sí ....

mucho de bares o a fiestas, pero yo

.... más tranquila, ...

muchos libros y .... en casa.

13B. ¿Y tú qué haces normalmente en tu tiempo libre? Escríbelo.

En mi tiempo libre ....

....

....

....

....

....

....

....

....

14. Completa el folleto de esta academia de español con los posesivos adecuados.

EN ESPAÑOL YA, TU ESCUELA DE ESPAÑOL

Tenemos una gran oferta. (1) .... cursos se adaptan a

(2) .... necesidades y a (3) .... ritmo porque tú

eres lo más importante para nosotros.

(4) .... experiencia, profesionalidad y simpatía van a

hacer de las clases con nosotros una experiencia inolvidable.

Además, (5) .... instalaciones son muy modernas.

¿Quieres venir en grupo? Os organizamos a ti y a tus amigos una

estancia a (6) .... medida.

Pregunta por (7) .... precios y ofertas por correo:

enespañolya@academia.es, o llámanos: 0034 23 4587 942.

LÉXICO

15A. Lee estas frases e indica con cuál de los siguientes significados del verbo querer las relacionas.

	Intención y deseo	Sentir amor, cariño
1. ¿Queréis ir al cine?		
2. ¿Quieres un café?		
3. Queremos mucho México.		
4. Queremos viajar a Argentina.		
5. Quiere mucho a su perro.		
6. Quieren un coche nuevo.		
7. Quiero aprender chino.		
8. Quiero mucho a mis padres.		
9. Quiero chocolate.		

15B. Escribe tus propios ejemplos usando el verbo querer con distintos significados.

....

....

....

....

....

....

16A. Lee estas frases y escribe en cada caso el nombre del miembro de la familia que falta.

1. El padre de mi madre es mi ....

2. La hija de mi hermano es mi ....

3. La hermana de mi padre es mi ....

4. El hijo de mi tío es mi ....

5. El hijo de mi hija es mi ....

16B. Completa las siguientes frases, siguiendo el modelo de A.

1. ....
es mi abuela.

2. ....
es mi tío.

3. ....
es mi padre.

4. ....
es mi nieta.

5. ....
es mi sobrino.

6. ....
es mi hermana.

7. ....
es mi prima.

17. ¿Con qué asocias estas actividades: con el ocio o con los estudios? Márcalo.

	Ocio	Estudios
1. Leer artículos académicos.	....	....
2. Pasear por el parque.	....	....
3. Preparar presentaciones.	....	....
4. Escribir ensayos.	....	....
5. Hacer deberes.	....	....
6. Investigar en internet.	....	....
7. Salir con amigos.	....	....
8. Estudiar para exámenes.	....	....
9. Jugar a videojuegos.	....	....
10. Ir de compras.	....	....

18. ¿Qué combinaciones puedes formar con los siguientes verbos?

| música | series | deporte | al cine | cursos |

| al centro | periódicos | podcasts | a museos |

| revistas | documentales | la radio | libros |

| excursiones | la televisión |

Ir...	Hacer...	Leer...	Escuchar...	Ver...
....	....	....	....	....
....	....	....	....	....
....	....	....	....	....

19. Continúa las series. Puedes buscar en la unidad 2 del Libro del alumno.

Ir a 〉 cenar

〉 ....

〉 ....

Ir de 〉 vacaciones

〉 ....

〉 ....

Ir al 〉 cine

〉 ....

〉 ....

Ir a la 〉 universidad

〉 ....

〉 ....

20A. ¿Con qué verbo puedes combinar estas palabras?

| saber | conocer |

1. 〉 Paraguay 〉 Venezuela 〉 España

2. 〉 italiano 〉 francés 〉 alemán

3. 〉 una escuela de idiomas muy buena
〉 un restaurante muy bueno

4. 〉 gente hispanohablante 〉 gente famosa

5. 〉 bailar tango 〉 cocinar 〉 cantar

20B. Piensa en ti y en tu familia o tus amigos: ¿quién tiene las habilidades o experiencias de la lista anterior? Escríbelo.

1. *Mi padre sabe italiano.*

2. ....

3. ....

4. ....

5. ....

CARACTERÍSTICAS DEL TEXTO

21. Andrea aprende español en Argentina. Corrige el mail que le escribe a su pareja. Si lo necesitas, consulta las reglas de acentuación en la página 41 del Libro del alumno.

Para mi, vos sos la persona mas inteligente, guapa y simpatica que conozco. Pienso en vos todo el tiempo, no puedo concentrarme en las clases, solo se que quiero estar con vos. Siempre miro mi movil y espero tus mensajes. Cuando escucho canciones romanticas en la radio, tambien pienso vos. Somos la fisica y quimica perfecta. Como dice el poema de Mario Benedetti, "vos sos mi utopia".
Andrea

22A. Escribe cada palabra en su lugar correspondiente.

| tú | tu | mí | mi | él | el | sé | se |
| cómo | como | qué | que |

1. Pronombre personal, 1.ª persona: ....

2. Pronombre personal, 2.ª persona: ....

3. Pronombre personal masculino, 3.ª persona: ....

4. Pronombre impersonal: ....

5. Verbo **saber**, 1.ª persona, presente indicativo: ....

6. Verbo **comer**, 1.ª persona, presente indicativo: ....

7. Pronombre posesivo, 1.ª persona: ....

8. Pronombre posesivo, 2.ª persona: ....

9. Artículo masculino: ....

10. Interrogativos: .... y ....

11. Conjunción: ....

22B. Completa estas frases con las palabras de A.

1. | mi | vs. | mí |

Para ...., ... mamá es la mejor del mundo.

2. | el | vs. | él |

.... es Paco, ... primo de Luisa.

3. | se | vs. | sé |

Yo no .... si en Belice .... habla español.

4. | tu | vs. | tú |

¿............ hablas inglés con .... novio?

5. | como | vs. | cómo |

¿............ se dice "yo .... mucho chocolate" en japonés?

6. | que | vs. | qué |

¿............ estudia Julio? Creo .... estudia Farmacia, ¿no?

SONIDOS

23A. Escucha y divide las siguientes palabras en sílabas.
🔊 7

mú/si/ca

1. amigos
2. bar
3. cien
4. correos
5. español
6. estudiante
7. Europa
8. extranjero
9. familia
10. global
11. idiomas
12. inglés
13. plan
14. social

23B. Lee estas afirmaciones sobre las sílabas e indica si son verdaderas (V) o falsas (F).

	V	F
1. Una sílaba no puede estar formada solo por vocales.	☐	☐
2. Las consonantes necesitan una vocal para formar una sílaba.	☐	☐
3. La mayor parte de las palabras tienen la sílaba tónica en la última o penúltima sílaba.	☐	☐

24A. Escucha estas palabras y clasifícalas en la tabla según el sonido de la letra r, marcada en negrita.
🔊 8

docto**r**	Costa **R**ica	co**rr**eo	De**r**echo
ca**rr**era	Eu**r**opa	**R**osa	And**r**ea	**r**evista
se**r**ie	En**r**ique	a**r**te

/ɾ/ vibración simple	/r/ vibración múltiple
....	....
....	....
....	....
....	....

24B. Lee estas afirmaciones sobre la pronunciación de la letra r según su posición en la palabra y marca la opción correcta, en cada caso.

1. Al final de la palabra se pronuncia /ɾ/ - /r/ como en **doctor**.
2. Antes de consonantes se pronuncia /ɾ/ - /r/ como en **arte**.
3. Detrás de consonantes se pronuncia /ɾ/ - /r/ como en **Andrea**.
4. Al inicio de la palabra se pronuncia /ɾ/ - /r/ como en **revista**.
5. Detrás de **n, l, s** o **sub-** se pronuncia /ɾ/ - /r/ como en **Enrique**.
6. La **r** doble se pronuncia /ɾ/ - /r/.

 ATENCIÓN ---

Hay palabras muy parecidas, que solo se diferencian en la pronunciación de la **r**: pe**r**o - pe**rr**o, co**r**o - co**rr**o.

FOCO CULTURAL

La primera academia de la lengua indígena

Desde 1992, el guaraní es el idioma oficial de Paraguay junto con el español, y en la actualidad aproximadamente un 90 % de la población paraguaya habla los dos idiomas. Es la lengua de los guaraníes, pueblos originarios de la zona que hoy representan menos del 2 % de la población. El dialecto que hoy habla la mayoría de los paraguayos se denomina también guaraní moderno o guaraní coloquial paraguayo.

El guaraní tiene una larga tradición oral, pero mucha gente no sabe leerlo ni escribirlo. Por ese motivo, la Academia de la Lengua Guaraní quiere elaborar un diccionario oficial y una gramática, y así regular las normas gramaticales y léxicas de la lengua. La Academia de la Lengua Guaraní existe oficialmente desde 2012 y tiene 30 miembros: escritores, antropólogos, artistas y lingüistas.

Otro objetivo de la Academia es fomentar la igualdad entre el español y el guaraní en la sociedad. La lengua se enseña en las universidades, pero todavía existen prejuicios en algunos ámbitos. De hecho, esta lengua cuenta con una larga historia de discriminación, prohibición y persecución, como muchas otras lenguas indígenas en el mundo.

25. ¿Qué sabes de Paraguay? Anota cinco datos para compartirlos en clase.

....

....

26A. Lee el texto e indica si estas afirmaciones son verdaderas o falsas.

a. El 90 % de la población de Paraguay es bilingüe, porque habla español y guaraní. **V** ☐ **F** ☐
b. El 90 % de la población de Paraguay es de origen guaraní. **V** ☐ **F** ☐
c. El guaraní es una lengua de tradición escrita. **V** ☐ **F** ☐
d. El guaraní y el español tienen el mismo prestigio en la sociedad paraguaya. **V** ☐ **F** ☐

26B. Completa las siguientes frases con tus propias palabras.

1. La Academia de la Lengua Guaraní existe para ....

....

2. La estandarización de la lengua guaraní es importante porque ....

....

27. Investiga en internet y responde a las siguientes preguntas.

1. ¿Qué significa **Paraguay** en guaraní?
2. El guaraní es lengua oficial de una unión regional sudamericana: ¿cuál?
3. ¿En qué otros países sudamericanos se habla guaraní?
4. ¿Qué sinifica **avañe'ẽ** en guaraní?

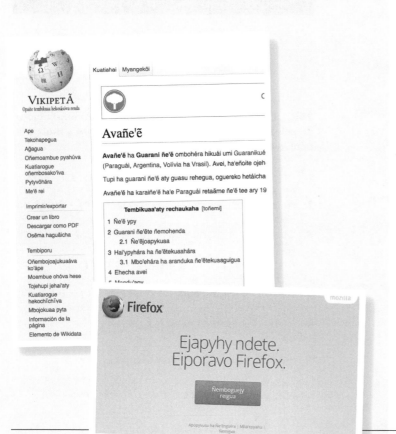

1. Marca la opción correcta en casa caso.

1. Aprendo chino para ....
   a. trabajo en Shanghái.
   b. trabajar en Shanghái.
   c. quiero trabajo en Shanghái.

2. En las vacaciones de semestre mi novia y yo ....
   a. hacer un curso intensivo en Salamanca.
   b. queremos hacer un curso intensivo
      en Salamanca.
   c. quiero hacer un curso intensivo en
      Salamanca.

3. El quechua .... en la región de los Andes.
   a. habla
   b. se habla
   c. hablar

4. ¿Tú .... tocar un instrumento?
   a. haces
   b. conoces
   c. sabes

5. ¿Conocéis el origen de .... apellido?
   a. vuestro
   b. vos
   c. vosotros

2. Escribe cuatro razones para aprender idiomas.

1. ....
   ....

2. ....
   ....

3. ....
   ....

4. ....
   ....

3. ¿Conoces casos en tu país u otros de lenguas o dialectos minoritarios o en peligro de extinción? Investiga y completa la ficha.

Nombre: ....

Número de hablantes: ....

Regiones donde se habla: ....

....

Tradición escrita u oral: ....

Productos culturales en esa lengua o dialecto: ....

....

....

4. Escribe palabras de la unidad relacionadas con cada una de estas categorías.

Lenguas	Países	Estudios
....	....	....
....	....	....
....	....	....
....	....	....
....	....	....
....	....	....
....	....	....

Tiempo libre	Familia	Habilidades
....	....	....
....	....	....
....	....	....
....	....	....
....	....	....
....	....	....

DIARIO DE APRENDIZAJE

¿Qué es lo más útil o importante que he aprendido?

....

¿Qué actividades me han ayudado más?

....

¿Qué me parece difícil todavía?

....

¿Qué me interesa hacer en relación con esta unidad?
(información que quiero buscar, algo que quiero leer, película que quiero ver, música que quiero escuchar, etc.)

....

Palabras relevantes para mí:

....

Estructuras gramaticales interesantes:

....

Errores que cometo:

....

....

3

ESTEREOTIPOS

---

1. Test personal.

2. Intereses cuando viajamos.

3. Ideas y conocimientos previos sobre un país de habla hispana.

4. Construir frases para hablar de estereotipos.

5. Describir una imagen de Yipi Yipi Yeah.

6. Diferentes tipos de verbos.

7. Expresar coincidencia.

8. Ordenar frases en las que aparecen verbos como **gustar**.

9. Formas irregulares del presente (cambio **O** > **UE** y **E** > **IE**, verbos pronominales).

10 – 12. Hablar de la cantidad.

13. Sustantivos y verbos para hablar de estereotipos.

14. Actividades cotidianas y de ocio.

15. Palabras opuestas.

16. Actividades de ocio.

17. Meses, estaciones del año y actividades académicas.

18. Formar oraciones compuestas.

19. Conectores para estructurar la información.

20. El seseo, el ceceo y la distinción.

Foco cultural: España

Evaluación

1A. Haz este test relacionado con los temas de esta unidad.

1. Un **estereotipo** habitual sobre tu país o tu cultura:

....

2. Una **imagen típica** sobre un país de Latinoamérica:

....

3. Un **estereotipo** sobre España:

....

4. Un *souvenir* o **recuerdo típico** que puedes comprar en Latinoamérica:

....

5. Un **objeto** que puedes comprar cuando viajas a España:

....

6. Una cosa que **no te gusta** de tu cultura:

....

7. Una cosa que **no te gusta** de España o Latinoamérica:

....

8. Una asignatura de tu universidad que **te encanta**:

....

9. Una asignatura que **no te gusta nada**:

....

10. Un tema de la cultura hispana que **te interesa** mucho:

....

11. Una asignatura que estudias **por la mañana**:

....

12. Una asignatura que estudias **por la tarde**:

....

13. El número de horas que **duermes** de lunes a viernes:

....

14. La hora a la que **te acuestas** los sábados y domingos:

....

15. Una actividad que haces **todos los días** por la mañana:

....

16. Una actividad que haces en **verano**:

....

17. Una actividad que haces en **invierno**:

....

18. Una cosa que comes **poco**:

....

19. Una palabra que usas **mucho** en español:

....

1B. Compara tus respuestas con las de otra persona para encontrar diferencias y coincidencias.

2. ¿Qué te gusta hacer cuando viajas? Imagina que vas a visitar España. Completa estas frases explicando tus preferencias e intereses.

1. (A mí) me interesa/n mucho ....
....

2. (A mí) me interesa/n bastante ....
....

3. (A mí) me encanta/n ....
....
....

4. (A mí) me gusta/n bastante ....
....

5. (A mí) no me gusta/n nada ....
....

6. (Yo) prefiero ....
....

7. (Yo) quiero ....
....

- la paella
- tomar tapas
- beber vino
- los museos
- el arte
- Granada
- Barcelona
- Toledo
- visitar monumentos
- leer
- los espectáculos de flamenco
- jugar en la playa
- jugar al fútbol
- el golf
- ver fútbol
- caminar por la montaña
- las ciudades históricas
- nadar en la playa
- tomar el sol
- las discotecas
- ir de compras
- los bares
- navegar en el mar
- el surf
- viajar en avión
- viajar en coche
- otros

3A. Anota en la tabla las ideas que tienes sobre España o sobre un país latinoamericano. Luego haz lo mismo con lo que crees que se conoce de tu país en el extranjero. No es necesario completar todos los puntos, solo los más significativos.

	España u otro país latinoamericano	Tu cultura, tu país
1. NATURALEZA		
a. paisajes, espacios naturales	....	....
b. animales, plantas y flores	....	....
c. clima	....	....
2. ESPACIOS		
a. hábitat (ciudades, pueblos, etc.)	....	....
b. monumentos	....	....
c. lugares simbólicos	....	....
3. ICONOS		
a. mitos de la historia y la política	....	....
b. artistas (pintores, músicos, actores, cantantes, escritores...	....	....
c. deportistas	....	....
4. PERSONAS		
a. personalidad, carácter	....	....
b. grupos familiares y socialización	....	....
5. RUTINAS		
a. hábitos y horarios de comida	....	....
b. hábitos y horarios de trabajo	....	....
c. hábitos y horarios de ocio	....	....
d. hábitos y horarios de sueño	....	....
6. TRADICIONES		
a. gastronomía (comidas, bebidas...)	....	....
b. celebraciones y fiestas	....	....
c. religión y rituales	....	....
d. música y baile	....	....
7. OTROS		
....	....	....
....	....	....
....	....	....

3B. Compara tus notas con las de otra persona de la clase. Podéis reflexionar sobre el tipo de ideas que tenéis: más o menos convencionales, más o menos negativas, más o menos tradicionales...

....
....
....
....

4. ¿Cuáles son según tu opinión los diez estereotipos más frecuentes sobre el mundo hispano? Relaciona los elementos de las tres columnas para construir frases. Si quieres, puedes añadir otros.

1. Sujeto genérico 👤👤		
	(no) trabaja/n	mojitos
(Toda) la gente / todo el mundo… / mucha gente… en Hispanoamérica/México/Argentina…	(no) duerme/n	mucho/poco/nada
	(no) habla/n	flamenco/tango/salsa
Los / la mayoría de los / todos los / muchos / pocos hispanos…	(no) se acuesta/n	la guitarra / la flauta
	(no) se levanta/n	al fútbol
Las / la mayoría de las / todas las / muchas / pocas personas en Hispanoamérica/México/Argentina…	(no) trabaja/n	al béisbol
	(no) desayuna/n	en cocinas
2. Sujeto femenino 👩👩	(no) come/n	churros
	(no) cocina/n	morenas/atractivas
Las / todas las / la mayoría de las / muchas / pocas… (mujeres) hispanas/mexicanas/argentinas…	(no) cena/n	en la casa
	(no) toma/n	puntual/es
	(no) bebe/n	religioso/-a/-os/-as
	(no) baila/n	machista/s
3. Sujeto masculino 👨👨	(no) toca/n	familias muy grandes
	(no) juega/n	la siesta
Los / todos los / la mayoría de los / muchos / pocos… (hombres) hispanos/mexicanos/argentinos…	(no) hace/n	pronto/tarde
	(no) es/son…	tapas
	(no) tiene/n	(con) mucho aceite de oliva
	…	mucha comida picante
		mate
		…

1. ....
....
2. ....
....
3. ....
....
4. ....
....
5. ....
....
6. ....
....
7. ....
....
8. ....
....
9. ....
....
10. ....
....

5A. Observa esta imagen del colectivo de arte callejero Yipi Yipi Yeah, en la que se juega con algunos estereotipos españoles. Ponle un título y explica de qué estereotipo se trata y qué intención tiene la imagen.

....
....
....
....
....
....
....

5B. Diseña otra intervención sobre estereotipos del mundo hispano.

GRAMÁTICA

6. Completa este cuadro siguiendo los ejemplos.

Pronombre sujeto 👤	Pronombre de complemento indirecto 👤
Yo toco la guitarra.	**(A mí) me** gusta tocar la guitarra.
....	¿**(A ti) te** gusta hacer yoga?
Ella estudia francés.	....
....	**(A nosotros) nos** encanta cocinar.
¿**Vosotros** jugáis al tenis?	....
....	**(A ellos) les** interesa visitar museos.

7. Completa estas conversaciones de forma lógica. Recuerda los usos de los verbos con pronombre sujeto y de los verbos con complemento indirecto.

+ Yo *juego al fútbol.*
- Yo también.

1. + Yo ....
+ Yo también.

2. + Yo ....
- Yo no.

3. - Yo ....
+ Yo sí.

4. - Yo ....
- Yo tampoco.

5. + ...
+ A mí también.

6. + ...
- A mí no.

7. - ....
+ A mí sí.

8. - ....
- A mí tampoco.

8A. Ordena estas cinco frases sobre estereotipos. La palabra en negrita es la primera de cada frase.

1. Mucha... – piensa – corridas – españoles – les – interesan – que – a – todos – gente – los – las – de – toros

....
....

2. A... – las – les – encantan – muy – comidas – los – mexicanos – picantes

....
....

3. Todo... – y – les – interesa – que – a – los – argentinos – les – gusta – el – mundo – cree – el – fútbol – psicoanálisis – el

....
....

4. A... – cocinar – aceite – de – los – españoles – siempre – les – encanta – con – oliva

....
....

5. La gente... – las – personas – les – a – cree – que – gusta – mucho – bailar – del – Caribe

....
....

8B. ¿Tienes información que contradice esos estereotipos? ¿Cuál?

1. Yo conozco españoles que odian las corridas de toros y, además, creo que en algunos lugares de España no hay corridas.

....
....
....
....
....
....
....
....
....
....
....
....
....
....
....

9. Completa estos fragmentos de entrevistas para un cuestionario sociológico con los verbos conjugados.

1. — ¿A qué hora (levantarse) .... ustedes normalmente?

— Normalmente a las 8:00 porque (acostarse) .... a las 12:00. Pero mi marido a veces (levantarse) .... a las 9:00 porque no trabaja. Yo (empezar) .... a trabajar a las 9:30.

2. — Hola, perdona, es para un cuestionario. ¿A qué hora (levantarse, tú) .... durante la semana?

— Pues a las 7:30 o a las 8:00. (preferir) .... levantarme temprano para tener más tiempo. Pero los fines de semana (levantarse) .... a las 10:00 porque (acostarse) .... muy tarde.

3. — Perdone, señora, ¿a qué hora (levantarse) .... usted normalmente?

— (levantarse) .... a las 7:00 porque mis hijas (levantarse) .... a las 7:30 y les preparo el desayuno antes.

4. — Hola, perdonad, es para un cuestionario, ¿a qué hora (acostarse, vosotros) .... los fines de semana?

— No tenemos clase, así que (acostarse) .... muy tarde, a las 2:00 o las 3:00, somos estudiantes. Y (levantarse) .... a las 11:00 o las 12:00. (dormir) .... muchas horas.

5. — Perdone, señor, una pregunta para un cuestionario: ¿a qué hora (acostarse, usted) .... normalmente?

— Bueno, pues yo no (dormir) .... mucho, porque (acostarse) .... a la 1:00 y (levantarse) .... a las 7:00. Mis hijos sí (dormir) .... mucho más. (levantarse) .... a las 9:00 o 10:00.

10A. Según tu experiencia, ¿cuántas horas (al día, a la semana...) crees que estudia cada uno de estos estudiantes?

1. Lucas estudia pocas horas: ....
....

2. Laura estudia suficientes horas: ....
....

3. Leo estudia muchas horas: ....
....

4. Ludovico estudia demasiadas horas: ....
....

10B. ¿Y tú? ¿Estudias pocas, suficientes, muchas o demasiadas horas? ¿Por qué?

....
....
....
....
....

11A. Según tu experiencia, ¿qué cantidad de café y agua toma cada una de estas personas?

1. Carlos toma poco café: *Carlos toma una taza a la semana.*

2. Cecilio toma mucho café: ....

3. Concha toma demasiado café: ....

4. Carlos bebe mucha agua: ....

5. Cecilio bebe poca agua: ....

> 🔔 **ATENCIÓN**
>
> una taza ☕ dos tazas ☕☕
>
> un litro 🍼 dos litros 🍼🍼 medio litro 🍼

11B. Y tú, ¿qué cantidad de café y agua tomas al día?

....
....
....
....

12A. Explica las rutinas de estas personas, como en el ejemplo.

1. Nuria camina poco.

Nuria siempre va al trabajo en metro, no hace nunca deporte, usa mucho el coche...

....

....

2. Lara no duerme suficiente.

....

....

....

3. Sergio fuma mucho.

....

....

....

4. Javier habla demasiado.

....

....

....

5. Francisco trabaja poco.

....

....

....

6. Clara no come suficiente.

....

....

....

7. Agustín lee mucho.

....

....

....

8. Neus viaja demasiado.

....

....

....

12B. ¿Y tú? Completa estas frases sobre tus costumbres y rutinas.

1. Yo .... poco.

2. Yo .... suficiente.

3. Yo .... mucho.

4. Yo .... demasiado.

LÉXICO

13A. Completa la tabla con los verbos que corresponden a los sustantivos.

Verbo	Sustantivo
1. generalizar	generalización
2.	simplificación
3.	representación
4. imaginar	imagen
5.	identificación
6.	repetición
7.	discriminación
8.	marginación
9. transmitir	transmisión
10.	comparación

13B. Escribe frases sobre los estereotipos usando los verbos de A.

....

....

....

....

....

....

....

....

....

....

....

....

....

....

....

14. Escribe los infinitivos que corresponden a estas acciones.

1. ....

2. ....

3. ....

4. ....

5. ....

6. ....

7. ....

8. ....

9. ....

10. ....

11. ....

12. ....

13. ....

14. ....

15. Escribe palabras opuestas a las siguientes palabras. Puede haber más de una posibilidad. Después, busca tres palabras más en la unidad y escribe sus opuestos.

1. acostarse ....
2. terminar ....
3. tarde ....
4. mañana ....
5. noche ....
6. nunca ....
7. poco ....
8. nada ....
9. enemigo ....
10. malo ....
11. lluvia ....
12. invierno ....
13. ....
14. ....
15. ....

16A. ¿Con qué palabras se pueden combinar los siguientes verbos? Piensa en actividades que haces tú o tus conocidos, o en actividades que te gustan.

jugar >
>

tocar >
>

hacer >
>

bailar >
>

16B. Escribe qué relación tienes con las actividades de A (te gustan, las haces tú o un conocido, etc.).

Yo juego al baloncesto. ....
....
....
....
....
....
....
....

17. ¿Qué actividades académicas o de ocio asocias con estas estaciones y meses?

Primavera

abril

mayo

junio

Verano

julio

agosto

septiembre

Otoño

octubre

noviembre

diciembre

Invierno

enero

febrero

marzo

CARACTERÍSTICAS DEL TEXTO

18. Mira el ejemplo y sigue los mismos pasos para formar oraciones compuestas.

Dormir
1. Dormir **la siesta**.
2. A los españoles les gusta **dormir la siesta**.
3. Mucha gente piensa que **a los españoles les gusta dormir la siesta**.

1. Fumar

a. Fumar ....

....

b. ....

....

c. ....

....

2. Jugar

a. ....

....

b. ....

....

c. ....

....

3. Bailar

a. ....

....

b. ....

....

c. ....

....

4. Comer

a. ....

....

b. ....

....

c. ....

....

CARACTERÍSTICAS DEL TEXTO

19A. Lola escribe este texto sobre su horario semanal. Complétalo.

| de... a (2) | después de | después (2) | antes | primero | sin embargo | antes de |

(1) .... lunes .... viernes me despierto a las 7:00 y me levanto a las 7:30 h.

(2) .... me ducho y (3) .... desayuno. (4) .... desayunar, a las 8:30 h, voy a la universidad. Llego a las 9:15 h. Los martes y jueves, tengo clases (5) .... las 10:00 .... la 1:00 h. Los lunes y miércoles empiezo a las 11:00 y termino a las 14:00. (6) ...., a las 14:30 h, como. A las 16 h tengo clase los martes y jueves.

Termino a las 17:30 h. Los martes juego al tenis a las 18 h. A las 20 h llego a mi residencia y a las 21:00 h ceno. Me acuesto aproximadamente a las 23:30 h, pero (7) .... estudio un rato, miro internet, veo una serie de televisión o hablo con los amigos. Me encanta ducharme (8) .... acostarme para dormir más relajada. Duermo en total 8 horas. (9) ...., cuando tengo exámenes todo es diferente porque me acuesto más tarde.

19B. ¿Cuáles son tus rutinas más habituales durante la semana?
Toma nota de ellas y después escribe un texto similar al anterior.

Lunes	Martes	Miércoles	Jueves	Viernes	Sábado	Domingo

....

....

....

....

....

....

....

....

....

....

....

....

....

....

SONIDOS

20A. En la mayor parte de España, las sílabas za, ce, ci, zo, zu se pronuncian con el sonido /θ/ (interdental, fricativo, sordo). ¿Existe en tu lengua ese sonido o uno similar? ¿Y en otras que conoces? ¿Cómo se escribe?

En griego sí que existe: θάλασσα ("thálassa"), que significa mar. En inglés también existe: "thousand".

....

....

....

20B. Escucha y marca qué sonido oyes en cada caso.

🔊 9

	Igual que **za**pato	Igual que **ce**lular	Igual que **ci**garrillo	Igual que **zo**rro	Igual que a**zul**
1.					
2.					
3.					
4.					
5.					
6.					
7.					
8.					
9.					
10.					
11.					
12.					
13.					
14.					

> 🔔 **ATENCIÓN**
>
> **Sesear**
> La inmensa mayoría de los hispanohablantes sesea, es decir, no pronuncia el sonido /θ/, lo sustituye por **/s/**: /**sa**pato/, /**se**lular/. Los hispanohablantes de algunas zonas del sur de España, Canarias y América sesean.
>
> **Cecear**
> En algunas zonas del sur de España hay hablantes de español que cecean, es decir, pronuncian el sonido /θ/ en lugar de /s/: /**θ**evilla/.
>
> **Distinguir**
> Los hispanohablantes que distinguen diferencian y pronuncian los dos sonidos: /θ/ y **/s/**. En la mayoría de España (excepto en algunas zonas de Andalucía y las Islas Canarias) y en Guinea Ecuatorial se distingue.

20C. Lee estas transcripciones de un podcast sobre estudiantes hispanos en Estados Unidos y marca las sílabas que contienen los sonidos za, ce, ci, zo, zu. Luego, escucha cómo las pronuncian Cecilio, de Cuba, y Cecilia, de España.

🔊 10

1. Hola. Pues yo me llamo Cecilio y soy cubano, nací en la ciudad de Cienfuegos, pero vivo y estudio en Miami, que es mi lugar de residencia desde hace casi catorce años. Estoy en mi tercer año de universidad y mi especialidad es Sociología. Mi curso empieza a principios de septiembre y el cuatrimestre de otoño termina a finales de diciembre. Después tenemos dos semanas de vacaciones. La tercera semana de enero empezamos las clases del cuatrimestre de invierno y primavera. Terminamos el curso en mayo y después viene la graduación. Los exámenes son a finales de diciembre (las dos últimas semanas) y a principios de mayo (las dos primeras semanas). En verano, desde junio hasta principios de septiembre, no tengo clases. Vuelvo a mi ciudad en Cuba, donde trabajo en la recepción de un hotel precioso que se llama Palacio Azul.

2. Hola. Pues yo me llamo Cecilia y soy española, nací en la ciudad de Zaragoza, pero vivo y estudio en Nueva York, que es mi lugar de residencia desde hace ya casi once años. Estoy en mi tercer año de universidad y mi especialidad es Ciencias de la Información. Mi curso empieza a principios de septiembre y el cuatrimestre de otoño termina a finales de diciembre. Después tenemos dos semanas de vacaciones. La tercera semana de enero empezamos las clases del cuatrimestre de invierno y primavera. Terminamos el curso en mayo y después viene la graduación. Los exámenes son a finales de diciembre (las dos últimas semanas) y a principios de mayo (las dos primeras semanas). En verano, desde junio hasta principios de septiembre, no tengo clases. Vuelvo a España porque trabajo en Ibiza, en la recepción del hotel Club Cala Azul.

20D. Busca información sobre el origen histórico del seseo de América y sus conexiones con Andalucía y Canarias.

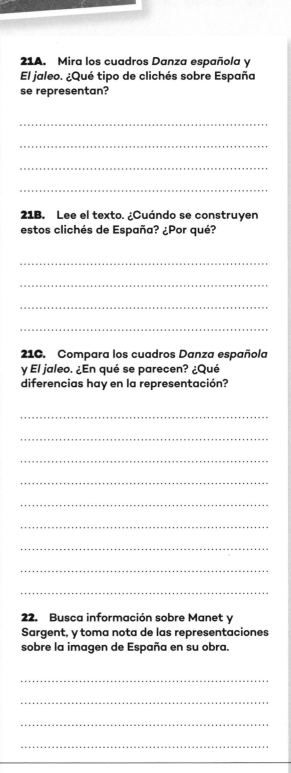

Lola baila flamenco. La imagen de España en el arte y los estereotipos

En la segunda mitad del siglo XVIII, España ya no es el imperio que controla el mundo. Su imagen no tiene la autoridad ni el poder del pasado. La Europa de las revoluciones burguesas observa ahora una España tradicional y menos moderna. Durante el siglo XIX, muchos artistas europeos y norteamericanos visitan España y transmiten, en la literatura, la pintura y después en la fotografía y la música, una imagen pintoresca. La moda orientalista del arte europeo encuentra en España, especialmente en Andalucía, un paraíso de imágenes pintorescas. A los artistas les interesa representar escenas desde un punto de vista exótico. Este es el caso del escocés David Roberts (1786-1864), que visita España en 1832 y publica su famosa obra *Picturesque Sketches in Spain*. Roberts exagera y manipula la representación de los monumentos para dar esta imagen artificial. La difusión de este tipo de clichés continúa durante el siglo XIX y también el XX, con el cine y crea muchos de los estereotipos que hoy existen sobre España.

21A. Mira los cuadros *Danza española* y *El jaleo*. ¿Qué tipo de clichés sobre España se representan?

....
....
....
....

21B. Lee el texto. ¿Cuándo se construyen estos clichés de España? ¿Por qué?

....
....
....
....

21C. Compara los cuadros *Danza española* y *El jaleo*. ¿En qué se parecen? ¿Qué diferencias hay en la representación?

....
....
....
....
....
....
....
....
....

22. Busca información sobre Manet y Sargent, y toma nota de las representaciones sobre la imagen de España en su obra.

....
....
....
....

Danza española, 1862. Eduard Manet

El jaleo, 1882. John Singer Sargent

1. Completa las siguientes frases marcando la opción correcta.

1. .... tengo .... clases los viernes por la tarde.
a. Ø, nada b. No, nunca c. No, nada
d. Ø, nunca

2. .... muchos estudiantes .... las clases por la tarde.
a. Ø, prefieren b. Ø, les gustan c. A, prefieren d. A, gustan

3. Lucas .... levanta a las 9:15 de la mañana.
a. se b. Ø c. le d. él

4. Lucas .... la guitarra y .... al fútbol.
a. toca, juega b. juega, toca c. toca, toca
d. juega, juega

5. Yo siempre me ducho antes ....
a. de desayuno b. desayunar c. desayunar
d. de desayunar

6. Tengo clases .... nueve .... cinco durante la semana.
a. de, desde b. desde las, hasta las c. a las, a las d. por, para

7. Mi amiga Lola estudia ...., unas seis o siete horas cada día.
a. mucha b. demasiada c. mucho d. muy

8. Los estudiantes de mi universidad desayunan ...., un café y nada más.
a. Ø, suficientes b. no, suficientes
c. Ø, suficiente d. no, suficiente

9. No .... interesan .... cursos de ciencias.
a. me, los b. me, Ø c. Ø, los d. me, Ø

10. ¿La gente en España .... a las 12:00 o 1:00 de la noche porque la siesta?
a. acuesta, duerme b. se acuesta, duerme
c. se acuestan, duermen d. acuestan, duermen

2. Observa con atención los gráficos y escribe un pequeño informe comparando tu cultura y tus rutinas universitarias con las del promedio de los españoles.

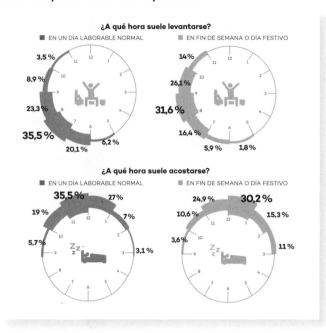

3. Busca ejemplos de cada caso.

1. Un verbo con diptongo **IE**:
....

2. Un verbo con diptongo **UE**:
....

3. Un verbo pronominal, como **me llamo**:
....

4. Palabras relacionadas con rutinas y actividades diarias:
....
....

5. Palabras relacionadas con periodos de tiempo:
....
....

6. Palabras relacionadas con estereotipos:
....
....

DIARIO DE APRENDIZAJE

¿Qué es lo más útil o importante que he aprendido?
....

¿Qué actividades me han ayudado más?
....

¿Qué me parece difícil todavía?
....

¿Qué me interesa hacer en relación con esta unidad?
(información que quiero buscar, algo que quiero leer, película que quiero ver, música que quiero escuchar, etc.)
....

Palabras relevantes para mí:
....
....

Estructuras gramaticales interesantes:
....
....

Errores que cometo:
....
....

4

LUGARES

PUNTO DE PARTIDA

1. Intenta responder a estas preguntas sobre datos que aparecen en la unidad.

1. ¿En qué país de América latina está la zona arqueológica de Chan Chan?

....

2. ¿De qué estilo es la catedral de Burgos (España)?

....

3. ¿De cuándo son las pinturas paleolíticas de Altamira, en Cantabria (España)?

....

4. ¿Qué ciudad española tiene el teatro romano del s. I. a.C. mejor conservado?

....

5. ¿Qué país está al oeste de Colombia?

....

6. ¿Cuáles son los colores de la bandera de Puerto Rico?

....

7. ¿Cuál de estas islas es más grande: Cuba o Puerto Rico?

....

8. ¿Cuál es la fecha aproximada de la construcción de la ciudad inca de Machu Picchu?

....

9. ¿Dónde está la famosa ciudad minera de Potosí?

....

10. ¿Cuántos países hay entre México y Colombia?

....

11. Cuba, con 109 884 km, tiene casi la misma extensión que un país centroamericano. ¿Cuál es: Guatemala o Costa Rica?

....

12. ¿Qué organización da el título de Patrimonio de la Humanidad a lugares de interés cultural o natural?

....

13. ¿En qué comunidad autónoma situada al noroeste de España está La Torre de Hércules (s. I d. C.)?

....

14. ¿En qué isla canaria está situada la ciudad de La Laguna?

....

15. ¿En qué ciudad andaluza hay un puente romano sobre el río Guadalquivir?

....

2A. ¿Qué ves en las fotografías? Completa el nombre de los lugares con estas palabras.

río   puente   calle   montaña   plaza

monumento   bosque   playa

1. .... Internacional del Guadiana (España)

2. .... Mayor de Madrid (España)

3. .... Orinoco (Venezuela)

4. .... El Ángel de la Independencia (México)

5. .... Aconcagua (Argentina)

6. .... Paraíso (Cayo Largo, Cuba)

7. .... nuboso (Costa Rica)

8. .... Florida (Buenos Aires, Argentina)

2B. ¿A qué lugar o lugares de A te gustaría ir? ¿Por qué?

Al río Orinoco y al bosque nuboso, porque me gusta la naturaleza y quiero ir a la selva.

....

....

....

3. Escribe el nombre de lugares famosos en el mundo. ¿Dónde están? Si lo necesitas, puedes buscar en internet.

1. un puente: *Es el puente de Brooklyn, está en Nueva York.*

2. un río: ....

3. una montaña: ....

4. un bosque: ....

5. una plaza: ....

6. un monumento: ....

7. una playa: ....

8. una calle: ....

4A. Escribe el nombre de lugares que te gustan o que son importantes para ti.

• un cine: ....

• un bar: ....

• un museo: ....

• una montaña: ....

• una plaza: ....

• un edificio histórico: ....

• un parque natural: ....

• una tienda: ....

• un bosque: ....

• una ciudad: ....

• un río: ....

• una calle: ....

4B. ¿Cuándo vas a esos lugares? ¿Qué haces en ellos?

Trabajo en el cine Verdi, en Barcelona, los fines de semana. A veces puedo ver películas gratis. Son películas en versión original.

4C. Clasifica tus lugares usando algunas de las categorías de la actividad 1A del Libro del alumno (página 58).

....

....

....

....

....

5. Lee el texto de la página 60 del Libro del alumno. Luego, completa estos textos con la siguiente información.

Lugares de interés	Época	Comunidad autónoma
La catedral gótica de Burgos	4000 a. C.	~~Castilla y León~~
El Puente de Vizcaya	5000 a. C.	Cantabria
Los Dólmenes de Antequera	s. I d. C.	Andalucía
~~La Muralla de Ávila~~	s. I d. C.	Galicia
La Torre de Hércules	s. XX	Cataluña
El Palau de la Música Catalana	s. XIX	el País Vasco
El teatro romano de Mérida	s. XIII	Extremadura
La cueva de Altamira	~~ss. XII-XV d. C.~~	Castilla y León

1. Este monumento de los siglos ....XII-XV d. C.... es probablemente la muralla medieval mejor conservada de toda Europa. La Muralla de Ávila es una construcción militar que rodea la zona antigua de esta ciudad que está en el norte de España, en Castilla y León.

2. Está situada en la costa atlántica de la ciudad de La Coruña, en ...., al norte de Portugal. Es el faro romano más antiguo que todavía está activo. .... es del siglo ....

3. Este es el mejor ejemplo español de pintura paleolítica. .... está situada en el norte de España, en .... Fue pintada aproximadamente en el año ....

4. .... son unos monumentos funerarios de la cultura neolítica construidos .... Están localizados en Málaga, en el centro de ....

5. Este edificio, construido a principio del ...., entre 1905 y 1908, es una de las mejores representaciones del modernismo catalán. .... de Barcelona es un lugar emblemático de ....

6. Es el puente transbordador en servicio más antiguo del mundo. ...., del siglo ...., exactamente de 1893, está situado entre Portugalete y Getxo, en ....

7. Hay muchos restos de la época romana en toda la península Ibérica, pero este es uno de los mejor conservados. En la actualidad todavía funciona como teatro. ...., del ...., está situado en la capital de ....

8. Este edificio fue declarado Patrimonio de la Humanidad en 1984. ...., del ...., está situada en el norte de .... Es uno de los mejores ejemplos del estilo gótico europeo.

6. Busca información sobre estos dos lugares culturales de España declarados por la UNESCO Patrimonio de la Humanidad y completa estas fichas. Luego haz lo mismo con otro lugar de la lista de la UNESCO.

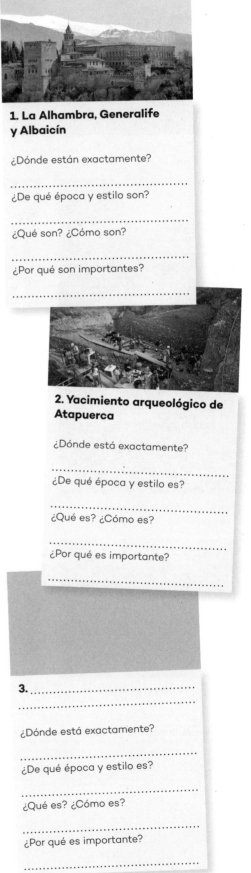

1. La Alhambra, Generalife y Albaicín

¿Dónde están exactamente?

....

¿De qué época y estilo son?

....

¿Qué son? ¿Cómo son?

....

¿Por qué son importantes?

....

2. Yacimiento arqueológico de Atapuerca

¿Dónde está exactamente?

....

¿De qué época y estilo es?

....

¿Qué es? ¿Cómo es?

....

¿Por qué es importante?

....

3. ....

....

¿Dónde está exactamente?

....

¿De qué época y estilo es?

....

¿Qué es? ¿Cómo es?

....

¿Por qué es importante?

....

GRAMÁTICA

7A. Completa estos textos sobre Nicaragua con **hay, es, son** y **está o están.**

1. Nicaragua .... el país más grande de Centroamérica. .... situado al sur de Honduras y al norte de Costa Rica.

2. En todo el territorio, desde la costa atlántica hasta la pacífica .... un clima tropical. La ciudad más grande .... la capital, Managua, que .... al oeste del país. León, Granada y Masaya .... las otras tres ciudades más importantes.

3. En Nicaragua .... quince departamentos y dos regiones autónomas.
Nicaragua .... un país volcánico. .... diecinueve volcanes que .... activos. En el interior del país también .... dos grandes lagos: el lago Managua, que .... al oeste, y también el Gran Lago de Nicaragua, que .... el mayor de América Central, situado en el suroeste.

4. Nicaragua .... una república presidencialista. Su bandera .... blanca y azul.

5. .... muchos grupos étnicos que hablan muchas lenguas indígenas. El miskito, el rama y el sumo .... las lenguas más habladas.

6. La mayoría de la población, un 65 %, ... de origen mestizo: mezcla de españoles con amerindios, africanos y asiáticos. En Nicaragua .... un 18 % de blancos de origen europeo y los indígenas .... el 5 % de la población.

7. El café, el algodón, el cacao y el banano .... los productos más importantes de su agricultura.

Fuente: Wikipedia.com

7B. Con la información del texto anterior, escribe preguntas sobre Nicaragua y házselas a otra persona. Escribe su respuesta, como en el ejemplo.

¿Qué ciudad/lenguas/productos... es/son/ está/están...?
¿Cuál/qué/quién es/está...?
¿Cuáles/quiénes son/están...?
¿Dónde está/están...?

1. ¿Dónde está situada exactamente Nicaragua? Al norte de Honduras y al sur de Costa Rica.

....

....

....

....

....

....

8. Completa las siguientes preguntas con un interrogativo y el verbo **ser** o **estar conjugado.**

1. — ¿ *Cuál* *es* la isla más grande de Centroamérica?
— Cuba.

2. — ¿ .... ciudad .... la capital de Andalucía?
— Sevilla.

3. — ¿ .... ciudades de España ....
en el norte de África?
— Ceuta y Melilla.

4. — ¿ .... el autor de la novela *Rayuela*?
— Julio Cortázar.

5. — ¿ .... los Reyes Magos?
— Los padres.

6. — ¿ .... islas españolas .... al oeste del Sahara?
— Las Islas Canarias.

7. — ¿ .... las lenguas oficiales de Paraguay?
— El español y el guaraní.

8. — ¿ .... las montañas más altas de América del Sur?
— Los Andes.

9. — ¿ .... el Aconcagua?
— Un pico de los Andes.

10. — ¿ .... los Pirineos?
— Entre Francia y España.

GRAMÁTICA

9A. Completa la descripción de esta habitación de un estudiante **escribiendo** un, una, unos, unas **o** el, la, los, las.

Mi habitación es muy grande. Hay (1) .... puerta y dos ventanas. También hay (2) .... armario pequeño, que está entre las dos ventanas, y (3) .... escritorio, que está a la derecha. (4) .... escritorio es muy viejo, no me gusta mucho. (5) .... cama está enfrente de (6) .... dos ventanas. Encima hay (7) .... estanterías con muchos libros y objetos. (8) .... zapatos están todos debajo de (9) .... cama porque no tengo espacio en (10) .... armario. También tengo dos sillas al lado de la puerta. Encima de (11) .... sillas siempre hay mucha ropa, no soy muy ordenado. Encima del escritorio está (12) .... ordenador y también hay (13) .... lámpara. (14) .... cables del ordenador están encima de la mesa. A la derecha de la mesa de escritorio hay (15) .... papelera y en el suelo hay (16) .... alfombra muy grande. En la pared hay (17) .... cuadros de Kandinsky que me gustan mucho. No son originales, claro. En el techo también hay (18) .... lámpara grande con una luz horrible. (19) .... ventanas son muy grandes, me encanta la luz natural. (20) .... baño está fuera, porque vivo en un apartamento con otros dos estudiantes y no tenemos baño privado.

9B. Dibuja el plano.

10. Completa estas frases comparativas con datos que tengas sobre lugares del mundo. Si lo necesitas, puedes buscar en internet.

1. .... es una ciudad histórica, **más antigua que** ....
2. En .... hay aproximadamente **tantos habitantes como** en .... Hay .... habitantes.
3. Las montañas de .... son **más altas que** .... Tienen ....
4. La universidad de .... **es más moderna** que la universidad de ....
5. .... no tiene **tanta contaminación como** ...., porque ....
6. En mi universidad hay **menos estudiantes que** en la universidad de ...., que es más grande. Tiene ....
7. El monumento de .... es **más moderno que** el monumento de .... Es del siglo ....
8. (Un país) .... tiene **más superficie que** ....
9. (Una ciudad) A mí me gusta .... **tanto como** ...., las dos son ....
10. (Una ciudad) En mi opinión, ... no es **tan interesante como** .... porque ....

LÉXICO

11. Ordena las palabras para formar frases. La primera palabra de cada frase está en negrita.

1. España – gótica – **Sevilla** – catedral – tiene – más – grande – la – de: ....

....

2. Latinoamérica – **Brasil** – más – es – país – el – grande – de: ....

....

3. España – es – provincia – la – poblada – de – menos – **Soria**: ....

....

4. España – cuevas – Altamira – son – **Las** – más – las – conocidas – de – de: ....

....

5. España – volcán – más – es – **El** – con – 3718 – metros – el – alto – de – Teide: ....

....

12. Completa las siguientes frases según tus intereses, gustos y experiencias.

1. El lugar más interesante de tu ciudad es ....

2. El lugar más bonito de Latinoamérica está en ....

3. El espacio más popular de tu universidad es ....

4. El país más atractivo de Latinoamérica es ....

5. El país menos atractivo del mundo es ....

6. El lugar natural más increíble de tu país está en ....

7. Las montañas más altas de tu continente se llaman ....

8. El barrio menos interesante de tu ciudad está en ....

9. El monumento más visitado de tu país es ....

10. El lugar menos recomendable del mundo para vivir es ....

13A. Identifica los siguientes elementos en la imagen.

ventana: ....   cajones: ....

cuadro: ....   silla: ....

ordenador/computadora: ....   cama: ....

techo: ....   impresora: ....

puerta: ....   mesa/escritorio: ....

lámpara: ....   papelera: ....

sofá: ....   suelo/piso: ....

armario: ....   alfombra: ....

13B. Explica dónde están exactamente los objetos de la habitación de la ilustración anterior.

1. El cuadro está .... la cama.

2. La alfombra está .... sofá.

3. El escritorio está .... la papelera y la cama.

4. El sofá está .... armario.

5. El armario está .... sofá.

6. La impresora está .... escritorio.

7. El ordenador está .... la impresora, a la derecha.

8. La silla está .... escritorio.

9. La ventana está .... cuadro.

SISTEMA FORMAL

LÉXICO

14. Explica las diferencias que hay entre estas dos habitaciones de una residencia universitaria. Después, compáralas con tu habitación actual. ¿Cuál de las tres prefieres para vivir? ¿Por qué?

....
....
....
....
....
....
....
....
....
....
....

15. Justifica por qué una de las palabras de cada serie puede pertenecer a una categoría diferente. Hay varias posibilidades.

océano – mar – río – (lago)

El lago es el único lugar que está rodeado de tierra.

1. montaña – volcán – río – península

....

2. ciudad – provincia – pueblo – país

....

3. catedral – iglesia – mezquita – sinagoga

....

4. teatro – parque – reserva natural – puente

....

5. cama – armario – puerta – lámpara

....

6. año – siglo – semana – mes

....

7. gimnasio – piscina – biblioteca – parque

....

8. bandera – museo – comedor – aula

....

9. norte – encima – arriba – sur

....

CARACTERÍSTICAS DEL TEXTO

16. Conecta las frases para evitar repeticiones, usando los recursos de Características del texto de la página 69.

1. Burgos
Burgos es una ciudad de Castilla y León. En Burgos hay una catedral. La catedral es gótica. La catedral es del siglo XIII.

....
....

2. La Torre de Hércules
La Torre de Hércules es un monumento. La Torre de Hércules es un monumento romano. La Torre de Hércules está en La Coruña. La Coruña está en Galicia. Galicia está al noroeste de España.

....
....

3. Mérida
Mérida es una ciudad. Mérida está en Extremadura. Extremadura está al oeste de España. Mérida es una ciudad de origen romano: Augusta Emerita. En Mérida hay muchos restos arqueológicos.

....
....
....

4. La Muralla de Ávila
La Muralla de Ávila es una construcción militar. La Muralla de Ávila es de estilo románico. La Muralla de Ávila es de los siglos XII al XV d. C. La Muralla de Ávila está en la ciudad de Ávila. Ávila está en Castilla y León.

....
....

5. El Puente de Vizcaya
El Puente de Vizcaya es una gran obra de ingeniería. El Puente de Vizcaya es del siglo XIX. El Puente de Vizcaya está situado en Vizcaya, en el País Vasco.

....
....

SONIDOS

17. Elige, en cada caso, la opción correcta. Después escribe un texto similar sobre otro museo y otra ciudad monumental de España o Latinoamérica.

Museos

a. El museo de Arte Abstracto de Cuenca es un lugar muy especial **donde/que** está situado en Castilla-La-Mancha **en el que / que** hay solo arte abstracto.

b. El Centro de Arte Reina Sofía es el lugar **en la que / en el que** podemos ver el famoso cuadro *El Guernika*, de Picasso.

c. El museo del Prado es un museo **que / en el que** está en Madrid.

d. Bilbao es la ciudad **en la que / en el que** está el museo Guggenheim, del arquitecto Frank Gehry.

....
....
....
....
....
....

Ciudades monumentales

a. Salamanca es una ciudad de Castilla y León **que/ donde** hay una universidad muy antigua y prestigiosa.

b. Cáceres es una ciudad **que/con** muchos edificios medievales y renacentistas.

c. Córdoba es una ciudad **en la que / en las que** hay muchos monumentos de la época romana, judía, musulmana y cristiana.

d. Úbeda y Baeza son dos ciudades de Andalucía **en la que / en las que** hay muchos monumentos de los siglos XVI y XVII.

....
....
....
....
....
....

18A. Escucha y lee este texto. Fíjate especialmente en la pronunciación 🔊 de las vocales que llevan el acento prosódico y de las vocales en 11 contacto. Luego, léelo tú.

La Muralla de Ávila es una construcción militar que rodea el casco antiguo de la ciudad de Ávila, en el norte de España, en Castilla y León. Este monumento de los siglos doce al quince es probablemente la muralla medieval mejor conservada de toda Europa.

> **ATENCIÓN**
>
> Las vocales en contacto se pronuncian juntas, sin pausa. Cuando hablas español, no debes separar las palabras sino conectarlas en la secuencia melódica, especialmente cuando terminan y empiezan por la misma vocal: a mí me encanta.

18B. Escucha estos textos y complétalos con la vocal tónica que falta.
🔊 12

1. La T......rre de H......rcules es un ant......guo f......ro rom......no del s......glo prim......ro despu......s de Cr......sto. Est...... situ......da en la c......sta atl......ntica de la ciud......d de La Cor......ña, en Gal......cia, en el noro......ste de la pen......nsula Ib......rica. ......s el f......ro rom......no más ant......guo que todav......a est...... act......vo.

2. La cu......va de Altam......ra, en el n......rte de Esp......ña, en Cant......bria, pint......da cinco m......l ......ños ......ntes de Cr......sto, ...s el mej......r ej......mplo españ......l de pint......ra paleol......tica, que se caracter......za por el real......smo de las fig......ras.

3. Los D......lmenes de Antequ......ra, en M......laga, en el c......ntro de Andaluc......a, son ......nos monum......ntos funer......rios de la cult......ra neol......tica constru......dos cuatro m......l ......ños ......ntes de Cr......sto. Est......n orient......dos para marc......r el s......l dur......nte los equin......ccios de primav......ra y ot......ño y tambi......n los solst......cios de ver......no e invi......rno.

4. ......ste te......tro rom......no del s......glo prim......ro ......ntes de Cr......sto est...... situ......do en M......rida, la capit......l de Extremad......ra. Hay m......chos r......stos de la ......poca rom......na en t......da la pen......nsula Ib......rica, pero ......ste es uno de los mej......r conserv......dos. En la actualid......d todav......a funci......na como te......tro.

18C. Vuelve a escuchar y marca las vocales en contacto entre las 🔊 palabras, como en el ejemplo de A.
12

18D. Grábate leyendo los textos. Escúchalos y repite para mejorar la fluidez.

FOCO CULTURAL

¿Conoces Nicaragua?

1. Es el lugar perfecto para disfrutar del Pacífico, hacer surf y descansar. Hay muchos hoteles y restaurantes.

2. Es un precioso edificio de estilo barroco de los siglos XVIII y XIX. En su interior está la tumba de Rubén Darío.

3. Está situado en el centro histórico de Managua. Es de 1898, de estilo neoclásico.

4. Es el centro de la vida diaria de Managua. Un paraíso de colores, olores y sabores.

5. Está a 1745 metros sobre el nivel del mar. Si te interesa la aventura y explorar la naturaleza, este es tu destino.

6. Un edificio moderno para promover el amor a la lectura. Su nombre oficial lleva el nombre de Rubén Darío (1867-1916), como homenaje al gran escritor nicaragüense.

19A. Mira las fotografías y sus descripciones y relaciónalas con los seis lugares de interés turístico en Nicaragua.

- [ ] Playa Hermosa. San Juan del Sur.
- [ ] Biblioteca del Banco Central de Nicaragua.
- [ ] Reserva Natural Volcán San Cristóbal.
- [ ] Parque Central de Managua
- [ ] Catedral de León.
- [ ] Mercado de Managua.

19B. Escribe qué actividades se pueden hacer en los lugares anteriores. Busca información en internet si lo necesitas.

....
....
....
....
....
....
....
....
....
....

19C. Compara Nicaragua con tu país.

En mi país/Nicaragua no/también hay...
Mi país/Nicaragua es/está...

....
....
....
....
....
....

19D. Diseña una breve guía de viaje de Nicaragua con lugares recomendados para visitar y actividades que puedes hacer en ellos.

1. Lee con atención este correo y escribe la respuesta para ayudar a Elsa.

Hola, me llamo Elsa y soy una estudiante mexicana de Sociología que busca información sobre diferentes campus universitarios del mundo. Quiero hacer un estudio para describir y comparar lo que piensan los estudiantes de diferentes nacionalidades sobre su campus. Para ello, necesito información sobre:

- Nombre de tu universidad, carácter público o privado.
- Localización exacta en el país, región, ciudad y barrio.
- Número aproximado de estudiantes.
- Carreras que se pueden estudiar.

- Edificios, instalaciones más importantes.
- Servicios que ofrece.
- Residencias (viviendas dentro o fuera del campus).
- Transporte.

- Valoración personal sobre las instalaciones y los servicios.
- Actividades culturales y deportivas que ofrece la universidad.
- Comparación con otras universidades de la ciudad, la región, el país u otros países.

Muchísimas gracias y saludos,
Elsa

2. Completa las siguientes frases indicando la opción correcta.

1. En muchos países de Centroamérica .... muchas lenguas indígenas activas.
a. están   **b.** hay   **c.** son   **d.** hacen

2. Nicaragua .... una naturaleza muy rica y variada.
a. hay   **b.** es   **c.** está   **d.** tiene

3. Si miras el mapa, Nicaragua es .... grande .... El Salvador.
a. más, de   **b.** más, como   **c.** más, que   **d.** más, Ø

4. En mi opinión, Nicaragua es .... interesante .... otros países hispanos.
a. tan, como   **b.** tantos, como   **c.** tan, que
d. tanto, como

5. Managua es la ciudad .... grande .... Nicaragua, con más de un millón de habitantes.
a. más, de   **b.** más, que   **c.** tan, de   **d.** tan, que

6. ¿ .... la capital de Nicaragua? Managua.
a. Cuál está   **b.** Qué está   **c.** Cuál es   **d.** Qué es

7. Granada es una ciudad de Nicaragua .... tiene mucha historia.
a. en   **b.** donde   **c.** con   **d.** que

8. Nicaragua es una zona geográfica .... muchos volcanes.
a. en la que hay   **b.** en la que están   **c.** donde son
d. donde están

9. La .... de Nicaragua es blanca y azul.
a. bandera   **b.** banda   **c.** aula   **d.** ciudad

10. ¿............ el Tajumulco? Un volcán de Nicaragua.
a. Qué es   **b.** Cuál es   **c.** Qué está   **d.** Cuál está

DIARIO DE APRENDIZAJE

¿Qué es lo más útil o importante que he aprendido?	Palabras relevantes para mí:
....	....
¿Qué actividades me han ayudado más?	....
....	**Estructuras gramaticales interesantes:**
¿Qué me parece difícil todavía?	....
....	....
¿Qué me interesa hacer en relación con esta unidad? (información que quiero buscar, algo que quiero leer, película que quiero ver, música que quiero escuchar, etc.)	**Errores que cometo:**
	....
....	....

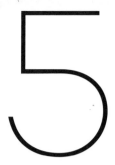

EXPERIENCIAS

1. Investigar sobre una empresa.

2. Preferencias, intereses y experiencias profesionales.

3. Crear un perfil profesional.

4. Habilidades y conocimientos útiles para encontrar trabajo.

5. Análisis y elaboración de un currículum.

6. Escribir ofertas de empleo.

7. Texto sobre las competencias necesarias para el siglo XXI.

8. Experiencias de aprendizaje.

9. Escribir sobre una experiencia.

10. Expresar deseos.

11. Formular consejos usando el gerundio.

12 – 13. Usos del pretérito perfecto.

14. Objetivos de aprendizaje cumplidos y pendientes.

15. Preferencias y experiencias relacionadas con profesiones.

16. Verbos con y sin **se**.

17. Emociones y estados de ánimo.

18. Interpretar viñetas sobre emociones y sentimientos.

19. Profesiones y conocimientos asociados a ellas.

20. Propuestas para mejorar la calidad de vida.

21. Escuchar y deletrear nombres, apellidos y palabras.

22. **Cuando/cuándo**, **porque/por qué**, **donde/dónde**...

Foco cultural: Costa Rica

Evaluación

PUNTO DE PARTIDA

1. Piensa en una empresa (puede ser de un país de habla hispana) que consideras interesante para hacer prácticas y busca información sobre ella.

1. ¿Cómo se llama la empresa?

....

2. ¿En qué sector trabaja (alimentación, turismo, tecnología...)?

....

3. ¿Qué servicio o producto ofrece?

....

4. ¿Dónde se encuentra?

....

5. ¿Puedes ofrecer algunas cifras sobre ella (año de fundación, número de empleados, países en que actúa...)?

....

6. ¿Por qué te parece interesante esta empresa para hacer prácticas?

....

7. ¿Qué competencias crees que son necesarias para trabajar allí?

....

8. ¿Hay empresas que realizan la misma actividad? ¿Cómo se llaman?

....

2. ¿Con cuáles de estas afirmaciones te identificas? Márcalo.

1.

☐ Me gustaría hacer prácticas en una empresa.

☐ Estoy haciendo prácticas en una empresa.

☐ He hecho prácticas en una empresa.

☐ Voy a hacer unas prácticas en una empresa.

2.

☐ Me gustaría estudiar o trabajar en un país extranjero.

☐ He estudiado o trabajado en un país extranjero.

☐ Voy a estudiar o trabajar en un país extranjero.

3.

☐ He hecho una entrevista de trabajo.

☐ No he hecho nunca una entrevista de trabajo.

☐ Voy a hacer una entrevista de trabajo.

3A. Lee el consejo de Antonio Vallejo Chanal, especialista en búsqueda de empleo por internet. ¿Estás de acuerdo con lo que dice? ¿Por qué? ¿Crees que es más aplicable a algunas profesiones que a otras?

> **Tienes que ser diferente y para eso tienes que ser tú mismo.**
> —— ANTONIO VALLEJO CHANAL

· ·

· ·

· ·

· ·

· ·

· ·

3B. En tu opinión, ¿cómo puede un joven mejorar su perfil profesional y diferenciarse de otros candidatos? Escribe frases usando el gerundio.

Conociendo sus puntos fuertes.

· ·

· ·

· ·

· ·

· ·

· ·

4A. Marca las características que tienes tú.

- [ ] Sé idiomas.
- [ ] Sé trabajar en equipo.
- [ ] Sé resolver conflictos.
- [ ] Tengo espíritu emprendedor.
- [ ] Tengo iniciativa.
- [ ] Soy una persona flexible.
- [ ] Soy creativo/-a.
- [ ] Soy activo/-a en las redes sociales.
- [ ] Soy polivalente.
- [ ] He hecho prácticas en una empresa.
- [ ] He estudiado en el extranjero.

4B. Piensa en un trabajo que te gustaría hacer. ¿Qué experiencias y conocimientos de A se necesitan más? ¿Qué otros se necesitan?

· ·

· ·

· ·

· ·

5A. Vuelve a ver el videocurrículum de Ana (página 71 del Libro del alumno). ¿Hay cosas que hace tu profesor/a y que no menciona Ana? Anótalas.

· ·

· ·

· ·

· ·

· ·

· ·

Un videocurrículum
ANA Gómez PROFESORA
VÍDEO DISPONIBLE en campus.difusion.com

5B. Vas a entrevistar a una persona de la clase para completar esta ficha con información sobre su currículum. Escribe qué preguntas le vas a hacer, entrevístalo, y luego completa la ficha.

· ·

· ·

· ·

· ·

· ·

· ·

· ·

- Nombre: ·
- Formación: ·
- Intereses y conocimientos: ·
- Experiencia profesional: ·

· ·

- Palabras que te definen: ·

· ·

- Datos de contacto: ·
- Otra información importante: ·

6. Busca en tu lengua dos ofertas de empleo adecuadas para estudiantes de tu carrera y adáptalas al español para jóvenes hispanohablantes. Utiliza las expresiones y el vocabulario de las ofertas del Libro del alumno (actividad 4, página 72) o de otras que encuentres en internet.

....
....
....
....
....
....
....
....
....
....
....
....

7A. Lee el texto. ¿Crees que tienes las tres competencias de las que habla? ¿Por qué? ¿Cuál de ellas tienes que desarrollar aún y cómo puedes hacerlo? Escríbelo.

Competencias para el siglo XXI: lo que dicen los expertos

El mercado laboral ha cambiado los últimos años, especialmente los tipos de trabajos y las formas de comunicación. La globalización e internet han ampliado las posibilidades de negocio y de carrera profesional a todo el planeta. Ante esta situación, empresas, gobiernos y universidades se preguntan qué capacidades y conocimientos necesita un buen profesional en el siglo XXI. Cuatro profesores universitarios estadounidenses nos proponen tres competencias clave necesarias para el mundo laboral en esta nueva etapa.

Saber comunicarse con otras culturas

Es importante aprender idiomas, pero también cómo comportarnos cuando colaboramos con personas de otras culturas y comprender sus reacciones y su forma de actuar. A veces nos podemos sentir inseguros o ridículos, pero eso es normal.

Saber utilizar las redes sociales

Las relaciones profesionales se producen en nuestro lugar de trabajo y durante viajes de negocios, pero también a través de internet. La época universitaria puede ser un buen momento para crear un perfil en una red profesional y empezar a reunir contactos.

Saber prestar atención a temas diferentes

A veces nos atraen muchas cosas a la vez. Según los autores, es necesario aprender a controlar nuestra atención y saber elegir, distinguir lo prioritario de lo que no lo es.

Fuente: Molinski et al. (2012): *Three Skills Every 21st-Century Manager Needs*, Harvard Business Review

....
....
....
....
....
....

7B. Escribe en qué situaciones o actividades profesionales pueden ser útiles estas tres competencias del siglo XXI.

Saber comunicarse con otras culturas:

En reuniones con clientes en otros países,

Saber utilizar las redes sociales:

Saber prestar atención a temas diferentes:

8. ¿Qué has aprendido en tu vida de situaciones, circunstancias o personas? Escríbelo. Puedes inspirarte en la cita de la waterpolista Eli Gazulla.

> **Soy como soy gracias al deporte. Me ha enseñado una disciplina, un orden, a luchar por mis metas y saber superar una frustración.**
> — ELI GAZULLA

1. *Tengo una hermana pequeña que tiene el síndrome de Down. Con ella he aprendido que no tenemos que ser todos iguales.*

2.

3.

4.

9. Piensa en una experiencia que has tenido y escribe un texto como los de la página 73 del Libro del alumno. Puedes usar algunas de estas estructuras.

He estado en... ✓
He pasado una semana / un mes / un semestre / un año...
He trabajado en/con...
He aprendido... ✓
He visto que... ✓
He hecho...
Un aspecto positivo ha sido...
He podido...
He tenido que...
...

He visto que el programa de televisión de Scandal. He estado interesada en el mundo de la política. He aprendido que el mundo de la política es muy confudido y complicado. Un aspecto positiva ha sido no m es no me guste quiero entrar el mundo de la política.

10. ¿Te gustaría hacer alguna de estas cosas? ¿Cuáles? Escribe por qué.

- Aprender a vivir con menos comodidades.
- Hacer un máster o un posgrado.
- Aprender a hablar en público.
- Viajar por otros países.
- Organizarte mejor.
- Hacer contactos para tu red profesional.

GRAMÁTICA

11. ¿Cómo puedes aprender las siguientes cosas? Formula consejos utilizando, para ello, el gerundio.

1. Un idioma

....
....
....

2. A hablar en público

....
....
....

3. A tocar un instrumento

....
....
....

12A. Escribe frases utilizando el pretérito perfecto sobre los objetivos que has alcanzado hasta ahora. Pueden ser grandes o pequeños logros (cosas que has conseguido hoy).

Me han puesto tres veces una matrícula de honor.

He han cu He leído muchas libros.
He completado la escuela secundaria.
He visto que todos episidios de
Scandal!

⚙ **ESTRATEGIAS**

> Según un estudio de la Universidad de Harvard, los humanos dedican del 30 % al 40 % de sus conversaciones a hablar de sí mismos y casi el 80 % en las redes sociales: por eso, saber hablar de uno mismo es también un objetivo muy importante cuando aprendemos una lengua extranjera.

12B. Comprueba en la página 79 del Libro del alumno qué marcadores puedes utilizar con el pretérito perfecto. Luego, revisa las frases que has escrito en A.

Piensa en cosas que no has hecho todavía, pero que te gustaría hacer o lograr. Completa las siguientes frases.

1. Todavía no *he completado la universidad*
2. Nunca he *estado casada*
3. Hasta ahora no *estado en la universidad*

13. Revisa qué has aprendido en esta unidad (gramática, léxico, aspectos culturales, etc.) y escribe qué te gustaría hacer para ir más allá y cómo lo vas a hacer. Utiliza las perífrasis de la página 80 del Libro del alumno.

A mí me gustaría preparar entrevistas de trabajo en español. Voy a practicar con amigos hispanohablantes.

....
....
....
....
....
....

14A. Vuelve a leer los nombres de las profesiones de la actividad 12A del Libro del alumno. Elige la que más te gusta y la que menos, y explica por qué. Puedes usar las perífrasis que has aprendido en la unidad.

(No) Me gustaría ser / trabajar de..., porque (no) es / tienes que / puedes...

....
....
....
....

14B. ¿Tienes experiencia relacionada con la profesión que más te gusta?

He sido entrenador de fútbol en el instituto...

....
....
....
....

15. ¿En cuáles de estas frases falta se delante del verbo? Añádelo.

1. Mi padre .... necesita un estudiante de prácticas para su empresa. ¿Te interesa?
2. Juan .... puede estudiar por la noche, pero yo no: estoy demasiado cansada.
3. En este país .... trabaja mucho: la mayoría de la gente tiene dos empleos.
4. Elena .... trabaja mucho, sale de casa a las 7 h y vuelve a las 22 h todos los días.
5. ¿En tu facultad .... puede comer en las clases o está prohibido?

LÉXICO

16. Completa las frases.

Es normal...

1. estar nervioso/-a cuando...

....
....
....

2. sentirse desmotivado/-a cuando...

....
....
....

3. sentirse motivado cuando...

....
....
....

4. estar triste cuando...

....
....
....

5. estar desanimado/-a cuando...

....
....
....

6. sentirse inseguro/-a cuando...

....
....
....

7. sentirse infravalorado/-a cuando...

....
....
....

8. estar contento cuando...

....
....
....

9. estar estresado/-a cuando...

....
....
....

10. estar aburrido/-a cuando...

....
....
....

17. El artista uruguayo Christian Orta ha dedicado varias viñetas a ilustrar sentimientos. ¿Cómo interpretas las siguientes ilustraciones? ¿Cómo crees que se sienten estas personas?

ACÁ CON IDEAS NUEVAS NO...

CORTA

Creo que esta chica se siente frustrada, porque no puede...

CORTA

NO SÉ QUÉ HACER CON ESTO...

CORTA

LÉXICO

18A. La mayoría de las profesiones requiere conocimientos de distintas áreas. ¿Con qué áreas de conocimiento relacionas las profesiones de la lista?

Un/a arquitecto/-a/bombero/-a... tiene que saber... / necesita conocimientos de...

Profesiones	
médico/-a	capitán/capitana de barco
arquitecto/-a	contable
cuidador/a de ancianos	diseñador/a de ropa
bombero/-a	cocinero/-a
arqueólogo/-a	detective
director/a de orquesta	

Conocimientos	
química	grafología
anatomía	psicología
contabilidad	dibujo
geografía	historia
solfeo	programación
nutrición	ingeniería
física	astronomía
primeros auxilios	idiomas
matemáticas	estadística
botánica	

una medica tiene que tener conocimientos ~~que~~ de química. un cocinero ~~que~~ necesita ~~conoci~~ conoci mientos de nutrición. un detective necesita conocimientos de grafología

18B. Une diferentes conocimientos de A (u otros) para inventar profesiones del futuro.

diseñador de órganos humanos > *necesita conocimientos de medicina y de informática.*
diseñador de robots > necesita conocimientos de producción y ingeniería

CARACTERÍSTICAS DEL TEXTO

19A. ¿Qué crees que puede hacer una persona con un trabajo monótono para ser más feliz? Anota tus ideas. Si lo necesitas, puedes informarte en internet.

19B. Una persona con una vida y un trabajo monótonos escribe a un consultorio pidiendo consejo para cambiar su vida. Escríbele una respuesta dándole consejos. Organiza tus ideas utilizando conectores.

Estimado ....
Para empezar, quiero darte las gracias por tu carta. Veo que tu vida es bastante aburrida y quiero darte algún consejo.

En primer lugar, debes ....

SONIDOS

20A. Escucha y escribe los nombres y apellidos
🔊 deletreados.
13

....

....

....

....

....

....

20B. Ahora, clasifícalos en esta tabla.

Nombres	Apellidos
Elena	Silva

20C. Escucha y anota las palabras que oyes. Luego,
🔊 escribe cómo se deletrean.
14

1. sentimientos: ese, e, ene........................

....

2. ....

....

3. ....

....

4. ....

....

5. ....

....

6. ....

....

7. ....

....

8. ....

....

9. ....

....

20D. Grábate deletreando cinco profesiones. Dale
la grabación a otra persona de la clase: ¿escribe bien
los nombres?

21A. Completa estas frases con las palabras que faltan.

1. cuando / cuándo

a. ¿.................. empiezo a trabajar?

b. .... empiezo a trabajar en una
nueva empresa, estoy muy nerviosa.

2. porque / por qué

a. ¿.................. has elegido Buenos Aires?

b. He buscado unas prácticas en Buenos Aires ....
mi novia es argentina.

3. donde / dónde

a. México es el país .... he encontrado
más ofertas de trabajo.

b. ¿.................. te gustaría hacer prácticas?

4. como / cómo

a. En Costa Rica me he sentido .... en casa.

b. ¿.................. ha ido en Costa Rica?

5. que / qué

a. ¿.................. te gusta más de Perú?

b. Perú es un país .... me encanta.

🔔 ATENCIÓN ---

Los pronombres interrogativos (cuándo, dónde,
cómo, qué, etc.) llevan tilde para diferenciarse de
pronombres relativos o conjunciones (cuando,
donde, como, que, etc.).

21B. Escucha estas frases y marca qué se dice en
🔊 cada caso.
15

1.
☐ porque
☐ por qué

2.
☐ como
☐ cómo

3.
☐ que
☐ qué

4.
☐ donde
☐ dónde

5.
☐ cuando
☐ cuándo

FOCO CULTURAL

Costa Rica se posiciona como mercado educativo internacional

Costa Rica se está convirtiendo cada vez más en destino preferido de muchos estudiantes internacionales. Según datos del Institute of International Education, Costa Rica es el país americano más elegido por los estudiantes estadounidenses para realizar una parte de sus estudios en el extranjero. Y la cifra aumenta cada año: ¿cuál puede ser la razón?

No existe una sola explicación para este fenómeno. Uno de los motivos podría ser que Costa Rica es un país seguro y con democracia estable desde 1949 y se considera a sí mismo un oasis de paz, también por ser uno de los pocos países del mundo sin ejército. Además, en el *ranking* del Foro Económico Mundial de 2015, su sistema educativo ocupa el segundo puesto de Latinoamérica, después de Chile. Hay también razones económicas, como los precios de los estudios, más bajos que en otros países como Estados Unidos. Por otra parte, Costa Rica es un des-

tino turístico ideal para los amantes de la naturaleza: según informaciones de la Agencia de Viajes Green Creation Costa Rica, especializada en ecoturismo, con solo un 0,03% de la superficie, el país posee el 6% de la biodiversidad del planeta y es la nación con mayor biodiversidad por kilómetro cuadrado.

En estas razones tan diversas se apoyan las acciones promocionales iniciadas por el Estado e instituciones privadas para posicionar Costa Rica en el mercado internacional como destino educativo y turístico en general. Algunas de ellas son Procomer, organismo oficial que fomenta las exportaciones de Costa Rica, y Asucrei, organización formada por 10 universidades privadas.

Está claro que el aumento de estudiantes extranjeros es un factor importante para la economía costarricense.

Fuentes: vidayexito.net, viajeacostaricacr.com, reports.weforum.org

22A. Anota las razones que, en tu opinión, hacen atractivo un país para pasar unos meses en una universidad extranjera.

El país tiene un buen sistema educativo.

22B. Lee el texto y subraya los motivos por los que Costa Rica resulta atractiva para estudiantes internacionales. Escríbelos aquí, ordenándolos de más a menos importante, según tu opinión.

22C. Busca en internet información sobre las tasas de matrícula de una universidad costarricense y compáralas con las de la tuya.

1A. Vuelve a leer la infografía de la página 71 del Libro del alumno y piensa en preguntas para una entrevista de trabajo basándote en los aspectos que se nombran allí. Intenta utilizar para ello diferentes recursos lingüísticos aprendidos en esta unidad.

Preguntas sobre los conocimientos y competencias del candidato

¿Cuántos idiomas hablas?

Preguntas sobre la experiencia del candidato

¿Has trabajado alguna vez a distancia?

1B. Escribe ahora tus respuestas a las preguntas anteriores.

1. Hablo inglés, porque es mi lengua materna, ahora estoy aprendiendo español. Y voy a estudiar italiano también, porque en mi universidad se estudian dos lenguas extranjeras.

DIARIO DE APRENDIZAJE

¿Qué es lo más útil o importante que he aprendido?

¿Qué actividades me han ayudado más?

¿Qué me parece difícil todavía?

¿Qué me interesa hacer en relación con esta unidad? (información que quiero buscar, algo que quiero leer, película que quiero ver, música que quiero escuchar, etc.)

Palabras relevantes para mí:

Estructuras gramaticales interesantes:

Errores que cometo:

VIAJES

1. Conocimientos generales sobre el tema de la unidad.

2. Cuba, República Dominicana y Puerto Rico.

3. Observar el entorno. *Viajar sin ver*, de Andrés Neuman.

4. Un día en Barcelona.

5. Describir ciudades.

6. Contacto entre culturas.

7. Ventajas e inconvenientes del turismo global. Turismofobia.

8. Escuchar y comprender mensajes de voz.

9. Proponer un viaje según diversos intereses.

10. Escribir un perfil viajero y una entrada en un foro de viajes.

11. El pretérito indefinido.

12. Localizar el sujeto en varias frases en indefinido.

13. Indefinido-imperfecto.

14. Completar un texto con verbos en indefinido e imperfecto.

15. Marcadores temporales.

16. Los verbos **ir** y **venir**.

17. Usos del verbo **saber**.

18. Hablar de comida, bebida y restaurantes.

19. Un albergue juvenil.

20. Reconstruir un texto utilizando conectores.

21. Distinguir formas en presente o indefinido según la sílaba tónica.

Foco cultural: Puerto Rico, Cuba y República Dominicana

Evaluación

PUNTO DE PARTIDA

1. **Haz este test y comprueba tus conocimientos sobre algunos aspectos que aparecen en la unidad.**

1. Extremadura es el nombre de...
   a. una isla del Caribe.
   b. una comunidad autónoma española.
   c. la zona montañosa que se encuentra al sur de Bolivia.

2. Toledo se llama "la ciudad de las tres culturas" porque...
   a. conserva muestras de arte cristiano, judío y musulmán.
   b. tiene tres lenguas oficiales.
   c. en sus escuelas hay clase de tres religiones diferentes.

3. Bocagrande es un barrio de la ciudad de...
   a. Madrid.
   b. Cartagena de Indias.
   c. Quito.

4. La ciudad de Bogotá se encuentra a ...... del nivel del mar.
   a. 200 metros
   b. más de 2000 metros
   c. 500 metros

5. Llamamos cultura taína a...
   a. la influencia del Imperio romano en España.
   b. la población originaria de la isla de Puerto Rico antes de la llegada de los españoles.
   c. las tradiciones de los esclavos africanos llegados a Perú.

2A. **Aquí tienes algunas sugerencias para quien viaja a Cuba, República Dominicana y Puerto Rico. ¿Puedes asociar cada una de ellas con uno de esos países? Si lo necesitas, busca en internet.**

1. Habichuelas con dulce: ....

2. Castillo de los Tres Reyes Magos del Morro: ....

3. Parque Nacional Isla de Cabras: ....

4. Catarata Salto del Limón: ....

5. Pico Turquino: ....

6. Museo de Arte de Ponce: ....

7. Congrí: ....

8. Catedral Primada de América: ....

9. Mofongo: ....

2B. **Clasifica en la tabla los elementos de la lista anterior.**

Paisajes y entornos naturales	Platos típicos	Monumentos
....	....	....
....	....	....
....	....	....
....	....	....

3A. Andrés Neuman, en su libro *Viajar sin ver*, toma notas de escenas vividas durante un viaje por distintos países de Latinoamérica. Lee este fragmento y marca sobre qué temas escribe.

Nombres de lugares o de cosas	☐
Personas	☐
Paisaje (ciudad, pueblo, naturaleza...)	☐
Carteles y documentos con información	☐
Comida	☐
Reacciones o sentimientos del autor	☐

En el aeropuerto de San José, Costa Rica

Costa Rica siempre ha tenido fama de país hospitalario y civilizado. Dos detalles del aeropuerto de San José la confirman. En las colas de migración, a los extranjeros se los denomina Visitantes. Y en una de las paredes, por primera vez en todo el continente, un cartel explica qué hace exactamente el Estado con los impuestos de salida. 12,5 pesos se recaudan para Hacienda; 7,44 se invierten en el Consejo Técnico de Aviación Civil; 5,41, en la Administración del Aeropuerto; y 1, para ampliar los otros aeropuertos nacionales. Bienvenido a Costa Rica, visitante.

Andrés Neuman
Cómo viajar sin ver

3B. Y tú, cuando vas de viaje, ¿en qué cosas te fijas especialmente?

En las conversaciones de la gente, en el autobús, en la calle...

....

....

....

....

....

3C. Imagina que eres un estudiante de otro país. Elige una situación de tu entorno, obsérvala, toma notas y escribe un breve texto como el de Neuman contando tus impresiones.

....

....

....

....

....

4. Haz una lista de actividades que puedes hacer en Barcelona en un día con un presupuesto de 1000 euros. Piensa en tus aficiones y busca en internet qué ofrece Barcelona relacionado con ellas.

....

....

....

....

....

....

5. Mira estas ciudades y descríbelas siguiendo el modelo de la actividad 3 de la página 83 del Libro del alumno.

Está en...   Tiene más de...
Es la capital de...   Se encuentra a...
Se encuentra en...   Es un/una...
Tiene un/una...

1. Ciudad de México

....

....

....

2. Buenos Aires

....

....

3. Lima

....

....

6. Piensa en ejemplos de contacto entre culturas que ha habido a lo largo de la historia, en tu país o en otro, y escribe textos parecidos a uno de los de la página 84 del Libro del alumno.

1.

La identidad de... se formó por la fusión de diferentes culturas a lo largo de los siglos. Un buen ejemplo de eso es... . A la población originaria de...
se unió la de... que, entre otras cosas, llevaron... y dejaron... .

La identidad de la península Ibérica se formó por
la fusión...

....

....

....

....

....

2.

En la historia de... se han producido..., pero también encontramos ejemplos de convivencia entre culturas como... . La arquitectura de esta ciudad nos muestra que hubo largos periodos de coexistencia de/entre.... Un hecho importante es que... .

....

....

....

....

....

....

....

....

....

3.

En el siglo... llegaron a... . Se calcula que entre... y... se trasladaron a... unos/-as... personas.
... muestra/n la presencia de estos emigrantes. Por ejemplo, la ciudad de... fue destino de... Por esta razón,...

....

....

....

....

....

....

....

7A. ¿Puedes pensar en ventajas e inconvenientes del turismo global?

Ámbito	Ventaja	Inconveniente
economía	....	....
	....	....
medioambiente	....	....
	....	....
sociedad	....	....
	....	....

7B. ¿Sabes lo que significa la palabra turismofobia? Lee el siguiente texto para entender este fenómeno: ¿encuentras información con la que completar la tabla anterior?

El turismo, ¿fuente de desarrollo o amenaza para el equilibrio social y ecológico?

Se calcula que el turismo representa un tercio de la actividad de la economía mundial. España es el segundo destino mundial, y gracias al turismo se crean muchos puestos de trabajo y se fortalece el sector de servicios.

Pero ¿es el turismo solo fuente de beneficios? En algunas zonas, especialmente en la costa mediterránea, parte de la población percibe el turismo como una invasión que hace difícil su vida diaria.

Las críticas se centran en varios aspectos: las molestias a los vecinos por ruido o suciedad en las calles, la masificación de las ciudades, la excesiva explotación de los recursos naturales como el agua, la producción de residuos, la especulación en el mercado inmobiliario y las dificultades de los vecinos para encontrar viviendas a precios razonables, la desaparición del comercio de barrio y su sustitución por tiendas destinadas a los turistas... Las principales causas de esta insatisfacción se asocian al llamado *turismo basura* o *de borrachera*.

En Barcelona algunas agrupaciones de vecinos defienden sus derechos y protestan contra lo que en su opinión es una excesiva comercialización de la ciudad. También algunos Ayuntamientos han empezado a tomar medidas para limitar los efectos negativos de la masificación turística.

8. Escucha los mensajes de voz de cuatro mujeres para 🔊 16 Mercedes (actividad 5D, página 85 del Libro del alumno) y complétalos.

1.

Malena: Hola, soy Malena, de Buenos Aires. .... tu plan, tengo muchísimas ganas de ir por fin a Europa y, sobre todo, a Roma. Es mi sueño. Soy profesora de arte y .... la arquitectura y visitar museos. .... diez .... y .... un viaje .... porque me acabo de separar y estoy un poco deprimida y me dan ganas de salir por la noche, conocer chicos lindos y comer pizza, mucha, mucha pizza.

2.

Laura: ¿Qué tal, Mercedes? Sí, ... tu propuesta, ... ir de compras por Europa, así que .... ir donde tú quieras porque hay tiendas estupendas en todas las grandes ciudades. Eso sí, me gusta ir a hoteles buenos, ya .... ir con mochila por ahí. Ir en grupo pequeño y solo con mujeres .... No tengo ganas de adaptarme a mucha gente. ¡Ah, soy Laura! Soy española, pero vivo también en Montevideo.

3.

Eva: Hola, Mercedes, ... una escapada entre Navidad y Año Nuevo. .... y ganas de hacer algo distinto. Me llamo Eva, soy de Valencia y .... vuestro viaje desde España. .... "pasarla bien", y visitar una ciudad en bici me parece muy buena idea. ¡Espero que no haga mucho frío! Pero .... charlar con un grupo simpático y desconectar del trabajo. ¿Me llamas?

4.

Silvia: Mercedes, te habla Silvia. Soy mexicana y vivo en España, en Madrid. .... viajar en Navidad, no lo hice nunca. Te cuento un poco cómo soy: no me gustan los viajes organizados por una agencia, ... algo más de libertad, no tener un plan fijo, por ejemplo, rentar un departamento. .... visitar solo una ciudad. Trabajo mucho y el viaje es para descansar. Durante el día prefiero estar más tranquila y, luego, salir por la noche. Me encantan las fiestas y normalmente .... salir.

9. Escribe en el foro un comentario a bioviajes, a MarioR o a Mercedes, y proponle un programa de tres días fuera de España teniendo en cuenta sus intereses. Puede ser una zona que tú conoces bien, como tu ciudad.

....
....
....
....
....
....
....
....
....
....
....
....

10A. Piensa en alguien que conoces y completa esta tabla con su perfil viajero.

Nombre
....
....

Profesión
....
....

Destinos que le atraen
....

Tipo de viajes que le gustan
....

Cuándo quiere o puede viajar
....

Aficiones que tiene, actividades que le gusta hacer
....

Otros intereses
....
....

10B. Escribe la entrada que publicaría esa persona en el foro de viajeros de la página 85 del Libro del alumno.

GRAMÁTICA

11. Completa la tabla con las formas verbales de estos verbos en pretérito indefinido.

-AR: viajar	-ER: entender	-IR: escribir
viajé		
viajaste		

-AR: visitar	-ER: beber	-IR: compartir

12A. Indica cuál es el sujeto de estas frases.

1. Fui el sábado. *yo* ....
2. Fue perfecto. ....
3. Probamos el vino. ....
4. Probaron las empanadas. ....
5. Llegaron tarde. ....
6. Perdió el tren. ....
7. Os quedasteis en casa. ....
8. Alquilamos un coche. ....
9. Hizo muchas fotografías. ....
10. Hice un viaje precioso. ....
11. Fueron a una casa rural. ....
12. Vivió en China. ....
13. Comimos insectos. ....
14. Aprendiste a hablar en público. ....
15. Llegué a Santiago de Compostela. ....

12B. Fíjate en las formas verbales del verbo llegar, en las frases 5 y 15 de A. ¿Qué cambio ortográfico observas? ¿Por qué crees que se produce?

....

13A. ¿Sabes qué es el turrón y con qué época del año está relacionado? Busca información en internet.

....
....

13B. Lee este texto y completa los verbos que faltan conjugados en indefinido o en pretérito perfecto.

¡Vuelve a casa!

Después de la guerra civil española (1936-1939) muchos (1) .... (irse) del país por razones políticas con destino a países como Francia, Estados Unidos o México. Después, a partir de los años 50, otro grupo de personas (2) .... (emigrar) sobre todo a Alemania, Francia y Suiza para encontrar trabajo. En los años 70 del siglo xx la empresa de turrones El Almendro (3) .... (lanzar) una campaña publicitaria basada en este tema y que (4) .... (alcanzar) una gran fama. Los responsables de la campaña (5) .... (escoger) lugares relacionados con momentos emotivos, como la mesa de Navidad en familia o el reencuentro con el emigrante en una estación de tren, así como una canción animando a la persona querida a reunirse con el resto de la familia para pasar las navidades juntos. El eslogan de la campaña, *Vuelve a casa por Navidad*, se (6) .... (hacer) muy conocido. A partir de 2007, como consecuencia de la crisis económica, otro grupo de personas, muchos de ellos jóvenes con buenas calificaciones académicas, (7) .... (abandonar) España para buscar trabajo. Con este motivo la empresa (8) .... (crear) recientemente la Fundación Vuelve a Casa – El Almendro, que (9) .... (realizar) el estudio "¿Cómo viven la distancia los españoles que residen en el extranjero?". Según este estudio, 3 de cada 4 personas que salen fuera de España se quedan en Europa, donde Reino Unido se sitúa como el país preferido, seguido de Irlanda y Alemania.

13C. ¿Qué verbos anteriores son irregulares?

....
....
....
....

13D. Clasifica en la tabla los marcadores temporales destacados en el texto de B.

Se usa con pretérito indefinido	....
Se suele usar con pretérito perfecto	....

14. Completa estos textos con los verbos que faltan en pretérito indefinido. Luego comprueba en la actividad 10 de la página 88 del Libro del alumno si lo has hecho bien.

Jaume Sanllorente, periodista económico de Barcelona, (1) .... a la India en 2003 para pasar las vacaciones. En Bombay (2) .... un orfanato, (3) .... impresionado por lo que (4) .... y (5) .... cambiar de vida para ayudarlos. Así que (6) .... a Barcelona, (7) .... su piso y (8) .... crear la ONG Sonrisas de Bombay. Actualmente esta organización ayuda a unas 5000 personas con programas de salud, educación y desarrollo económico.

Lucía Lantero (1) .... a Haití en 2010 para realizar un voluntariado de tres meses en la comunidad de Anse-à-Pitres. Tras conocer las condiciones de vida de muchos niños sin techo, ella y su amigo Alexis Dérache (2) .... fundar la organización Ayitimoun Yo (AYMY).

15A. Completa las frases con los siguientes marcadores.

la última vez que	toda su vida
todavía no	muchas veces
hace dos años	después de 1939

1. .... fui a Nueva York, perdí el pasaporte.

2. Hemos ido .... a Chile con amigos.

3. .... hemos sacado los billetes para ir a Italia.

4. .... muchas personas salieron de España por razones políticas.

5. Mi abuela pasó .... en Bogotá.

6. .... hicimos un viaje por Puerto Rico, Cuba y la República Dominicana.

15B. Ahora haz lo contrario: ¿puedes conjugar el verbo en el tiempo adecuado según el marcador de cada frase?

1. En el siglo XVI .... (empezar) el comercio de esclavos de África a Puerto Rico.

2. Esta tarde .... (venir) Jordi para cenar con nosotros.

3. ¿Julia y Leo .... (planificar) las vacaciones ya?

4. El año pasado .... (ir) tres veces a Madrid.

5. Desde que vivo en Berlín, mi familia todavía no .... (venir) a visitarme.

6. Desde que terminé los estudios, siempre .... (trabajar) desde casa.

> **ATENCIÓN**
>
> El pretérito indefinido del verbo **venir** es irregular:
>
> | yo | vine |
> |---|---|
> | tú, vos | viniste |
> | él, ella, usted | vino |
> | nosotros, nosotras | vinimos |
> | vosotros, vosotras | vinisteis |
> | ellos, ellas, ustedes | vinieron |

LÉXICO

16. Vuelve a leer las frases de A y B de la actividad 15 e indica dónde están las personas que dicen estas frases.

15A.
frase 1:
☐ Nueva York
☐ Madrid

frase 2:
☐ Bilbao
☐ Santiago de Chile

15B.
frase 4:
☐ Nueva York
☐ Madrid

frase 5:
☐ Berlín
☐ Barcelona

17A. Construye frases combinando el verbo saber **de forma adecuada con las siguientes palabras. Puedes consultar la explicación de la página 91 del Libro del alumno: verás que en algunos casos necesitas preposición.**

fresa	matemáticas	*marketing*
limón	muy mal	ruso	dibujar
sal	historia	plantas	especias
amargo

Esta bebida sabe (muy) amarga.

....
....
....
....
....
....
....
....
....
....
....
....
....
....

17B. ¿Qué diferencia de significado hay entre estas dos frases? Imagina en qué contexto se puede decir cada una de ellas.

1. Sabe a especias.

....
....

2. Sabe de especias.

....
....

18. Continúa estas series de expresiones para hablar de comida, bebida y restaurantes.

nos recomendaron ⟩ un restaurante mexicano
⟩ _____

hizo ⟩ la reserva
⟩ _____

probé ⟩ el vino de la casa
⟩ _____

el servicio fue ⟩ muy malo
⟩ _____

salimos ⟩ satisfechos
⟩ _____

la ración me pareció ⟩ pequeña
⟩ _____

es un lugar ⟩ agradable
⟩ _____

fue una experiencia ⟩ terrible
⟩ _____

nos trataron ⟩ mal
⟩ _____

tardaron en ⟩ servirnos la comida
⟩ _____

19. Piensa en un país de América Latina que te gustaría visitar y busca albergues juveniles (*hostels*). Elige uno que te guste y anota la información que encuentres.

• Alojamiento: ....
• Situación: ....
• Actividades que se pueden realizar en la zona: ....
....
• Qué necesitas llevar: ....
....
• Por qué te gusta: ....
....

CARACTERÍSTICAS DEL TEXTO

20. Jorge y Pilar nos cuentan su experiencia durante un viaje a Chile. ¿Puedes reconstruir su relato utilizando los conectores de la página 91 del Libro del alumno?

• En febrero de 2010 fuimos de viaje a Chile.
• En Chile tenemos muy buenos amigos.

....
....
....
....
....

• La última noche, a eso de las 3.30, nos despertó un fuerte terremoto.
• Se fue la electricidad.
• Bajamos a la recepción del hotel.

....
....
....
....
....

• Allí encontramos a los demás huéspedes y al personal del hotel, que nos tranquilizó muchísimo.
• Las conexiones telefónicas no se interrumpieron.
• Nuestros amigos nos llamaron y fueron a buscarnos al hotel, nos llevaron a su casa y pasamos el día juntos.

....
....
....
....
....

• El aeropuerto reabrió tres días después del terremoto.
• Pudimos regresar a casa el día previsto.

....
....
....
....

• Años después, todavía recordamos la inmensa amabilidad de los chilenos con los visitantes de otros países.
• Estamos muy agradecidos.
• Esperamos poder volver pronto a ese maravilloso país.

....
....
....
....

SONIDOS

21A. 🔊 **17** Escucha y marca la forma verbal que oyes en cada caso.

1. ☐ canto   ☐ cantó
2. ☐ trabajo   ☐ trabajó
3. ☐ viajo   ☐ viajó
4. ☐ estudio   ☐ estudió
5. ☐ hablo   ☐ habló

🔔 **ATENCIÓN**

En español, la posición de la sílaba tónica puede cambiar el significado de la palabra. Eso sucede con algunas formas de la primera conjugación:
— primera persona del presente de indicativo:
canto → Yo canto todos los miércoles en el coro de la universidad.
— tercera persona del pretérito indefinido:
cantó → Ayer fuimos a un concierto de Shavarelia, pero no me gustó mucho cómo cantó.

21B. Escribe frases en las que aparezcan todas las formas verbales de A.

....
....
....
....
....
....
....
....
....
....
....
....
....
....
....
....
....
....
....
....

FOCO CULTURAL

El Caribe...
y los piratas

Durante largo tiempo las islas del Caribe sufrieron los ataques de piratas y corsarios. Con el fin de proteger las costas del mar Caribe, las autoridades españolas tomaron diferentes medidas, como construir castillos, fortalezas y murallas. Hoy, estas muestras de la arquitectura militar colonial tienen distintos usos. Algunas de ellas son museos, otras son lugares de paseo y otras han servido también de escenarios para películas. De este modo, se han convertido en fuentes de ingresos.

El castillo de San Felipe del Morro (Puerto Rico) fue construido para vigilar la bahía en San Juan y protegerla de los ataques procedentes del mar, por ejemplo, del conocido pirata Francis Drake en 1595. Hoy es un conjunto turístico declarado Patrimonio de la Humanidad. En 2016 recibió casi 1,5 millones de visitantes.

Castillo de San Felipe del Morro

Castillo de los Tres Reyes del Morro

El Castillo de los Tres Reyes del Morro (Cuba) se encuentra junto al faro de la ciudad, que es también su símbolo. Actualmente es un centro cultural y en él se realizan exposiciones de arte y otras actividades. Es, por tanto, un popular atractivo cultural y turístico de La Habana.

La Fortaleza Ozama (República Dominicana), junto al río del mismo nombre en la ciudad colonial de Santo Domingo, fue construida para defender la ciudad de los ataques de piratas y de tropas francesas, inglesas y portuguesas. Tiene unas hermosas vistas al río y hoy en día es un museo histórico.

Fortaleza Ozama

*Puerto Rico, Cuba y República Dominicana

22. ¿Hay en tu ciudad edificios que han cambiado de función con el tiempo? ¿Cuáles? ¿Cómo son? ¿Para qué se utilizan ahora?

....
....
....

23A. Lee el texto. ¿Para qué se construyeron los edificios de los que habla? ¿Para qué se utilizan hoy? Compara con tus ejemplos de la actividad 22.

....
....
....

23B. Busca información sobre otro edificio construido en la época colonial en uno de los tres países y escribe un breve texto sobre él: ¿cuándo se construyó y para qué?, ¿dónde está?, ¿cuál es su uso actual?

....
....
....
....

24. Las edificaciones militares del mar Caribe son reflejo de la vida y los acontecimientos de una época determinada. ¿Qué edificios son típicos de nuestro tiempo y podrían tener interés en el futuro?

- los centros comerciales de las ciudades ....
....
....
....

1. Vas a escribir una "biografía viajera". Puede ser la tuya o la de otra persona, a la que puedes entrevistar. Estas preguntas te pueden guiar.

- ¿Qué tipo de viajes te gusta hacer? (De aventuras, culturales...)
- ¿Por qué te gusta viajar?
- ¿Qué cosas no soportas en un viaje?
- ¿Cuál es el viaje más importante que has hecho? ¿Adónde fuiste y cuándo? ¿Con quién fuiste? ¿Qué hiciste? ¿Dónde te alojaste? ¿Qué visitaste?

ESTRATEGIAS

Piensa primero en la estructura de tu texto.
Piensa en un título.
Deja margen suficiente a la derecha para la revisión.
Si quieres, puedes incluir imágenes.

....
....
....
....
....
....
....
....
....
....
....
....

2. Completa este texto con los siguientes verbos conjugándolos en el tiempo adecuado.

ser | relatar | perder | decidir (2) | llegar
iniciar | continuar | cruzar | viajar

La escritora Elvira Menéndez (1) ....
autora de la novela *El corazón del océano*,
que (2) .... la historia de las
primeras mujeres españolas que
(3) .... a América en el siglo XVI.
¿Cuál fue la razón de este viaje? Carlos V
(4) .... frenar el mestizaje
en las colonias enviando mujeres desde
España para repoblar el territorio con
hombres y mujeres cristianos.
Estas mujeres (5) .... su viaje pocos años después
de la llegada de Colón a América. Mencía de Calderón, también una
mujer, (6) .... asumir la responsabilidad del viaje al
morir su marido, encargado de la tarea por el emperador. Se cree
que fueron 80 las mujeres que (7) .... el océano.
Lamentablemente muchas de ellas (8) .... la vida
durante el viaje, a causa de los peligros e incomodidades, como
epidemias, temporales, ataques al barco... Pero Mencía
(9) .... el viaje hasta el destino final a pesar de las
dificultades y (10) .... con un pequeño grupo de
hombres y mujeres a la región de la ciudad de Asunción.

EL CORAZÓN DEL OCÉANO
ELVIRA MENÉNDEZ

DIARIO DE APRENDIZAJE

¿Qué es lo más útil o importante que he aprendido?	Palabras relevantes para mí:
....	....
¿Qué actividades me han ayudado más?	....
....	Estructuras gramaticales interesantes:
¿Qué me parece difícil todavía?	....
....	....
¿Qué me interesa hacer en relación con esta unidad? (información que quiero buscar, algo que quiero leer, película que quiero ver, música que quiero escuchar, etc.)	Errores que cometo:
	....
....	....

7

GENERACIONES

1. Test general sobre la unidad.

2. *Youtubers* y *millennials*.

3. Descripciones en el pasado.

4. Describir a jóvenes y adultos.

5. Significado de algunas expresiones del texto.

6. Mapa mental sobre las generaciones.

7. Los *millennials* y las generaciones anteriores.

8. Texto sobre el 15M.

9. Escuchar y completar una conversación con verbos en imperfecto.

10. Formas del pretérito imperfecto.

11. La historia de España y de otro país.

12. Comprender una viñeta humorística.

13. Completar testimonios en pasado con marcadores.

14. Escribir sobre la adolescencia.

15. Cambios en la vida.

16. Posesivos tónicos.

17. Los verbos **parecer** y **llevar**.

18. Conectores: **y eso que**, **aunque**, **sin embargo**.

19. Entonación en recursos para confirmar la información.

20. Diptongos e hiatos.

Foco cultural: México

Evaluación

PUNTO DE PARTIDA

1. **¿Puedes contestar las preguntas de este test sin abrir el Libro del alumno?**

1. ¿Cuál era la ciudad más grande e importante de Mesoamérica en el siglo XV?
a. Chichen Itzá.
b. Tenochtitlán.
c. Coyolapán.

2. ¿En qué época Argentina acogía a gran cantidad de inmigrantes?
a. En el siglo XIX.
b. A principios del siglo XX.
c. A principios del siglo XIX.

3. ¿Cuál era la profesión de Maruja Mallo?
a. Poeta.
b. Pintora.
c. Escultora.

4. ¿Cuál de los siguientes artistas no pertenecía a la Generación del 27?
a. Dalí.
b. García Lorca.
c. Antonio Machado.

5. ¿Con qué país asocias el movimiento del 15M?
a. Con Argentina.
b. Con Venezuela.
c. Con España.

2A. **¿Qué tienen en común estas personas? Busca información sobre ellas en internet.**

LunaDangelis   HolasoyGermán   El Rubius

....
....
....
....

2B. **¿Qué relación crees que tienen las personas del apartado anterior con la generación de los *millennials*?**

....
....
....
....
....
....
....

3A. ¿Cómo eras en el año 2015?

Tenía 15/20… años
Vivía en Berlín/Roma…
Vivía con mis padres / mi exnovio…
Trabajaba en un bar / una escuela…
Trabajaba de camarero/dependiente…
Empezaba la carrera / el doctorado…
…

En el año 2015, ...
....
....
....
....
....
....
....
....
....
....
....
....
....
....
....
....

3B. Elige a un famoso que te interesa y haz frases sobre su vida en un momento determinado del pasado, siguiendo el modelo de las de la actividad 2 del Libro del alumno.

Cuando era pequeña, Penélope Cruz iba a clases de ballet…
....
....
....
....
....
....
....
....
....

3C. Lee las frases a otra persona de la clase, que debe intentar adivinar de qué famoso se trata.

4A. Vuelve a ver el vídeo y escribe en la tabla los adjetivos que usan los adultos para referirse a los adolescentes. A continuación, escribe en la columna de la derecha los adjetivos opuestos.

Jóvenes indígenas

VÍDEO DISPONIBLE en campus.difusion.com

¿Qué pienso de los adolescentes?

¿Qué piensan los adultos de los adolescentes?	Adjetivos opuestos
perezosos	trabajadores
....	....
....	....
....	....
....	....
....	....

4B. Escribe la forma femenina de los adjetivos de A.

perezoso, perezosa
....
....
....
....
....
....
....

4C. ¿Conoces a adolescentes? ¿Cómo son?

....
....
....
....
....
....
....

5. Explica con tus propias palabras qué significan o cómo interpretas estas frases del texto de la página 94 del Libro del alumno.

1. Sufren precariedad laboral.

....
....

2. Son políticamente independientes.

....
....

3. Viven de alquiler.

....
....

4. Su colectivo es uno de los más afectados por la crisis.

....
....

5. Compran de segunda mano.

....
....

6. Existen diferencias en cuanto a las expectativas de trabajo.

....
....

7. Son grandes consumidores de tecnología o de ocio.

....
....

6. Completa el siguiente mapa mental con palabras y expresiones relacionadas con cada una de las generaciones. Puedes hacerlo en papel, o usar alguna herramienta virtual (como GoCongr o bubbl.us).

Generación Y

....
....
....
....
....

Generación X

....
....
....
....

GENERACIONES

Generación del Baby Boom

....
....
....
....

Generación Z

....
....

7A. Piensa en personas que conoces de la generación de los *millennials*. ¿Se cumplen estas afirmaciones para ellos? ¿Por qué?

1. Se casan poco.

En mi país la gente se casa bastante. Varios de mis amigos se han casado.

....

2. No compran, alquilan.

....

3. Ganan menos dinero que sus padres.

....

4. Usan de manera totalmente natural las nuevas tecnologías.

....

5. Son idealistas, solidarios e inconformistas.

....

6. Compran de segunda mano.

....

7B. Piensa en tus padres y en tus abuelos cuando eran jóvenes. ¿Se puede decir de ellos estas cosas? ¿Por qué?

1. Les interesaba poseer.

....
....

2. No compraban nada de segunda mano.

....
....

3. Tenían distintas expectativas de trabajo que tú.

....
....

4. Vivían para trabajar.

....
....

8A. Lee el testimonio de Mikel sobre el 15M. Subraya las frases del texto en las que se explica qué era el 15M y qué efecto ha tenido en la vida de los españoles según Mikel.

Mikel: El 15M era un movimiento ciudadano. Pedíamos un sistema más democrático y protestábamos por los abusos de los bancos. Para protestar, acampábamos en las plazas de las ciudades. En Madrid, estábamos acampados en la Plaza del Sol. Yo iba allí todos los días después del trabajo y ayudaba a las personas que estaban acampadas. No siempre podía dedicar todo el tiempo que quería, pero intentaba hacer todo lo posible, había muchísimas cosas que hacer. Además, también formaba parte de movimientos contra la privatización de los servicios públicos, en concreto la educación.

Cerca de la Plaza del Sol había un antiguo hotel donde vivían personas que no tenían casa. Pasaba mucho tiempo allí, me ocupaba de la limpieza y de la organización del lugar.

Para mí hay un antes y un después del 15M. Antes la gente estaba menos politizada y se preocupaba menos de los problemas que nos afectaban. Ahora parece que la gente ha asumido que somos nosotros, y no solo los políticos, los que podemos cambiar las cosas.

8B. ¿En qué acciones participaba Mikel?

....
....
....
....

8C. ¿Hay algún acontecimiento que haya marcado un antes y un después en la historia de tu país? Si es así, explica qué cambios ha provocado.

....
....
....
....
....
....
....

9A. Completa la siguiente conversación (actividad 5 del Libro del alumno) con estos verbos.

trabajábamos (3)	pasábamos	gustaba (2)
éramos	vivíamos	queríamos	vivimos
disfrutábamos	vivíais	teníais	estábamos
trabajamos

– Oye, Eduardo, parece que has hecho un cambio radical de vida, ¿no?

– Pues sí, bastante radical, sí. Mira, imagínate: antes (1) .... en Madrid y (2) .... en una multinacional y ahora (3) .... en EE. UU., en una casa sostenible basada en el autoabastecimiento.

– Ya, ya, pero cuéntame cómo ha sido. Y ahora, entonces, ¿no trabajáis?

– No, claro que (4) ...., pero es diferente. Mira, te cuento: mi mujer Almudena y yo (5) .... ingenieros agrónomos y (6) .... en una multinacional de productos de alimentación, no sé si lo sabías...

– Sí, sí y que (7) .... en un barrio a las afueras de Madrid, ¿no?

– Sí, eso es, en Alcobendas.

– ¿Y no os (8) .... el trabajo o es que (9) .... ganas de cambiar de vida?

– Bueno, el trabajo nos (10) ...., sí, pero es que (11) .... muchas horas, nos (12) .... el día en el coche y no (13) .... de nada. Los fines de semana, (14) .... tan cansados que casi no (15) .... salir de casa.

– Ya... y entonces...

9B. Escucha la grabación
🔊 y comprueba
18 tus respuestas.

71

GRAMÁTICA

10. Completa las tablas con los verbos en pretérito imperfecto.

Regulares		
-AR: estudiar	**-ER: hacer**	**-IR: existir**
estudiaba	....	....
estudiabas	....	....
....	....	....
....	....	....
....	....	....
....	....	....

Irregulares		
Ser	**Ir**	**Ver**
era	....	....
eras	....	....
....	....	....
....	....	....
....	....	....
....	....	....

11A. Completa estas frases sobre la historia de España con un verbo en pretérito imperfecto.

1. En el siglo I a. C. .... en la Península íberos, fenicios, griegos y celtas.

2. Durante la época de los romanos (I a. C. - V d. C.), el latín .... la lengua oficial.

3. En la España medieval se .... varias lenguas, como el árabe, el aragonés, el catalán, el vasco, el gallego o el asturleonés.

4. Antes de la conquista musulmana (s. VIII), en España .... los visigodos.

5. Hacia el siglo X, los musulmanes ocupaban la mayor parte de la Península. Este territorio .... Al-Ándalus. La agricultura .... muy desarrollada.

6. En el siglo XIII, la Universidad de Salamanca .... entre las universidades más importantes de Europa.

7. En el siglo XVI, el Imperio español .... gran parte de América, las islas Filipinas, los Países Bajos y otras regiones de Europa.

8. Hasta el año 1931, las mujeres no .... votar en España.

9. Durante la dictadura de Franco (1939-1975), los partidos políticos .... prohibidos.

10. En los años 60 muchos españoles .... a Alemania para encontrar un trabajo mejor.

11. En el año 2011, España estaba en crisis: .... mucha gente en paro y muchas personas .... indignadas con el sistema político.

11B. Escribe frases sobre la historia de tu país usando verbos en imperfecto.

....

....

....

....

....

....

....

....

....

12A. Lee esta viñeta y busca información en internet para saber más del papel de los gatos en las épocas históricas a las que hace referencia. Anota los datos que encuentres.

1. En la época de los egipcios *los gatos eran los animales preferidos de los faraones porque se consideraba que protegían de los espíritus malignos. Por ejemplo, se hacían estatuas de gatos para ponerlas en las casas.*

2. En la época de los romanos ....

3. En la época de los aztecas ....

4. En la Edad Media ....

12B. Busca información sobre la evolución de otro animal a lo largo de la historia: el cerdo, el caballo, etc.

....
....
....
....
....
....
....
....

13. Escribe un principio lógico para cada testimonio.

1. .... no entendía cuando la gente me hablaba muy rápido, sobre todo tenía dificultades para entender los números: siempre llevaba billetes grandes para pagar en las tiendas o en el supermercado. (Lucía)

2. .... me podía levantar más tarde y tardaba muy poco en llegar a la universidad. Ahora madrugo mucho más y tengo que coger el tren, pero me encanta vivir en el campo. (Martina)

3. .... tenía mucho más tiempo libre que ahora, porque solamente tenía que estudiar y trabajaba de vez en cuando, normalmente los fines de semana. Y además las vacaciones duraban de junio a septiembre. ¡Qué tiempos aquellos! (Áxel)

4. .... no tenía tiempo libre: todas las tardes, después de clase, tenía ensayo con la banda y los fines de semana salíamos a otras ciudades para dar conciertos. Ahora tampoco tengo mucho tiempo libre, pero porque trabajo mucho. (Alberto)

14A. Haz diferentes dibujos que representen cómo era tu vida durante la adolescencia: dónde vivías, qué hacías los fines de semana, qué música escuchabas, qué cosas leías, cuáles eran tus aficiones, etc.

14B. Intercambia los dibujos con los de otro compañero y escribe un texto sobre su adolescencia basándote en sus dibujos. Usa los siguientes marcadores temporales.

| Cuando tenía... años | | En esa época | | Entonces |

....
....
....
....
....
....
....

14C. Lee el texto que han escrito sobre ti. Corrige o confirma la información, y explica si todavía haces esas cosas o ya no.

15. Laura ha terminado la universidad y ha encontrado trabajo. Escucha la conversación y marca cuáles de estas frases son verdad.

		V	F
1.	Todavía aprende muchas cosas.	☐	☐
2.	Todavía usa el metro.	☐	☐
3.	Ya no se lleva bien con sus compañeros.	☐	☐
4.	Ya no pasa tanto tiempo en las redes sociales.	☐	☐
5.	Todavía sale los fines de semana al monte.	☐	☐
6.	Ya no escucha tanta música.	☐	☐
7.	Todavía va a la universidad a estudiar.	☐	☐
8.	Ya no se levanta tan temprano.	☐	☐

GRAMÁTICA

16. Luciano es un poco antipático y siempre lleva la contraria o quiere ser más que los demás. Lee las conversaciones y completa sus respuestas con posesivos tónicos.

1.

– Mis padres son muy jóvenes.

– .... más.

2.

– El novio de Marta tenía un piso muy bonito, pero creo que lo ha vendido.

– No era ...., era de sus padres.

3.

– ¿Te acuerdas de la novia alemana que tenía Julio?

– No, no recuerdo ninguna novia ....

4.

– He visto unas fotos tuyas de cuando eras camarero.

– ¿...................? No puede ser, yo no he trabajado nunca de camarero.

5.

– ¿Has visto mis libros?

– ¿...................? ¡Pero si son ....!

6.

– Mis clases son un poco aburridas.

– Pues .... están muy bien, me encantan.

7.

– Me encanta mi piso: es grande, tiene luz, una terraza grande...

– Pues .... está mejor, porque tiene todo eso y, además, es céntrico.

8.

– Mi compañera de piso cocina muy bien.

– Pues .... es cocinera profesional, o sea que seguro que cocina mejor.

9.

– Tu hermano está en el paro, ¿no?

– ¿...................? No, hombre, es .... el que está en el paro.

10.

– Tus abuelos viajan mucho, ¿no?

– Sí. Supongo que .... no, porque son muy mayores, ¿verdad?

11.

– Estas llaves son de Rocío, ¿no?

– ¡Qué va! No son ...., son de Marcos.

LÉXICO

17A. Completa las series con vocabulario de la unidad u otro que conozcas.

parecer > simpático

>

parecerse a > su hermana

>

(me, te, le...) parece > una persona muy inteligente

> una tontería

>

llevar > dos años viviendo en México

>

llevar > gafas

>

llevarse > bien > con su hermana

> >

17B. Completa las frases con los verbos de A.

1. No *se parece* nada *a* sus hermanos, ¿no?

2. No lo conozco, pero .... agradable, ¿no?

3. He trabajado con ella y .... una chica inteligente y muy preparada.

4. Nadia es una amiga de Rosa que .... el pelo muy largo y tiene los ojos azules.

5. .... mucho tiempo colaborando con una asociación que ayuda a la gente mayor y me encanta.

6. Julia .... muy mal con su novio. Siempre están discutiendo, no sé qué hacen todavía juntos.

17C. Ahora escribe tus propios ejemplos usando los verbos de A.

– Yo me llevo muy bien con la familia de mi novio.

....

....

....

....

....

....

....

....

....

....

....

CARACTERÍSTICAS DEL TEXTO

18A. Completa las frases de forma lógica.

1. ....,
y eso que su padre nació en Turín.

2. ....,
aunque a su padre no le gustaba.

3. ....;
sin embargo, lo quiero muchísimo.

4. No hace nada de deporte, y eso que ....
....

5. Cuando era joven hacía kárate, aunque ....
....

6. Discuto mucho con mis padres; sin embargo, ...
....

18B. Escribe en tu cuaderno tres frases usando estos conectores: y eso que, aunque, sin embargo. Luego, escribe en un papel las partes de las frases anteriores o posteriores a los conectores (como en 18A). Pásaselas a otra persona para que adivine lo que falta.

SONIDOS

19A. Escucha estas frases y fíjate en su entonación
🔊 y en los recursos señalados, que se usan para
20 confirmar una información.

1. Virginia, tú antes vivías en Barcelona, **¿no?**
2. Sí, sí, eso me han dicho. Y trabajas en una ONG, **¿no?**
3. Uf, claro, eso debe de ser duro, **¿no?**

19B. Escucha estas frases y subraya los otros
🔊 recursos que usan los hablantes para confirmar
21 una información.

1. Juan, tus padres emigraron a Alemania en los años 70, ¿verdad?
2. Alicia, todavía participas en reuniones con personas de tu barrio, ¿me equivoco?

19C. Habla con otra persona de la clase: imagina
👥 cosas sobre su vida y pídele confirmación
usando los recursos que acabas de ver.

SONIDOS

20A. Mira esta viñeta. ¿Puedes explicar el juego de palabras?

LA PRINCESA LEÍA

LLEGAS PACHECO

....
....
....
....
....

20B. Escucha estas palabras. ¿Qué diferencias
🔊 observas en la pronunciación de las letras
22 en negrita?

1. hac**ia**, hac**ía**
2. ser**ia**, ser**ía**
3. Serb**ia**, serv**ía**
4. ten**ia**, ten**ía**
5. reg**ia**, reg**ía**

🔔 **ATENCIÓN** ---

Los diptongos son dos vocales que forman una única sílaba: hacia.
Cuando en la combinación de una vocal cerrada (i, u) con una abierta (a, e, o) el acento recae en la vocal cerrada, entonces las vocales no están en la misma sílaba y no forman diptongo: hacía, mío.
En las terminaciones del pretérito imperfecto de los verbos terminados en -er e -ir se produce un hiato. Por eso llevan acento en la í.

20C. Escucha cómo se pronuncian estos nombres
🔊 de persona en español y sepáralos en sílabas.
23 Luego, decide si tienen que llevar acento o no.

1. Lucia
2. Dario
3. Maria
4. Sonia
5. Estefania
6. Tania
7. Mario

FOCO CULTURAL

El muralismo mexicano

Mural de Diego Rivera en el Palacio Nacional

El muralismo mexicano es un movimiento artístico, político y social de principios del siglo XX. Aunque se origina en 1910 durante la Revolución mexicana, se inicia formalmente en 1921. Después de la Revolución mexicana, México se está transformando y el arte se convierte en un vehículo, patrocinado por el Gobierno, para que el pueblo conozca la historia y la cultura nacionales, para exaltar la Revolución y para reivindicar la igualdad entre las clases sociales. Las imágenes típicas del muralismo mexicano, que pueden verse en paredes de edificios públicos, retratan temas como la revolución, la lucha de clases o el hombre indígena.

Sus principales representantes son Diego Rivera, David Alfaro Siqueiros y José Clemente Orozco.

El movimiento muralista es el fenómeno artístico de mayor importancia del arte mexicano del siglo XX.

Diego Rivera (1886 – 1957)

De 1909 hasta 1922 vive en Europa y está en contacto con las vanguardias europeas. En algunas de sus obras puede observarse la influencia cubista de su amigo Pablo Picasso. Cuando vuelve a México, estudia las culturas maya y azteca, determinantes en su estética. Es una época (principios de los años 20) en la que el país se está redefiniendo social, política y artísticamente. Rivera pinta escenas de la historia de México con formas realistas de colores vivos.
En el mural del Palacio Nacional de México está reflejada la historia del pueblo mexicano desde la época precolombina hasta la Revolución.

21. Busca información sobre la Revolución mexicana: cuándo fue y cuáles fueron las causas y sus principales consecuencias.

....

....

....

22. Anota qué sabes de Diego Rivera. Luego, busca en internet imágenes pintadas por él y haz una lista de los temas que aparecen retratados en ellas.

....

....

....

....

23A. Lee el texto. ¿Menciona los temas que has anotado en A?

23B. Explica con tus propias palabras estas frases sobre el muralismo mexicano.

1. Es un arte patrocinado por el Gobierno.

....

....

2. El muralismo mexicano es un vehículo para exaltar la Revolución mexicana y para reivindicar la igualdad entre las clases sociales.

....

....

24. Busca en internet información sobre un muralista mexicano. Elige una de sus obras y haz una pequeña presentación en la que se incluyan los siguientes datos.

• Presentación del autor.
• Descripción de la obra y de la técnica.
• Significado social y político.

1A. En las siguientes frases se describe cómo era México antes de la Revolución mexicana. Complétalas con un verbo en pretérito imperfecto.

haber	ser (3)	trabajar	atreverse
estar (2)	oponerse	existía (2)	castigar
ocupar	vivir (2)	poder	tener (2)

1. El 40 por ciento del territorio azteca .... propiedad de solo 840 hacendados. A veces, una sola persona .... dueña de una extensión de terreno mayor que la superficie de varios países europeos. Otro gran propietario .... la iglesia católica mexicana.

2. Los grandes propietarios .... desvinculados de las tierras, no las .... de manera adecuada.

3. Los campesinos .... en condiciones infrahumanas, ... un sueldo de 25 centavos diarios.

4. No .... una legislación laboral: las huelgas .... prohibidas y se .... duramente a los trabajadores que .... a pedir mejores salarios o una reducción de la jornada laboral.

5. Los norteamericanos .... los altos cargos en las empresas, mientras que los mexicanos .... los puestos más modestos.

6. .... grandes diferencias entre las distintas clases sociales: los latifundistas, políticos y miembros del clero .... en grandes casas, mientras que muchos campesinos apenas .... comer.

7. .... un movimiento anarquista que .... a la dictadura de Porfirio Díaz.

1B. Las frases anteriores describen algunas de las causas por las que se produjo la Revolución mexicana. Clasifícalas en:

- causas económicas: ....
- causas sociales: ....
- causas políticas: ....

2. Describe un periodo histórico relevante en la historia de tu país, siguiendo el modelo de los de la página 96 del Libro del alumno.

....
....
....
....
....
....
....
....
....
....
....
....
....
....
....
....
....
....
....
....
....

DIARIO DE APRENDIZAJE

¿Qué es lo más útil o importante que he aprendido?
....

¿Qué actividades me han ayudado más?
....

¿Qué me parece difícil todavía?
....

¿Qué me interesa hacer en relación con esta unidad? (información que quiero buscar, algo que quiero leer, película que quiero ver, música que quiero escuchar, etc.)
....

Palabras relevantes para mí:
....
....

Estructuras gramaticales interesantes:
....
....

Errores que cometo:
....
....

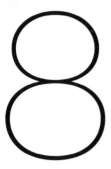

8

RELACIONES

---

1. Relaciones personales.

2. Una red social interesante.

3. Hablar de una relación de pareja.

4. Reconocer y utilizar abreviaturas para chatear.

5. Reordenar frases de un texto.

6. Herramientas tecnológicas.

7. El verbo **quedar**.

8. Texto sobre aplicaciones.

9. Verbos con preposición.

10. Describir una red social.

11. Formas del pretérito indefinido.

12. Usos del indefinido.

13. Completar un texto con las formas en imperfecto.

14 – 15. Los verbos **ser** y **estar**.

16. Uso de los pronombres de OD y OI.

17. Doble pronombre.

18. Escribir sugerencias con los pronombres de OD y OI.

19. Vocabulario de relaciones personales.

20. Verbos con preposición.

21. Entender testimonios sobre relaciones personales.

22. Escribir sobre relaciones personales.

23. La expresión **salir del armario**.

24. Entonación de exclamaciones y preguntas.

Foco cultural: Colombia

Evaluación

PUNTO DE PARTIDA

1A. Escribe palabras o expresiones que asocias con estos temas.

Las relaciones de amistad	mejor amigo
Las relaciones de pareja	novio
Las relaciones familiares	tener hermanos
Las relaciones virtuales	red social

1B. Comparte con otra persona de la clase las palabras que has escrito en A. Añade las palabras de la otra persona que te interesen.

1C. Escoge uno de los cuatro temas de A y escribe un pequeño texto sobre ti y tus relaciones usando el vocabulario que has escrito.

2. Describe una red social o aplicación que sueles usar y explica para qué la utilizas y por qué te gusta.

Estoy enganchado/-a al / a la...
Uso mucho el/la...
Lo utilizo/uso para... subir fotos / publicar artículos...
Subo/cuelgo fotos/vídeos
Publico comentarios/artículos...
Sigo famosos / la gente...

....
....
....
....
....
....
....
....

3A. Relaciona los elementos de las dos columnas para formar frases que se dicen en el vídeo.

8

1. Tenemos que...	**a.** como antes
2. Llevas tiempo...	**b.** hablar
3. Tú tampoco estás...	**c.** como antes
4. Los dos...	**d.** ha cambiado
5. Yo sigo...	**e.** distinta
6. Ya no me miras...	**f.** hemos cambiado
7. Por mi parte nada...	**g.** sintiendo lo mismo

3B. Traduce a tu lengua las frases de A.

....
....
....
....
....

3C. Escribe en español otras frases que se suelen decir en algún momento de la relación de pareja. Compáralo con otras personas de clase.

....
....
....
....

4A. Reescribe esta conversación por whatsApp del vídeo de la unidad (Libro del alumno) sustituyendo las abreviaturas en negrita por palabras completas.

– **L k t** imaginabas?
– **Q** estabas tardando **muxo**
– Ah, si? **y x k t** lo imaginabas?
– Pues porque estas diferente **dsd** hace tiempo

....
....
....
....

4B. Estas son otras abreviaturas y nuevas formas de escribir que se usan en los chats en España. Escribe un mensaje a otra persona de la clase usando todas las abreviaturas que puedas (puedes enviárselo a través de una red de una aplicación que uséis los dos).

- Acbo: Acabo
- Aki: Aquí
- Asias: Gracias
- Bss: Besos
- Cmo: Como
- D: De
- Dfcl: Difícil
- Fb: Facebook
- Ft: Foto
- Gns: Ganas
- K: Que
- Km: Como
- Mx: Mucho
- N: No/En
- Q: Que
- Qtl: Qué tal
- Qle: Que le...
- Qtpsa: Qué te pasa
- S: Es
- Sk: Es que
- Sms: Mensaje
- Sts: Estás
- T: Te/Tu
- Tkm: Te quiero mucho
- Tb: También
- Tw: Tweet
- Wnas: Buenas
- X: Por
- Xo: Pero
- Xa: Para
- Xao: Ciao
- Xk: Porque
- Xq: Porque
- xxxx: Abrazos
- oooo: Besos
- +: Más
- -: Menos
- =: Igual
- 1 bst: Un besito

....
....
....
....
....

4C. Contesta el mensaje que has recibido, pero sin usar abreviaturas.

....
....
....

5. Las siguientes frases resumen el texto de las páginas 106 y 107 del Libro del alumno. Ordénalas según su aparición en el texto.

.... Las aplicaciones móviles aceleran el proceso de conocer a una persona.

.... Algunas personas se sienten más seguras usando estas aplicaciones.

.... Las aplicaciones móviles permiten comunicarse para diversos fines de manera directa.

.... Cuando conoces a una persona a través de una aplicación móvil, es más fácil mantener un diálogo con ella cuando te la encuentras.

.... Estas aplicaciones han cambiado la manera de elegir a la persona con la que vamos a tener una relación, pero no el concepto de amor.

.... Si usamos demasiado estas aplicaciones, nuestra vida social no virtual puede verse afectada.

6. ¿Qué medios o aplicaciones usas en las siguientes situaciones?

Uso una aplicación que se llama...
Lo hago por internet... / a través de una página web... / con una aplicación...

1. Para comprar un billete de avión.

....
....

2. Para quedar con amigos.

....
....

3. Para pedir la revisión de una nota a un profesor/-a.

....
....

4. Para buscar alojamiento en otra ciudad.

....
....

5. Para comprar algo de segunda mano o vender algo que no usas.

....
....

7A. Lee este párrafo del texto de las páginas 106 y 107 y traduce a tu lengua las expresiones en negrita.

Quedar con alguien para tomar algo, ir a la biblioteca a estudiar porque sabes que allí está el amor de tu vida, **quedar para ir al cine** o a un concierto son algunos de los preliminares a una relación que pueden **quedarse obsoletos** por culpa de (o gracias a) aplicaciones como las mencionadas más arriba.

....
....
....

7B. ¿Qué tipos de palabras acompañan a este verbo?

verbo en infinitivo

sustantivo, pronombre

adjetivo

Quedar con + ...

Quedar para + ...

Quedarse + ...

🔔 **ATENCIÓN**

El verbo **quedarse** se usa con algunos adjetivos para indicar un cambio de estado: **quedarse vacío**, **quedarse libre**, **quedarse tranquilo**, etc.

7C. Elabora una ficha parecida a esta. Puedes añadir otros significados de quedar(se).

Parecerse a alguien	To look like someone.
	Yo me parezco a mi madre, ¿y tú?
Parecer un lugar	To look like somewhere.
	Eso parece Lanzarote, ¿no?
Parecer que...	To seem something.
	Parece que hace frío...

8. Escucha a Beatriz y a Jorge (actividad 5, Libro del alumno) y escribe de cuál de las siguientes aplicaciones crees que hablan y por qué.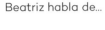

Beatriz habla de...

....

....

....

Jorge habla de...

....

....

....

Tinder

Es la aplicación de referencia para ligar. Esta *app* nos muestra fotos de los usuarios y tenemos que decidir quién nos gusta. Cuando la otra persona también ha expresado que le gusta nuestra foto, se abre un chat privado y comienza la relación. En Tinder, la imagen es lo más importante del perfil.

Badoo

El usuario de Badoo debe rellenar el perfil con las preferencias y cualidades, y puede utilizar el buscador para encontrar personas afines. La principal ventaja de Badoo es que cuenta con 200 millones de usuarios en todo el mundo; el defecto es que la gran mayoría de los usuarios son adolescentes.

Happn

Es una aplicación muy popular entre los jóvenes. Se diferencia de otras en que usa la geolocalización en directo, es decir, que te avisa cuando te cruzas con alguien que usa la aplicación. Si te gusta esa persona, le das un "me gusta" y ella solo lo sabrá si es recíproco.
En Happn, si una persona no te gusta, nunca podrá enviarte un mensaje, y si os gustáis, podéis iniciar una conversación.

Adoptauntio

Es una red social para ligar en la que la mujer es la única que tiene el poder para iniciar una relación. Los hombres que se inscriben aparecen en una especie de supermercado; son ellas las que deciden si los "compran". Tiene un filtro de búsqueda por gustos, intereses o palabras clave tipo "moderno", "deportista", "hipster"... Los hombres tienen que pagar, mientras que para las mujeres es gratuita.

9A. Estas son algunas de las frases que dicen Beatriz y Jorge (actividad 5, Libro del alumno). Complétalas con la preposición que falta.

Beatriz:

1. Pues yo no tenía ninguna de estas aplicaciones, pero empecé .... usarlas porque algunos de mis amigos sí las utilizaban.

2. He quedado .... algunas personas, aunque luego la relación no ha funcionado bien.

3. Estas aplicaciones solamente te facilitan contactar .... la gente.

Jorge:

1. Yo pienso que la mayoría de estas páginas son frívolas, los primeros contactos la mayoría de las veces se basan .... el físico.

2. También es verdad que en el mundo *offline* es así: en lo primero que te fijas es .... el físico y luego ya hablas .... tus gustos, aficiones y demás.

3. Nadie se enamora .... una persona que nunca ha visto porque le gusta la misma música que a él o a ella.

9B. ¿Qué otros verbos puedes usar con estas preposiciones para hablar de relaciones sociales?

casarse	> **con**
divorciarse	> **de**

10. Busca en internet una red social que te parezca curiosa y descríbela.

....

....

....

....

....

....

....

....

....

GRAMÁTICA

11. Completa las tablas con las formas del pretérito indefinido.

	Pedir	Seguir
yo	pedí	....
tú, vos	....	....
él, ella, usted	....	siguió
nosotros/-as	....	....
vosotros/-as	....	....
ellos, ellas, ustedes	....	....

	Ser	Ir
yo	fui	....
tú, vos	....	....
él, ella, usted	....	fue
nosotros/-as	....	....
vosotros/-as	....	....
ellos, ellas, ustedes	....	....

	Saber	Poner	Poder
yo	....	....	....
tú, vos	....	....	....
él, ella, usted	....	....	....
nosotros/-as	....	....	....
vosotros/-as	....	....	....
ellos, ellas, ustedes	....	....	....

	Querer	Decir	Hacer
yo	....	....	....
tú, vos	....	....	....
él, ella, usted	....	....	....
nosotros/-as	....	....	....
vosotros/-as	....	....	....
ellos, ellas, ustedes	....	....	....

	Estar	Andar	Tener
yo	....	....	....
tú, vos	....	....	....
él, ella, usted	....	....	....
nosotros/-as	....	....	....
vosotros/-as	....	....	....
ellos, ellas, ustedes	....	....	....

12A. Completa estos testimonios con los verbos que faltan, conjugados en pretérito indefinido.

decir | hacer (3) | andar | ser

¿CUÁNDO FUE LA ÚLTIMA VEZ QUE HICISTE UNA COSA POR PRIMERA VEZ?

Raquel
El verano pasado: .... submarinismo. .... una experiencia increíble.

Dante
El fin de semana pasado .... 30 km en un día. Era una marcha solidaria a favor de la acogida de refugiados.

Andrea
Hace dos años .... el Camino de Santiago: .... más de 20 kilómetros diarios durante un mes.

Samuel
.... a alguien "Te quiero" en español.

12B. ¿Has hecho alguna de estas cosas? ¿Cuándo?

Hice submarinismo una vez, hace dos veranos, pero nunca he....
....
....
....
....

12C. ¿Y tú? ¿Cuándo fue la última vez que hiciste algo por primera vez?

....
....
....
....

13. **Completa el texto con los verbos en pretérito imperfecto o en pretérito indefinido.**

(1) .... (yo, estar) harta de los grupos de WhatsApp, del millón de fotos que me (2) .... (enviar), de los jajaja... Así que (3) .... (decidir) dejar WhatsApp durante un mes. (4) .... (borrar) mi perfil en WhatsApp y (5) .... (eliminar) la aplicación del teléfono.

Durante los días posteriores (6) .... (decir) varias veces en Twitter y Facebook lo que (7) .... (estar) haciendo para avisar a mis amigos. Unos cuatro días después, un amigo me (8) .... (llamar) para preguntarme si (9) .... (encontrarse) bien porque no (10) .... (responder) a sus mensajes. Entonces (11) .... (saber) que cuando borras tu perfil en WhatsApp, las personas que alguna vez han chateado contigo te pueden seguir mandando mensajes. Un día me (12) .... (pasar) algo divertido: (13) .... (tener) que retrasar media hora una entrevista y la persona con la que me había citado no (14) .... (tener) encendido el teléfono. Así que le (15) .... (enviar) un sms para decirle que llegaba tarde. Cuando nos (16) .... (ver), me (17) .... (decir) con bastante sinceridad que había visto el mensaje, pero que no había respondido porque no sabía cuánto le (18) .... (poder) costar mandar un sms.

14. **Relaciona cada frase con su continuación más lógica.**

1. Los hijos de Pedro y Juani son insoportables.	**a.** No sé qué les pasa hoy.
2. Los hijos de Pedro y Juani están insoportables.	**b.** Por eso no tienen amigos.
3. Clara es muy guapa.	**a.** Ese vestido le queda muy bien.
4. Clara está muy guapa.	**b.** Tiene unos ojos grandes y verdes preciosos.
5. Las manzanas están verdes.	**a.** ¿Tú prefieres las rojas?
6. Las manzanas son verdes.	**b.** No nos las podemos comer hoy.
7. Tu madre está muy joven.	**a.** No tiene arrugas y casi no tiene canas.
8. Tu madre es muy joven.	**b.** Tenía menos de veinte años cuando te tuvo, ¿no?
9. Alicia es muy morena.	**a.** Ha estado un mes de vacaciones en una playa del Caribe.
10. Alicia está muy morena.	**b.** Se parece a su padre, que es mulato, de Cuba.

15. **Completa las frases con la forma correcta de los verbos** ser o estar.

1. Este libro .... muy bien, te lo recomiendo.

2. La farmacia .... cerrada, abre a las 10 h.

3. Tom .... un estudiante belga muy guapo.

4. Mi hermana .... en Italia de vacaciones.

5. Mi cuñado .... arquitecto y nos .... haciendo una casa en el campo.

16. **Relaciona cada pregunta con su respuesta correspondiente.**

1. ¿Conoces al marido de Sara?

2. ¿Le has dicho a Juan que vamos a hacer una quedada el viernes con los de la universidad?

3. ¿Sabes? Leticia está embarazada.

4. ¿Le puedes prestar a mi novio tus botas de *trekking*? Es que vamos al monte.

5. ¿Sabes? Pedro y yo nos hemos separado.

6. ¿Te ha presentado ya Emilio a sus padres?

7. ¿Cuándo fue la última vez que hablaste con tus padres?

a. Ay, sí, y te digo la verdad: no **lo** soporto.

b. Sí, claro, **se las** dejo sin problemas.

c. No puede ser, **la** vi ayer y no me dijo nada.

d. La semana pasada, sí, estaba en un restaurante con mi novia y **nos los** encontramos.

e. ¿Ah, sí? Pues no **lo** parece, os veo todo el día juntos.

f. Pues **los** echo mucho de menos, así es que hablo con ellos todos los días.

g. Sí, **se lo** comenté la semana pasada, pero no me dijo si vendría o no.

17. **Completa estas frases con los pronombres que faltan.**

1. – ¿Le pediste la cámara a Luis?

– No, al final .... pedí a Carla.

2. – ¡Qué buenos estos bombones!

– ¿Sí, verdad? .... trajo mi hermana de Bruselas.

3. Esta película es buenísima. Tienes que verla, ... recomiendo.

GRAMÁTICA

LÉXICO

18. María y Pedro se han separado y tienen que decidir qué hacer con las cosas que poseen en común. Lee la información sobre los objetos que tienen y sobre los conocidos de la pareja. Luego, escribe algunas sugerencias.

Algunos conocidos de María y Pedro:
- Pepi y Luz: se quieren ir a vivir juntas.
- Paco: le encanta la música, pero no tiene dinero para comprar un instrumento.
- Rodrigo y Verónica: tienen cuatro niños.
- Tomás: tiene un jardín muy grande.
- Diego: le gusta cocinar.
- Carla: le gusta mucho viajar.

El piano se lo pueden regalar/dar/prestar/vender/alquilar... a...
El piano se lo puede quedar María/Pedro.

La casa se la pueden alquilar a Pepi y Luz, porque se quieren ir a vivir juntas.

....
....
....
....
....
....
....
....
....
....

19A. Identifica en cada grupo de palabras la que no pertenece a la serie.

a. hermano, cuñado, jefe, marido
b. pareja, amigovia, novia, vecina
c. conocido, padre, colega, amigo
d. abuela, madre, compañera, hija

19B. La palabra amigovio se ha introducido recientemente en el diccionario de la RAE (Real Academia Española). Busca su significado. ¿En qué zonas hispanohablantes se usa más?

....
....
....

20. Completa estas expresiones con la preposición que falta: con, de o a.

1. divorciarse .... alguien

2. casarse .... alguien

3. tener hijos .... alguien

4. enamorarse .... alguien

5. conocer .... alguien

6. salir .... alguien

7. separarse .... alguien

21. Escucha a estas cuatro personas. Marca cuál de estas cosas dice cada una de ellas. 🔊 25

	1	2	3	4
a. Le cuesta tener temas de conversación con sus vecinos.	☐	☐	☐	☐
b. Le cae muy bien alguien.	☐	☐	☐	☐
c. Se siente muy bien cuando recibe una visita sorpresa.	☐	☐	☐	☐
d. No soporta a su cuñado.	☐	☐	☐	☐

22. Completa estas frases escribiendo sobre ti y tus relaciones sociales.

- Me cuesta ....
- Me cuestan ....
- No soporto ....
- Me caen muy bien ....
- Me cae muy mal ....
- Me siento muy bien cuando ....
- Me siento muy mal cuando ....
- Me llevo muy bien ....
- Me molestan ....

CARACTERÍSTICAS DEL TEXTO

23A. ¿Sabes qué significa la expresión salir del armario? ¿Existe una expresión equivalente en tu lengua?

23B. Lee este diálogo y complétalo con los marcadores para relatar y las frases para reaccionar que creas convenientes.

– Te tengo que contar una cosa, Marisa.

– ¡Claro! Cuenta, cuenta, espero que sea buena...

– Sí, muy buena, ... llevaba semanas pensando cómo decir a mis padres que era gay, pero .... no hizo falta decirles nada.

– ....

– Pues mira, como te digo, después de pensarlo mucho, decidí decirles a mis padres que era gay. Y después de mucho pensar cómo podía hacerlo, los invité a cenar a un restaurante que hay al lado de mi casa y ...., mientras estábamos cenando, apareció Raúl, que creía que mis padres ya lo sabían, y entró y de repente me dio un beso.

– ....

– Pues ponerme rojo como un tomate, pero enseguida mi padre dijo: "¡Vivan los novios!" y pidió una botella de champán.

– ....

– Sí, fue genial, pero eso no es todo.

– ....

– Pues .... al otro día abro mi Facebook y veo que mi madre me ha etiquetado en el siguiente mensaje: "Orgullosa de ser madre de mi hijo gay".

– ....

– Sí, sí, es que mi madre se acaba de abrir una cuenta en Facebook y está todo el día enganchada.

– ....

– Pues lo primero, la llamé y me enfadé con ella, porque es algo que no pensaba publicar en Facebook, pero .... me tranquilicé y mi madre me convenció de que realmente me había hecho un favor. Y ahora me siento mucho más tranquilo...

– ....

23C. Compara tus respuestas a B con otra persona de la clase y valorad si tienen lógica y son adecuadas en la conversación.

SONIDOS

24A. Escucha y marca qué palabra oyes en cada caso.
🔊 26

1. ☐ ¿Qué? ☐ ¡Qué!
2. ☐ ¿No? ☐ ¡No!
3. ☐ Sí ☐ ¿Sí?
4. ☐ De verdad ☐ ¿De verdad?
5. ☐ ¿En serio? ☐ En serio
6. ☐ Ya ☐ ¿Ya?

24B. En parejas, grabaos leyendo estas frases. Prestad atención a la entonación de las palabras en negrita.

1.
a.
– Julia ha dejado a Martín.
– **¿Qué?**
b.
– Julia ha dejado a Martín.
– **¡Qué** fuerte!

2.
a.
– El fin de semana que viene me caso.
– **¿Ya?** Pensaba que faltaba más.
b.
– El fin de semana que viene me caso.
– **Ya, ya** lo sé.

3.
a.
– Vamos al cine esta tarde, ¿no?
– **Sí**, me apetece.
b.
– Vamos al cine esta tarde, ¿no?
– **¿Sí?** ¿No prefieres ir a tomar algo?

4.
a.
– He conocido a una chica en Tinder.
– **¿En serio?**
b.
– He conocido a una chica en Tinder.
– No me lo creo...
– **En serio**.

5.
a.
– Lorena está embarazada.
– **¿De verdad?**
b.
– Lorena está embarazada.
– No puede ser...
– **De verdad**, me lo dijo ayer.

6.
a.
– No me gustan las redes sociales.
– **¿No?**
b.
– No me gustan las redes sociales.
– **No**, a mí tampoco.

El amor en los tiempos de "Gabo"

Gabriel García Márquez (1927-2014) fue un gran escritor, periodista y premio Nobel de literatura en 1982. Es autor de obras tan importantes como *El amor en los tiempos del cólera* o *Cien años de soledad*. "Gabo", como lo llamaban sus amigos, es considerado uno de los principales autores del realismo mágico, movimiento literario que se caracteriza por mostrar lo irreal o extraño como algo cotidiano y común.

El presidente de Colombia, Juan Manuel Santos, dijo de él que ha sido "el colombiano que, en toda la historia de nuestro país, más lejos y más alto ha llevado el nombre de la patria".

Cien años de soledad

Una noche, cuando [Úrsula Iguarán] lo tenía en el vientre, lo oyó llorar. Fue un lamento tan definido, que José Arcadio Buendía despertó a su lado y se alegró con la idea de que el niño iba a ser ventrílocuo. Otras personas pronosticaron que sería adivino. Ella, en cambio, se estremeció con la certidumbre de que aquel bramido profundo era un primer indicio de la temible cola de cerdo. Pero la lucidez de la decrepitud le permitió ver, y así lo repitió muchas veces, que el llanto de los niños en el vientre de la madre no es anuncio de ventriloquia ni facultad adivinatoria, sino una señal inequívoca de incapacidad para el amor.

Frases sobre amor y amistad que García Márquez escribió o dijo en alguna entrevista:

1. "La distancia no es un problema. El problema somos los humanos, que no sabemos amar sin tocar, sin ver o sin escuchar. Y el amor se siente con el corazón, no con el cuerpo".

2. "Te quiero no por quien eres, sino por quien soy cuando estoy contigo".

3. "Puedes ser solamente una persona para el mundo, pero para alguna persona tú eres el mundo".

4. "Nunca dejes de sonreír, ni siquiera cuando estés triste, porque nunca sabes quién se puede enamorar de tu sonrisa".

5. "Ofrecer amistad al que busca amor es dar pan al que se muere de sed".

25A. ¿Qué sabes sobre Gabriel García Márquez? Anótalo. Luego lee el texto y comprueba tus hipótesis.

....

....

....

....

25B. Lee las frases de Gabriel García Márquez sobre el amor y elige la que más te gusta. Explica las razones de tu elección.

....

....

....

....

25C. Lee el fragmento de *Cien años de soledad*. ¿Qué elementos del realismo mágico tiene?

....

....

....

....

26. ¿Qué otros escritores hispanoamericanos han ganado el premio Nobel de literatura? Busca en internet los nombres y fragmentos de algunas de sus obras.

....

....

....

....

1. Escoge la opción adecuada en cada caso.

1. ¿Sabes qué me pasó el otro día?
.... estaba en casa de un amigo, cuando de repente...
a. De repente   **b.** Resulta que   **c.** El caso es que

2. Marina .... al hijo de su vecina: es un maleducado que está todo el día gritando.
a. le cae mal   **b.** se lleva mal   **c.** no soporta

3. ¿A que no sabes? Eduardo se ha enamorado .... su jefa y va a dejar a su novia de toda la vida.
a. de   **b.** con   **c.** a

4. Lo siento, no puedo ir a comer contigo, es que   con mi abuela para tomar un café.
a. he quedado   **b.** me he quedado   **c.** he ido

5. Marta .... a su actual marido cuando .... en Londres. .... viviendo allí cinco años.
a. conocía, trabajaba, estuvo   **b.** conoció, trabajó, estaba   **c.** conoció, trabajaba, estuvo

6. – ¿Quién .... Raúl?
– El hijo de mi prima, el que .... saliendo con María.
– ¡Ah, sí! .... muy majo.
a. está, es, Es   **b.** está, es, Está   **c.** es, está, Es

7. – .... cansado de las celebraciones familiares: todas las semanas tenemos una.
– ¿Ah, sí? Pues yo .... muy contenta: me encanta estar con nuestra familia.
a. Estoy, estoy   **b.** Soy, soy   **c.** Estoy, soy

8. – ¿Les has dicho a tus hermanos que nos casamos el año que viene?
– ....
a. No, todavía no se les he dicho.   **b.** No, todavía no se lo he dicho.
c. No, todavía no les he dicho.

9. ¿Sabes? Jimena se ha separado .... su novio y ha empezado a salir .... Antonio, su compañero del máster.
a. de, con   **b.** con, de   **c.** de, a

10. ¿Cómo respondes a esta persona si te sorprende lo que te dice?:
"¿Sabes? El otro día vi a mi profesora de español en actitud muy cariñosa con Paul, del curso de A1."
a. ¡No me digas! ¡Qué fuerte!   **b.** ¿Ah, sí? Normal.   **c.** ¿Y cómo terminó?

2. Escribe un mail a un/a amigo/-a en el que le cuentes una anécdota sobre algún tipo de relación (puede ser real o inventada). Intenta usar estos recursos lingüísticos.

Llevarse bien/mal

Conocer a...   Salir con...

Enamorarse de...

Caer bien/mal

Sentirse...

....
....
....
....
....
....
....
....
....
....
....
....
....
....
....

DIARIO DE APRENDIZAJE

¿Qué es lo más útil o importante que he aprendido?
....

¿Qué actividades me han ayudado más?
....

¿Qué me parece difícil todavía?
....

¿Qué me interesa hacer en relación con esta unidad?
(información que quiero buscar, algo que quiero leer, película que quiero ver, música que quiero escuchar, etc.)
....

Palabras relevantes para mí:
....
....

Estructuras gramaticales interesantes:
....
....

Errores que cometo:
....
....

9

MODA Y CUERPO

1. Consejos para ir a una entrevista de trabajo.

2. Hábitos relacionados con el aspecto físico y la ropa.

3. Texto sobre moda sostenible.

4. Ropa y accesorios.

5. Expresiones para hablar del aspecto físico y la forma de vestir.

6. Los verbos **estar**, **ser**, **tener**, **llevar**, **hablar**.

7. Gestos.

8. Imperativo afirmativo y negativo.

9. Imperativo en la forma de **usted**.

10. Código de vestimenta.

11. Escribir consejos.

12. Demostrativos.

13. Partes del cuerpo.

14. El estilo *boho chic*.

15 – 16. Verbos relacionados con la ropa.

17. Estrategias para recordar el vocabulario.

18. Mecanismos de cohesión.

19. Describir cómo va vestida una persona.

20 – 21. Sílaba tónica.

22. Entonación en frases condicionales.

Foco cultural: Perú

Evaluación

PUNTO DE PARTIDA

1. Lee estos consejos para ir a una entrevista de trabajo. ¿Cuáles no coinciden con tu realidad (tu contexto laboral, tu país...)? Márcalo y explica por qué.

1. Si quieres causar buena impresión, intenta no hacer gestos cuando hablas.
Sí ☐ No ☐ ....
....
....

2. Si eres una mujer, lo mejor es llevar zapatos de tacón.
Sí ☐ No ☐ ....
....
....

3. Si optas por un puesto de ejecutivo, lleva traje y, si eres un hombre, también corbata.
Sí ☐ No ☐ ....
....
....

4. Da respuestas cortas y directas. No te extiendas mucho en tus explicaciones ni hables demasiado de tu vida.
Sí ☐ No ☐ ....
....
....

5. Si tienes tatuajes visibles en verano (en los brazos, en las piernas...), díselo al entrevistador.
Sí ☐ No ☐ ....
....
....

6. Si no estás seguro de la ropa que debes llevar a una entrevista, llama y pregunta al entrevistador o director de Recursos Humanos.
Sí ☐ No ☐ ....
....
....

2. ¿Te sientes identificado/-a con las siguientes afirmaciones? Márcalo en la tabla.

	Sí	No
1. Me gustan los tatuajes.	☐	☐
2. Casi siempre llevo vaqueros.	☐	☐
3. Tengo muchos zapatos.	☐	☐
4. Normalmente llevo ropa de colores lisos, sin estampados.	☐	☐
5. Me gusta mucho llevar accesorios: gafas, pañuelos, cinturones...	☐	☐
6. Nunca me pongo vestidos/trajes.	☐	☐
7. Suelo llevar ropa oscura.	☐	☐
8. No me pruebo casi nunca las cosas: compro mucho por internet.	☐	☐

3A. Lee el siguiente texto y marca las palabras que, por su parecido con otra lengua, te resultan fáciles de comprender. ¿Entiendes la idea general del texto?

Moda sostenible: la ropa más ecológica y saludable

Cada vez más diseñadores y ciudadanos empiezan a concienciarse de la importancia de la moda sostenible, la mejor forma de vestirse y, al mismo tiempo, cuidar nuestro planeta y nuestra salud.

Por un lado, para respetar el planeta se deben cumplir una serie de criterios. No solo deben ser naturales u orgánicos los materiales, sino que en el proceso de producción se debe respetar el medioambiente y cuidar las condiciones sociales de los trabajadores.
Además, la moda sostenible está hecha para durar, algo totalmente opuesto a la filosofía de la moda *low cost* y a la idea "de usar y tirar".
Por otro lado, para que la moda sostenible también sea beneficiosa para nuestra salud, las prendas ecológicas se fabrican con materiales naturales como algodón orgánico, bambú, algas, piel de pescado (usada para zapatos y bolsos) y se tiñen los tejidos con tintes naturales. Todos estos materiales están confeccionados sin sustancias tóxicas, por lo que se evitan alergias e irritaciones en la piel.

Texto basado en twenergy.com

 ESTRATEGIAS -

> Para entender la esencia de un texto, no necesitas comprender todas las palabras, solo las más importantes.

3B. Lee de nuevo el texto. ¿Qué parte de la información que da es distinta de la del vídeo de la página 119 del Libro del alumno?

....
....
....
....
....
....

3C. Completa este resumen esquemático del texto.

• • •

Moda sostenible: la más ecológica y saludable
la más ecológica:
- Los materiales son .... u
....
- El proceso de .... respeta
el ....
- El objetivo es hacer ropa que ....
(≠ moda "low cost", de "usar y tirar").
la más saludable:
- Algunos materiales:
• algodón
• bambú
• ....
• ....
- Los colorantes son también naturales y no
tienen sustancias .... ni irritan
la ....

3D. Marca el texto siguiendo el modelo de los textos mapeados del Libro del alumno.

> Usa este código:
> • azul para los marcadores y conectores;
> • verde para los verbos, nombres y adjetivos con preposición;
> • rojo para combinaciones léxicas frecuentes.

4. Relaciona estas palabras con las imágenes correspondientes.

a. (el) traje
b. (la) camisa
c. (la) camiseta
d. (los) pantalones
e. (los) zapatos
f. (el) abrigo
g. (el) bolso
h. (la) chaqueta
i. (el) jersey

5. Explica con tus propias palabras qué significan las expresiones en negrita.

1. **Elegir la vestimenta** perfecta para una entrevista...

....

2. Asegúrate de no **estrenar ropa o zapatos** ese día.

....

3. Siempre es mejor **arreglarse** más de lo necesario.

....

6A. Lee el texto de la página 121 del Libro del alumno y clasifica en la tabla las palabras que acompañan a estos verbos.

Estar	Ser	Tener
concentrado		

Llevar	Hablar

6B. Añade en las tablas de A otras palabras o combinaciones de palabras que pueden usarse para hablar de las entrevistas de trabajo.

7A. Lee estos diálogos y mira los gestos. ¿Qué gestos crees que pueden hacer las personas que dicen las frases en negrita?

1.
– ¿Quieres un poco de tarta?
– **Sí, pero solo un poco.**
2.
– ¿En la entrevista te hablaron en alemán?
– **Sí, tía, pasé un miedo...** Porque en mi currículum pone que hablo alemán, pero tengo un A1...
3.
– **Mira, ven aquí,** que te enseño la ropa que me he comprado.
– Vale, voy, un momento.
4.
– La invitamos muchas veces y nunca trae nada, no ayuda a recoger la mesa... Y este fin de semana igual. Estábamos en una casa rural y no hizo nada: ni comprar, ni cocinar, ni limpiar... Ella siempre tiene excusas para no colaborar.
– **¡Qué cara!**

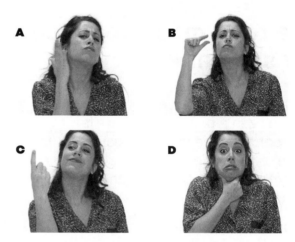

7B. Describe cinco gestos característicos de tu cultura. Puedes acompañar la descripción con fotos o ilustraciones o, si lo prefieres, puedes hacer vídeos cortos.

En Bélgica, para saludar a una mujer, le damos tres besos.

....
....
....
....
....
....
....
....
....
....
....
....
....
....

GRAMÁTICA

8A. Completa esta tabla con las formas correspondientes.

Imperativo afirmativo

	Tú, vos	Usted	Vosotros	Ustedes
llevar	lleva, llevá	....	....	....
usar	....	use	usad	....
pedir	....	pida	pedid	....
cuidar	....	....	....	cuiden
ponerse	ponte	....	....	pónganse
pensar	....	....	....	....
hablar	....	....	....	....
decidir	....	....	....	....
recordar	....	....	....	....
comprar	....	....	....	....
usar	....	....	....	....
romper	....	....	....	....
vivir	....	....	....	....

Imperativo negativo

	Tú, vos	Usted	Vosotros	Ustedes
llevar	no lleves	....	....	no lleven
usar	....	no use	no uséis	....
pedir	....	no pida	no pidáis	no cuiden
cuidar	....	....	....	cuiden
ponerse	no te pongas	....	....	no se pongan
pensar	....	....	....	....
hablar	....	....	....	....
decidir	....	....	....	....
recordar	....	....	....	....
comprar	....	....	....	....
usar	....	....	....	....
romper	....	....	....	....
vivir	....	....	....	....

8B. ¿Cuáles de los verbos anteriores son irregulares?

....
....
....
....
....
....

9. Transforma estas frases del texto de la página 122 del Libro del alumno para hablarle al lector de usted. En algunos casos no solo tendrás que cambiar el verbo.

1. Revisa tu armario: ....

2. Aprovecha las rebajas: ....

3. No te compres nada: ....

4. Ve por la tarde a comprar: ....

5. Camina un rato: ....

6. Piensa si has visto algo que te gusta: ....
....

7. Busca gangas: ....

8. Revisa tu agenda: ....

9. Compra de manera responsable: ....
....

10. No gastes dinero en prendas parecidas a las que tienes:
....

11. Ten claro qué prendas te quedan bien:
....

12. No te pruebes cosas que nunca llevas: ....
....

13. Recuerda que la ropa necesita mucha agua para su producción:
....

10. Escribe el código de vestimenta para una de las siguientes ocasiones.

• una fiesta temática en tu casa
• una excursión de un día a un lugar que te gusta
• una presentación oral en la universidad
• tu boda
• una entrevista en la empresa en la que te gustaría trabajar

....
....
....
....
....
....
....

11. Escribe consejos para estas personas.

1. Mario: Este fin de semana voy a conocer a los padres de mi novia. Me han invitado a cenar a casa, pero no sé cómo vestirme, porque son un poco clásicos. No quiero causar una mala impresión, pero me gustaría sentirme cómodo con lo que llevo…

....
....
....

2. Noa: Yo tengo una entrevista de trabajo en una empresa de seguros y no sé cómo vestirme. Siempre he trabajado en ambientes relajados, pero ahora he cambiado de sector y no tengo ni idea de cómo visten en esa empresa.

....
....
....

3. Ana: He empezado a trabajar como abogada este año. Me gusta vestirme con la ropa que quiero, pero me he dado cuenta de que los clientes no me respetan porque soy joven y llevo tejanos. ¡Qué injusto! ¿Crees que tengo que cambiar mi forma de vestir? ¿Qué tipo de ropa puedo comprarme?

....
....
....

4. Pablo: En mi nuevo trabajo tengo que llevar traje todos los días. Pero los trajes son caros y aún no tengo mucho dinero. ¿Algún consejo?

....
....
....

5. Inés: Me han invitado a una fiesta de los años 80 y no tengo ni idea de qué ponerme…

....
....
....

12A. Completa la tabla con los demostrativos que faltan. ¿En tu lengua u otras que conoces existen formas equivalentes? ¿Cuáles?

	Adjetivo demostrativo	Pronombre demostrativo	Pronombre demostrativo neutro
aquí (acá)	*este* …… jersey	*Este* …… me gusta.	
	…………… falda	………… me gusta.	¿Prefieres
	estos pantalones	………… me gustan.	**esto**,
	………… gafas	………… me gustan.	
ahí	………… jersey	*Ese* …… es muy bonito.	
	esa …… falda	………… es muy bonita.	**eso**
	………… pantalones	………… son muy bonitos.	
	esas …… gafas	………… son muy bonitas.	
allí (allá)	*aquel* …… jersey	………… me queda bien.	
	………… falda	………… me queda bien.	o **aquello**?
	………… pantalones	………… me quedan bien.	
	………… gafas	………… me quedan bien.	

12B. Completa con los demostrativos adecuados.

1. | esto | | este | | esta |

– Me quiero comprar un sombrero, pero no sé cuál. Mira, te enseño las fotos: ¿Cuál prefieres?

– …………………………… .

2. | estos | | esos | | este | | ese |

Estos pantalones no están mal, pero ………… de ahí me gustan más. Me los voy a probar.

3. | este | | esta | | esto |

– No sé qué ponerme esta noche para la cena… ¿……………………? ¿o mejor …………………………?

– No, no, unos pantalones no, mejor el vestido.

4. | este | | esta | | esto |

– ……………………… cazadora es muy chula, ¿no?

— ¡Qué dices! ¿………………… es una cazadora?

LÉXICO

13A. Escribe el nombre de estas partes del cuerpo. ¿Hay algunas palabras parecidas a tu lengua o a otras lenguas que conoces? ¿Cuáles?

....
....

13B. Busca el nombre de otras tres partes del cuerpo que te interesa conocer.

....
....
....

13C. Escribe qué prendas de vestir asocias con las siguientes partes del cuerpo.

Pies ....
Cabeza ....
Cuello ....
Piernas ....
Brazos ....

14A. Lee esta descripción del estilo *boho chic*. Luego mira las imágenes: ¿cuáles crees que corresponden a este estilo?

Boho chic

El estilo *boho* se inspira en *looks hippies* con aire bohemio. La diferencia es que tiene un toque un poco más sofisticado, más chic. Las prendas más características de este estilo que triunfa son esencialmente los pantalones vaqueros con rotos y deshilachados. Otras, como las faldas vaporosas con estampados florales diminutos o las blusas largas, son también imprescindibles. Los vestidos largos estampados son igualmente característicos de este estilo, así como los chalecos de ante con flecos y colores claros.

Texto adaptado de abc.es

14B. Escucha esta conversación entre dos amigos. ¿A qué imágenes de A hacen referencia? ¿De qué prendas de ropa hablan?

🔊 27

....
....

14C. ¿Conoces estos estilos? ¿Con cuál de ellos te identificas más? ¿Por qué? Si lo necesitas, puedes buscar información en internet.

• *Casual* • *Glam rock* • Surfero
• *Clásico* • *Preppy* • *Hipster*

....
....
....
....

LÉXICO

15A. Completa el cómic con los verbos que faltan.

15B. Haz una lista de las combinaciones que aparecen en A y escribe qué otras palabras pueden combinarse con esos verbos, como en el ejemplo.

Me pongo un jersey > una chaqueta...

....

....

....

....

....

....

....

....

....

16. Aquí tienes algunas estrategias para retener mejor el vocabulario. ¿Cuáles te parecen más adecuadas? Aplícalas al léxico de esta unidad que te interesa recordar.

- Memoriza los sustantivos con su artículo: **el vestido**, **las gafas**.
- Aprende juntas palabras del mismo campo semántico o que para ti tienen alguna relación obvia: **las bragas**, **los calzoncillos**...
- Puede ser útil inventar pequeñas frases que contengan dos palabras parecidas: **he metido el bolso en una bolsa**; **llevo el cinturón en la cintura**.
- Aprende combinaciones de palabras: **entrevista de trabajo**, **pérdida de tiempo**, etc.

CARACTERÍSTICAS DEL TEXTO

17. Reescribe estas frases usando mecanismos de cohesión para evitar las repeticiones innecesarias.

1. — ¿Qué pantalones has comprado al final?
— Los pantalones vaqueros, los pantalones negros.

....

....

2. El algodón es uno de los materiales más usados en la industria textil. Pero la producción de algodón daña el medioambiente.

....

....

3. — ¡Me han dicho que Alba te ha hecho un vestido!
— Sí, bueno, Alba me diseñó el vestido y luego fui a una modista. La modista me hizo el vestido.

....

....

4. — Tengo que ir a una boda y necesito una corbata.
— ¿No tienes? Si quieres, te dejo una de mis corbatas.

....

....

5. La ropa de muchas marcas conocidas se fabrica en países del tercer mundo. En los países del tercer mundo, a veces las condiciones de los trabajadores son muy malas.

....

....

6. Me gustan los vestidos. Además de bonitos, los vestidos son muy cómodos en verano.

....

....

7. Desigual es una firma española de moda que hace ropa de colores vivos con muchos estampados. Esta firma se fundó en 1984.

....

....

18A. Describe en una hoja aparte lo que llevas puesto. Revisa los mecanismos de cohesión de la página 129 del Libro del alumno e intenta evitar redundancias innecesarias.

18B. Entrega la descripción a tu profesor/a, que repartirá los textos entre las personas de la clase. Lee en voz alta la descripción que has recibido, transformándola en 3ª. persona.

— *Esta persona lleva una camiseta blanca, ...*

18C. ¿Sabes a quién se describe?

— *Creo que el que lleva una camiseta blanca es...*

SONIDOS

19. 🔊 **28** Escucha y subraya la sílaba tónica de cada una de estas formas verbales.

	Tú	Vos
1.	mira	mirá
2.	compra	comprá
3.	recuerda	recordá
4.	busca	buscá
5.	come	comé
6.	vive	viví
7.	escribe	escribí
8.	no mires	no mirés
9.	no compres	no comprés
10.	no recuerdes	no recordés
11.	no busques	no busqués
12.	no comas	no comás
13.	no vivas	no vivás
14.	no escribas	no escribás

20A. 🔊 **29** Escucha y subraya la sílaba tónica de estas formas verbales.

	Empezar	Probar
tú	empieza, no empieces	prueba, no pruebes
usted	empiece, no empiece	pruebe, no pruebe
vosotros/-as	empezad, no empecéis	probad, no probéis
ustedes	empiecen, no empiecen	prueben, no prueben

20B. ¿El cambio vocálico E > IE y O > UE se produce en las sílabas tónicas o en las átonas?

....

....

21A. 🔊 **30** Escucha y fíjate en las curvas de entonación de las frases condicionales.

Si llegas pronto a casa,   empieza a preparar la cena.

21B. Practica ahora con las siguientes frases: grábate leyéndolas.

1. Si vas a comprar zapatos, ve por la tarde o camina un rato antes.
2. Si tienes que comprar un traje caro, cómpralo en rebajas.
3. Si ves algo que te gusta, cómpralo en ese momento.
4. Si no optas a un puesto de ejecutivo, no lleves traje en la entrevista.

FOCO CULTURAL

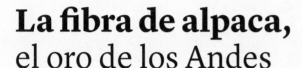

PERÚ

La fibra de alpaca,
el oro de los Andes

La alpaca,
la llama peruana

La alpaca es una fibra que se obtiene de la alpaca, un animal de la misma familia que las llamas, los guanacos y las vicuñas y que vive en los Andes desde antes de los incas. El 95 % de las alpacas se encuentra en Perú, concretamente en el sur. Este animal vive a más de 3000 metros sobre el nivel del mar y puede soportar temperaturas extremas, ya que su piel se adapta tanto al calor como al frío.

La alpaca,
el algodón peruano

Esta fibra duradera y suave, de tacto similar al cachemir, tiene propiedades térmicas únicas (abriga mucho más que la lana de oveja). Además, es elástica, no inflamable, resistente al agua e hipoalergénica. Por eso se la llama "el oro de los Andes" y en el pasado fue un tejido exclusivo de la nobleza inca.

La alpaca y la
industria textil

La fibra de alpaca puede tener aproximadamente 32 tonos distintos, lo que la convierte en una alternativa atractiva para diseñadores de todo el mundo, que la usan para prendas de abrigo y accesorios. Además, esta fibra es más ecológica que otras y se ha convertido en una de las preferidas de los defensores de la moda sostenible. Hoy en día, todo el proceso de fabricación se realiza con tecnología de última generación y preservando el medioambiente.

22. ¿Qué sabes de Perú? Anota cinco cosas para comentarlas en clase.

....

....

23. Lee el texto y subraya las palabras y expresiones que crees que comprendes por su parecido con otros idiomas. Luego, búscalas en un diccionario para comprobar su significado.

24. Indica si las siguientes afirmaciones sobre la alpaca son verdaderas o falsas.

	V	F
1. Es una fibra ideal para prendas de invierno.	☐	☐
2. Es un producto del Perú moderno, no existía en el pasado.	☐	☐
3. Solo se usa en las prendas de marcas peruanas.	☐	☐
4. Es de color blanco.	☐	☐
5. Es un tipo de llama que solo vive en Perú.	☐	☐

25. Busca información en internet sobre la relación entre el diseñador español **Adolfo Domínguez** y la alpaca.

26A. Busca información sobre otros productos peruanos y toma nota de lo más relevante.

- ceviche
- pisco sour
- lúcuma
- camu camu
- quinoa
- ...

- Qué es
- Origen
- Importancia económica
- Exportación
- ...

26B. Escribe un texto parecido al de la alpaca sobre uno de los productos de A.

1. Completa el siguiente mapa mental de la moda.

Las prendas

...(la) falda..........

Los colores

...(el) azul..........

....

....

....

....

LA MODA

Los materiales

...(el) algodón........

....

....

....

....

Verbos

...llevar..............

....

....

....

....

Las partes
del cuerpo

...(la) espalda........

....

....

....

Los estampados

...(las) rayas.........

....

....

....

....

2. Vuelve a describir la persona que describiste en la unidad 1 (página 13 del Libro del alumno) usando los recursos que tienes ahora.

....

....

....

....

....

....

....

....

....

....

....

....

....

....

....

....

....

....

....

....

....

....

3. Describe tus dos prendas de ropa preferidas y explica en qué ocasiones te las pones.

....

....

....

....

....

....

....

DIARIO DE APRENDIZAJE

¿Qué es lo más útil o importante que he aprendido?

....

¿Qué actividades me han ayudado más?

....

¿Qué me parece difícil todavía?

....

¿Qué me interesa hacer en relación con esta unidad?
(información que quiero buscar, algo que quiero leer, película que quiero ver, música que quiero escuchar, etc.)

....

Palabras relevantes para mí:

....

Estructuras gramaticales interesantes:

....

Errores que cometo:

....

10

COMIDA Y SALUD

1. Palabras relacionadas con la comida.

2. Platos de cocina de América Latina y España.

3. Hábitos alimenticios.

4. Describir un plato de un restaurante.

5. Escribir un texto sobre la gastronomía de un país.

6. Consejos sobre alimentación y salud.

7. Escribir una guía alimentaria.

8. Texto sobre tendencias gastronómicas.

9. Receta del gazpacho.

10. Consejos para preparar un plato.

11. Léxico relacionado con los alimentos.

12. Describir platos.

13. Expresiones relacionadas con la alimentación.

14. Conversaciones en un restaurante.

15. Colocaciones relacionadas con los alimentos.

16. Analizar una infografía.

17. **g-j** [x], **y-ll** [j], **ch** [tʃ].

Foco cultural: Venezuela

Evaluación

1. Estas son palabras que designan alimentos. ¿Cuáles puedes entender por su parecido con otros idiomas? Escribe al lado la palabra que se parece y el idioma.

1. pan: *pain (francés)* ....
2. agua: ....
3. fruta: ....
4. cereales: ....
5. vino: ....
6. verdura: ....
7. sal: ....
8. leche: ....
9. carne: ....
10. pescado: ....
11. queso: ....
12. azúcar: ....
13. aceite: ....

2A. ¿Sabes a qué platos corresponden estas definiciones? Relaciónalos.

A. Gazpacho: ....

B. Empanada: ....

C. Guacamole: ....

D. Ceviche: ....

1. ☐ Es una salsa fría que se prepara con aguacate, cebolla, tomate, chile y cilantro.
2. ☐ Es un plato de pescado o marisco crudo con zumo de naranja agria o limón, cebolla picada, ají y sal.
3. ☐ Es una masa de pan rellena de carne, pescado o verdura.
4. ☐ Es una sopa fría de tomate, pimiento, aceite, vinagre, ajo y sal.

2B. ¿De qué países son originarios los platos de A? Si lo necesitas, investiga en internet.

....
....
....

3A. Contesta a las siguientes preguntas.

¿CÓMO TE ALIMENTAS?

1. ¿Desayunas por las mañanas?
- **a.** ☐ No, nunca.
- **b.** ☐ Solo a veces.
- **c.** ☐ Sí, siempre.

2. ¿Comes entre comidas?
- **a.** ☐ No, nunca.
- **b.** ☐ Solo a veces.
- **c.** ☐ Sí, muy a menudo.

3. ¿Tomas bebidas gaseosas?
- **a.** ☐ No, nunca.
- **b.** ☐ Solo a veces.
- **c.** ☐ Sí, casi todos los días.

4. ¿Comes frutas y verduras regularmente?
- **a.** ☐ No, casi nunca.
- **b.** ☐ No, pocas veces por semana.
- **c.** ☐ Sí, varias veces al día.

¿CUÁNTA ACTIVIDAD FÍSICA HACES?

5. ¿Pasas tres o más horas diarias en internet o jugando a la consola?
- **a.** ☐ Más de tres horas al día.
- **b.** ☐ Unas tres, sí.
- **c.** ☐ No, menos de dos horas.

6. ¿Haces deporte?
- **a.** ☐ No, nunca.
- **b.** ☐ De vez en cuando, pero no mucho.
- **c.** ☐ Sí, varias veces a la semana.

¿CÓMO TE VES?

7. ¿Tienes algún problema relacionado con la salud o la alimentación?
- **a.** ☐ Sí.
- **b.** ☐ No.

8. ¿Estás preocupado/-a o descontento/-a con tu cuerpo?
- **a.** ☐ Bastante.
- **b.** ☐ Un poco.
- **c.** ☐ No, nada.

9. ¿Has hecho dietas para adelgazar sin indicación médica?
- **a.** ☐ Muchas veces.
- **b.** ☐ Alguna vez.
- **c.** ☐ Nunca.

10. ¿Crees que tienes exceso de peso?
- **a.** ☐ Sí.
- **b.** ☐ No.
- **c.** ☐ No me lo he planteado.

3B. Comparte tus respuestas con otras personas de la clase. Luego, podéis hacer una estadística con los datos de la clase y compararla con la de los jóvenes de Buenos Aires (página 131 del Libro del alumno).

La mayoría de...
(Aproximadamente) la mitad de / un tercio de...
(Aproximadamente) el doble de...
(Un poco) más de...
(Un poco) menos de...

....
....
....
....
....
....
....
....
....

4. Piensa en un restaurante que te gusta y describe tu plato preferido de allí.

....
....
....
....
....
....
....
....
....
....
....
....
....
....
....
....
....
....
....
....
....
....
....

5. Basándote en el texto *La cocina peruana* de la página 132 del Libro del alumno, escribe un texto sobre la gastronomía de tu país o de otro que te interese.

Bélgica/España/Italia... tiene una gastronomía (muy) creativa/variada...

Bélgica/España/Italia... es conocida por su gastronomía/su comida...

El plato típico / los platos típicos es/son...

El ingrediente / los ingredientes más usado/s es/son...

Según los datos del sector...

....

....

....

....

....

....

....

....

....

....

....

....

....

....

....

6A. ¿Cuáles de estos consejos sobre alimentación y salud te parecen adecuados? Si no estás de acuerdo, escribe por qué.

		Sí	No
1.	A lo largo del día hay que beber como mínimo 2 litros de agua.	☐	☐
2.	Hay que consumir un huevo al día.	☐	☐
3.	Es recomendable realizar cuatro comidas al día.	☐	☐
4.	Es importante incluir en la dieta tres porciones de productos lácteos al día (leche, yogur, queso...).	☐	☐
5.	Es bueno comer carne o pescado cada día.	☐	☐
6.	Cada día se debe consumir por lo menos cinco porciones de fruta y verdura.	☐	☐
7.	Es recomendable consumir alimentos procesados en lugar de preparados en casa.	☐	☐
8.	Es mejor no echar mucha sal a la comida.	☐	☐

6B. ¿Cuáles de los consejos de A coinciden con los del texto de la página 133 del Libro del alumno? ¿Cuáles no?

....

....

7. Elabora una guía alimentaria para una de las siguientes personas, usando los recursos de la tabla.

(No) Es bueno...	disminuir
Es recomendable...	evitar
Es importante...	consumir
(No) Se debe...	cocinar con/sin
Es mejor (no)...	utilizar
	beber
	tomar
	comer
	incluir
	elegir
	incorporar
	mantener

• Una persona que quiere adelgazar o engordar.
• Una persona de 90 años.
• Un niño pequeño.
• Una persona que hace mucho deporte.
• Una persona vegana.
• ...

....

....

....

....

....

....

....

....

....

....

....

....

....

....

8A. Lee este texto en el que se describen tendencias gastronómicas. ¿Cuáles de ellas observas en tu entorno? Pon ejemplos.

ALGUNAS TENDENCIAS EN GASTRONOMÍA Y ALIMENTACIÓN

LO ECOLÓGICO
La gente busca <u>productos ecológicos</u>, porque son alimentos más naturales, con <u>menos aditivos</u> y <u>sin conservantes ni pesticidas</u>.

DIETA FLEXITARIANA
Muchas personas siguen una dieta prácticamente vegetariana, pero, de vez en cuando, comen una buena hamburguesa, un entrecot o un bocadillo de jamón. Consideran que es bueno comer poca carne, y que la que se come tiene que ser de buena calidad.

PRODUCTOS Y ELABORACIONES LOCALES
Crece la demanda de productos locales, platos tradicionales y elaboraciones artesanas. Por ejemplo, muchos restaurantes trabajan directamente con productores locales.

COMIDA A DOMICILIO Y *FOOD-TRUCKS*
Tienen cada vez más éxito las empresas de comida a domicilio, los restaurantes clandestinos (en casas de particulares) y los *food-trucks*.

INGREDIENTES TABÚ
Leche sin lactosa, pan sin gluten, bebidas sin azúcar. Cada vez son más las personas que no pueden o no quieren comer algún ingrediente porque son alérgicos, les sienta mal o porque consideran que no es bueno para la salud.

Texto basado en *12 tendencias en gastronomía y alimentación para 2016*, cadenaser.com

....
....
....
....

8B. Vuelve a leer el texto y subraya en la descripción de cada tendencia algunas palabras clave, como en el ejemplo de "Lo ecológico".

8C. Contesta estas preguntas.

1. ¿Consumes productos ecológicos?
....
....

2. ¿Comes carne solamente en ocasiones?
....
....

3. ¿Compras productos locales?
....
....

4. ¿Te gustan los platos tradicionales?
....
....

5. ¿Pides comida a domicilio?
....
....

6. ¿Has ido alguna vez a un restaurante clandestino?
....
....

7. ¿Te gustan los *food-trucks*? ¿Recuerdas alguno en especial?
....
....

8. ¿Eres alérgico/-a a algún ingrediente? ¿Cuál?
....
....

9. ¿Hay algún ingrediente que no puedas o no quieras comer? ¿Por qué?
....
....

8D. Piensa en otra tendencia gastronómica y anota tres o cuatro palabras o expresiones clave para describirla. Luego escribe un texto como los de A en el que aparezcan esas palabras clave.

....
....
....
....
....
....

GRAMÁTICA

9A. Lee esta receta de gazpacho y ordena los pasos ilustrados en estas imágenes.

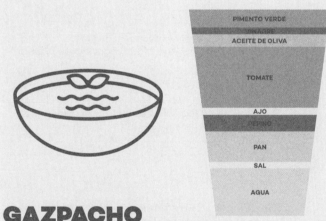

PIMENTO VERDE
VINAGRE
ACEITE DE OLIVA

TOMATE

AJO
PEPINO

PAN

SAL

AGUA

GAZPACHO

Se llena un bol con agua y se mete el pan dentro para remojarlo. Por otro lado, se lavan y se pelan los tomates, el pepino y los pimientos. Una vez limpios, se cortan en trocitos y se pasan por la batidora. Cuando ya están las verduras batidas, se añade un diente de ajo previamente pelado y se bate nuevamente. A continuación, se añade el pan en remojo, la sal, el vinagre y el aceite. Se bate todo de nuevo hasta obtener una mezcla homogénea y se añade el agua poco a poco, hasta obtener la textura deseada. Se rectifica el punto de sal y se pasa por el chino.
Se pone el gazpacho en la nevera y se refrigera durante al menos cuatro horas. Se sirve bien frío.

Texto adaptado de cocinas.com

9B. Transforma la receta anterior usando el infinitivo.

....
....
....
....
....
....
....
....
....
....

9C. Vas a escuchar unos fragmentos de un vídeo en el que se dan consejos para hacer un buen gazpacho. Escucha y resume los consejos usando el imperativo.

🔊 31

1. El tomate:
....

2. El ajo y el pimiento:
....
....

3. El pepino:
....

4. El pan y el agua:
....
....

5. La preparación:
....
....

10. Piensa en un plato que te gusta y escribe algunos consejos para lograr un buen resultado. Usa el imperativo.

....
....
....
....
....
....

LÉXICO

11. Clasifica estas palabras en la tabla. Luego, añade otras.

| (la) lechuga | (la) leche | (el) arroz | (el) pan | (la) mantequilla | (el) pepino | (el) melón | (la) lima |

| (el) limón | (el) yogur | (el) pollo | (el) vino | (el) maíz | (los) plátanos | (el) queso | (el) agua |

| (los) garbanzos | (los) pimientos | (los) frijoles | (el) jamón | (el) tomate | (la) merluza | (el) cordero |

| (la) dorada | (los) espárragos | (las) manzanas | (la) cerveza |

Legumbres	Cereales	Productos lácteos	Carne	Pescado	Verdura	Fruta	Bebida
....	....	....	....	....	....	....	....
....	....	....	....	....	....	....	....
....	....	....	....	....	....	....	....
....	....	....	....	....	....	....	....
....	....	....	....	....	....	....	....
....	....	....	....	....	....	....	....

12A. Describe un plato que te gusta y sabes hacer y otro que te gustaría probar, usando estos recursos.

Es una sopa...
Es un guiso...
Es una ensalada...
Es un plato de carne
          pescado
          arroz
          pasta...
Es un entrante
          segundo plato
          postre...
Es una masa rellena de...
Es una salsa de...

(típico/-a) de Brasil/ Venezuela...

que me gusta mucho y que sé hacer.

que me gustaría probar.

Lleva huevos
        tomate...

Se sirve con patatas
                arroz...
Se acompaña con patatas
                arroz...
Va con patatas
          arroz...
Se hace
     prepara a la plancha
              asado...

....
....
....
....
....
....
....

12B. Busca información sobre los siguientes platos y describe el que más te gustaría probar usando los recursos de A.

1. hallaca

2. gallo pinto

3. tiradito de pescado

....
....
....
....

13. ¿Con qué palabras se pueden combinar estas expresiones?

Una cucharada de

Cinco lonchas de

Una rebanada de

Una pizca de

Una docena de

Una lata de

Un cartón de

Un bote de

Una bolsa de

14A. Completa estas frases de conversaciones en restaurantes.

1. Tenemos una reserva .... de Mercedes.

2. La ensalada .... lechuga, tomate, queso y nueces.

3. La carne .... una guarnición de verduras.

4. ¿Quiere agua .... o .... gas?

5. ¿Nos .... la cuenta, por favor?

6. – ¿Qué va a tomar ....? – Pastel de chocolate.

7. – ¿Va a pagar .... o con tarjeta? – Con tarjeta.

8. Les .... la dorada al horno. Va con patatas asadas y está buenísima.

9. —¿Qué .... para beber?

—.......................... de vino blanco, por favor.

14B. En grupos redactad, con las frases de A, la conversación entera en el restaurante, entre el camarero o camarera y los clientes. Luego, representadla en clase.

15A. Relaciona los elementos de las dos columnas para formar combinaciones de palabras. En algún caso hay más de una posibilidad.

1. agua   **a.** de buey

2. fruta   **b.** de temporada

3. ensalada   **c.** de oliva

4. aceite   **d.** de la casa

5. chuleta   **e.** del tiempo

15B. ¿Qué otras combinaciones puedes formar con las palabras de A?

agua con gas...

....

....

....

....

16A. Contesta estas preguntas.

1. ¿Té con leche o con limón?

....

....

2. ¿Cereales con leche o con yogur?

....

....

3. ¿Agua con gas o sin gas?

....

....

4. ¿Pan de barra o de molde?

....

....

5. ¿Aceite de girasol o de oliva?

....

....

6. ¿Jamón cocido o jamón serrano?

....

....

16B. Piensa en otros dos pares de productos, comidas o bebidas y pregúntale a otra persona de la clase qué prefiere y por qué.

CARACTERÍSTICAS DEL TEXTO

17. Mira esta infografía sobre la gastronomía peruana y escribe un texto que incluya los datos principales.

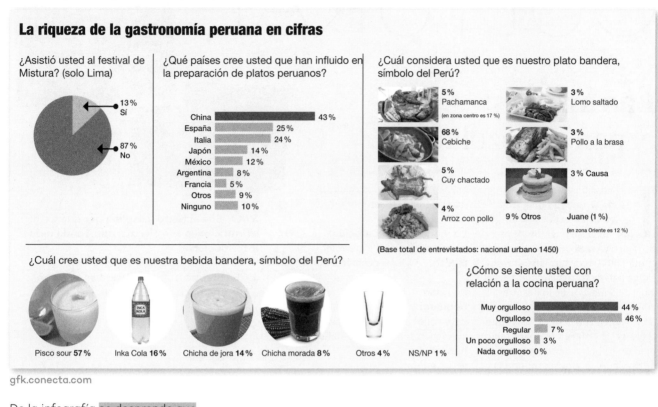

La riqueza de la gastronomía peruana en cifras

¿Asistió usted al festival de Mistura? (solo Lima)

- 13% Sí
- 87% No

¿Qué países cree usted que han influido en la preparación de platos peruanos?

China	43%
España	25%
Italia	24%
Japón	14%
México	12%
Argentina	8%
Francia	5%
Otros	9%
Ninguno	10%

¿Cuál considera usted que es nuestro plato bandera, símbolo del Perú?

- 5% Pachamanca (en zona centro es 17%)
- 68% Cebiche
- 5% Cuy chactado
- 4% Arroz con pollo
- 3% Lomo saltado
- 3% Pollo a la brasa
- 3% Causa
- 9% Otros
- Juane (1%) (en zona Oriente es 12%)

(Base total de entrevistados: nacional urbano 1450)

¿Cuál cree usted que es nuestra bebida bandera, símbolo del Perú?

- Pisco sour **57%**
- Inka Cola **16%**
- Chicha de jora **14%**
- Chicha morada **8%**
- Otros **4%**
- NS/NP **1%**

¿Cómo se siente usted con relación a la cocina peruana?

Muy orgulloso	44%
Orgulloso	46%
Regular	7%
Un poco orgulloso	3%
Nada orgulloso	0%

gfk.conecta.com

De la infografía se desprende que...
La infografía muestra/destaca que...
En la infografía se observa que...
El 5%/10% de los entrevistados peruanos considera/cree/opina que...
Según/Para el 5%/10% de los entrevistados peruanos la bebida/el plato bandera es...

....
....
....
....
....
....

SONIDOS

18A. Escucha estas palabras de la unidad y repítelas.
🔊 32

[x]
1. ajo
2. navajas
3. ginebra
4. ají
5. carne roja
6. aceite de oliva virgen
7. ajiaco
8. ropa vieja
9. gengibre
10. jamón

[j]
11. yogur
12. mayoría
13. desayuno
14. pabellón criollo
15. mantequilla
16. vainilla
17. pollo
18. llevar
19. cebolla

[tʃ]
20. chorizo
21. leche
22. cucharada
23. echar
24. ceviche
25. arroz chaufa
26. choclo
27. chocolate

18B. ¿Existen estos tres sonidos en tu idioma o en otros idiomas que conoces? ¿Con qué letras se representan?

....
....
....
....

18C. Escucha en la página web Forvo (es.forvo.com) las palabras de A pronunciadas por hablantes de español de distintos países.

FOCO CULTURAL

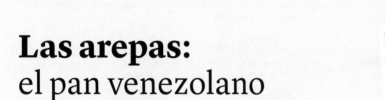

Las arepas:
el pan venezolano

La palabra *arepa* proviene de *erepa*, que significa "maíz" en la lengua de los indígenas cumanagotos. Al parecer, hace ya más de 3000 años los cumanagotos consumían esa especie de pan de forma circular hecha a base de maíz, y así lo describe el viajero italiano Galeotto Cei en su obra *Viajes y relaciones de las Indias* (1539-1553): "Hacen otra suerte de pan con el maíz a modo de tortillas, de un dedo de grueso, redondas y grandes".

Las arepas son un plato esencial en la alimentación de los venezolanos, aunque también se hacen en Colombia, país que se disputa con Venezuela su origen. Se comen a todas horas (para desayunar, para comer y para cenar), se preparan en casa, se venden en la calle (en las llamadas areperas), se comen en restaurantes y se sirven en celebraciones importantes. Se comen fritas o al horno. Y existe una gran variedad de arepas según los ingredientes que llevan. La masa también admite variantes, ya que puede ser, además de maíz, de plátano, de yuca, de batata o incluso de remolacha.

Si vas a Venezuela, vas a oír sin duda algunos de estos nombres:

La viuda: una arepa sin relleno.

La reina pepiada: lleva pollo con aguacate, mayonesa y, a veces, guisantes.

La sifrina: es una reina pepiada con queso rallado.

La pelúa: lleva carne desmechada con queso.

La dominó: lleva queso con frijoles negros.

En 2015, el historiador venezolano Miguel Felipe Dorta escribió un libro titulado *¡Viva la arepa!*

La banda de pop venezolana Los amigos invisibles tituló su tercer álbum *Arepa 3000: A Venezuelan Journey Into Space.*

19A. Lee el texto y explica por qué estas afirmaciones son ciertas, aportando más información.

1. Es un tipo de comida que se prepara desde hace muchos años.

....

2. Es un plato importante en la dieta venezolana.

....

3. Se preparan de muchas maneras.

....

4. Hay muchos tipos de arepas.

....

19B. ¿Puedes sustituir las palabras subrayadas en el texto por otras de significado parecido?

....

....

....

19C. ¿Cuál de las arepas descritas en el texto preferirías probar? ¿Por qué?

....

....

....

19D. Busca información en internet sobre estos otros tipos de arepas. ¿Qué llevan?

1. llanera: ....

....

2. pabellón: ....

....

3. catira: ....

....

1A. Completa las siguientes frases con las palabras que faltan.

1. La sopa castellana **ll**............................... ajo, pan, jamón serrano, caldo, sal y pimienta.

2. Es bueno comer muchas **l**..............................: garbanzos, lentejas...

3. La horchata de arroz es una **b**............................... típica de México.

4. – Camarero, ¿nos **t**............................... la cuenta, por favor?

   – Ahora mismo se la **t**................................ .

5. Este postre lleva una **c**............................... de azúcar de caña. Pero muy poco, porque si no no sale bien.

6. Hay que comprar un **c**............................... de leche y una **d**............................... de huevos.

7. Es recomendable realizar cuatro comidas al día: desayuno, almuerzo, merienda y **c**............................... .

8. Me encantan los huevos fritos, pero **c**............................... son más saludables.

9. El gazpacho queda más fino si se **p**............... los tomates.

10. El pollo y el pavo son carnes **b**................ .

11. – ¿Qué hay de **p**...........................?

    – Tarta de limón, yogur o flan de la casa.

2. Piensa en una tienda de alimentación, restaurante o región gastronómica que te guste mucho, escribe una pequeña descripción y explica por qué quieres compartirlo con otras personas.

....

....

....

....

....

....

....

....

....

....

....

....

....

....

....

....

....

....

....

....

- Busca un título creativo.
- Dirígete a tu lector e invítalo a ir a la tienda, al restaurante o a la región.
- Asegúrate de que el texto tiene una introducción (en la que te diriges al lector y le haces preguntas), un cuerpo (en el que describes la tienda, el restaurante o la región), y una conclusión (en la que animas de nuevo al lector a probar la comida del lugar que le recomiendas).
- Revisa el texto, usa el corrector y léelo en voz alta para detectar aspectos mejorables.

DIARIO DE APRENDIZAJE

¿Qué es lo más útil o importante que he aprendido?	Palabras relevantes para mí:
....	....
¿Qué actividades me han ayudado más?	....
....	Estructuras gramaticales interesantes:
¿Qué me parece difícil todavía?	....
....	....
¿Qué me interesa hacer en relación con esta unidad? (información que quiero buscar, algo que quiero leer, película que quiero ver, música que quiero escuchar, etc.)	Errores que cometo:
....	....
	....

11

EDUCACIÓN Y FUTURO

PUNTO DE PARTIDA

1A. **¿Estás preparado para encontrar trabajo en el futuro? Haz este test para saberlo.**

1. ¿Manejas bien las nuevas tecnologías?
 a. Sí, y me encantan. Estoy siempre conectado y tengo varios dispositivos que uso en clase.
 b. Uso las nuevas tecnologías sin muchos problemas.
 c. Ni entiendo ni me interesan los teléfonos inteligentes. En el metro, prefiero leer un libro.

2. ¿Te comunicas bien?
 a. Por supuesto, no tengo problemas. También me gusta hablar en público.
 b. A veces me resulta un poco difícil expresar mis ideas, pero creo que, en general, sí.
 c. Prefiero hacer un trabajo en el que no tenga que hablar en público, porque no se me da nada bien.

3. ¿Te sientes cómodo/-a trabajando en equipo?
 a. Sí, me gusta trabajar en equipo, hay más ideas y es más divertido.
 b. Depende de la tarea: a veces es muy útil; otras veces prefiero trabajar solo.
 c. Me gusta más trabajar yo solo/-a. En los grupos hay personas que no trabajan bien.

4. ¿Tienes capacidad de resolución de problemas?
 a. Creo que sí, no paro hasta que encuentro la manera de resolver los problemas.
 b. Identifico los problemas rápidamente, pero a veces es difícil resolverlos sin ayuda.
 c. No tengo paciencia para resolver problemas de otros.

5. ¿Estás preparando tu currículum vitae para mostrar habilidades blandas?
 a. Pertenezco a varios clubs de debate en mi lengua materna y en otras.
 b. Si tengo tiempo, colaboro con una ONG.
 c. Para mí, lo más importante ahora es finalizar mis estudios universitarios.

6. ¿Te preocupa el futuro con relación a la tecnología?
 a. No, en absoluto. Creo que la tecnología traerá muchas oportunidades.
 b. Un poco, pero creo que hay que estar preparado/-a para un mundo en cambio constante y seguir formándose continuamente.
 c. No, porque creo que lo más importante en el futuro seguirá siendo tener un título.

Soluciones:

Mayoría de respuestas A
Enhorabuena, los expertos dicen que estás perfectamente preparado/-a para las necesidades de un mundo que cambia cada vez más rápidamente.

Mayoría de respuestas B
Estás preparado/-a para la universidad y para el mercado laboral del futuro. Siempre habrá dificultades, pero si te esfuerzas podrás encontrar soluciones. ¡Cada día se aprende algo nuevo!

Mayoría de respuestas C
Eres un poco tradicional a la hora de aprender y trabajar con otros. Quizás deberías estar más abierto al cambio y a las novedades. ¡Las nuevas tecnologías son muy prácticas en nuestra vida diaria!

1B. **Comparte con otras personas de la clase los resultados del test. ¿Quién está más preparado para el futuro?**

2. **¿Qué aprendiste en la escuela? Escríbelo.**

Aprendí que cada persona es distinta...
Aprendí a trabajar en equipo...
Aprendí Historia / (mucho) inglés...
La escuela me dio confianza en mí mismo/-a / conocimientos sobre...
La escuela me preparó para pensar por mí mismo/-a...
En la escuela me di cuenta de que me gustaban mucho los idiomas.

....
....
....
....
....
....
....

3A. **Contesta estas preguntas sobre tu universidad. Justifica tus respuestas.**

1. ¿Crees que hay diálogo y se fomenta la interacción social?

....
....
....
....

2. ¿Tiene espacios adecuados para que haya interacción social?

....
....
....
....

3. ¿Prepara para el mundo laboral?

....
....
....

4. ¿Hay buenos profesores y alumnos con talento?

....
....
....
....

5. ¿Se fomenta la diversidad? ¿Hay estudiantes de culturas y países diferentes?

....
....
....
....

6. ¿Se fomenta la creatividad y la iniciativa propia?

....
....
....

7. ¿Se trabaja en equipo para solucionar problemas?

....
....
....

8. ¿Hay conexión a internet en todas las aulas?

....
....
....

9. ¿Hay proyectores y pizarras interactivas?

....
....
....

10. ¿La universidad dispone de una plataforma educativa con recursos digitales?

....
....
....

3B. **Comenta con otras personas de la clase lo que has escrito en A. ¿Estáis de acuerdo?**

4A. ¿Cuáles de estas competencias y cualidades profesionales crees que tienes más desarrolladas? Márcalas.

- ☐ pensamiento creativo
- ☐ razonamiento lógico
- ☐ habilidades de análisis abstracto
- ☐ imaginación
- ☐ creatividad
- ☐ responsabilidad
- ☐ capacidad de colaboración

- ☐ capacidad de comunicación
- ☐ iniciativa
- ☐ persistencia
- ☐ habilidad para solucionar problemas
- ☐ autodisciplina
- ☐ trabajo en equipo

4B. ¿Cuáles crees que son más necesarias para el tipo de trabajo que quieres realizar? Subráyalas. ¿Coinciden con las que has marcado en A?

5. Para solicitar la admisión en algunas universidades, se requiere redactar una carta de presentación. Escoge una universidad del mundo hispanohablante que te interese y escribe una carta de presentación con la siguiente información.

- Una breve presentación de tus estudios previos.
- Por qué has seleccionado esa universidad y los estudios que quieres realizar.
- Qué expectativas tienes tras finalizar tus estudios.
- Una breve presentación personal en la que describas tus cualidades.

6A. Lee el texto y responde a las preguntas.

Wow Room. ¿El aula del futuro?

Enseñar en una especie de aula virtual donde el único presente físicamente es el profesor es ya una realidad en el mundo educacional. Y es que IE Business School acaba de lanzar Wow Room, un espacio físico ubicado en el campus de IE en Madrid que cuenta con 48 pantallas que componen un tapiz digital de 45 metros cuadrados en forma de "U" con una visión de hasta 200 grados, donde los profesores podrán estar físicamente o proyectarse a través de un holograma manejado por un robot que se moverá por la sala para interactuar con los alumnos.

Además de las simulaciones, los profesores podrán utilizar inteligencia artificial, análisis de *big data* en grandes pantallas, recibirán estadísticas de participación de los alumnos y propondrán votaciones sobre los temas de debate para fomentar la colaboración.

Desde el punto de vista técnico, el *hardware* incluye dos pantallas táctiles y cámaras que permiten la grabación y edición de las sesiones en tiempo real. Para gestionar el espacio, el equipo de Wow Room trabaja con ordenadores de última generación, servidores SyncRTC,

robots y proyectores holográficos. En cuanto al *software*, la sala virtual se beneficia de una plataforma de vídeo-colaboración de SyncRTC desarrollada *ad hoc* para este proyecto.

Lo interesante es que proporciona soluciones avanzadas de videoconferencia que requieren bajos niveles de banda ancha para asegurar la efectiva participación de los alumnos a través de cualquier dispositivo y desde cualquier lugar del mundo.

Texto adaptado de mba.americaeconomia.com

1. El profesor en el Wow Room ....
- **a.** es el único que está presente.
- **b.** no necesita estar presente.
- **c.** no está presente.

2. Los alumnos pueden participar ....
- **a.** escuchando al profesor, que tiene mucha información sobre ellos.
- **b.** escuchando al profesor e interactuando con él.
- **c.** y reciben estadísticas de participación.

3. Para participar, los alumnos necesitan ....
- **a.** un ordenador, tableta o móvil.
- **b.** un gran despliegue tecnológico.
- **c.** pantallas táctiles.

4. El Wow Room está diseñado para la ....
- **a.** educación presencial.
- **b.** educación a distancia.
- **c.** educación semipresencial.

6B. ¿Qué te parece el Wow Room? ¿Crees que ofrece ventajas o inconvenientes con respecto a la educación presencial? ¿Cuáles? ¿Por qué?

GRAMÁTICA

7A. Completa esta tabla con las formas regulares del futuro imperfecto.

	Viajar	Aprender	Escribir
yo	viajaré	....	....
tú	viajar....	....	....
él, ella, usted	viajar....	....	....
nosotros/-as	viajar....	....	....
vosotros/-as	viajar....	....	....
ellos, ellas, ustedes	viajar....	....	....

7B. Completa esta tabla con las formas del futuro imperfecto de estos verbos irregulares.

	Haber	Hacer	Poder
yo	....	....	....
tú	....	harás	....
él, ella, usted	....	....	....
nosotros/-as	....	....	....
vosotros/-as	....	....	podréis
ellos, ellas, ustedes	....	....	....

	Decir	Tener	Saber
yo	diré	....	....
tú	....	....	....
él, ella, usted	....	....	....
nosotros/-as	....	....	....
vosotros/-as	....	....	....
ellos, ellas, ustedes	....	....	....

8. A partir de la fecha de hoy, ordena las siguientes expresiones temporales.

.... pasado mañana

.... en dos semanas

.... esta noche

.... dentro de 2 meses

.... en verano

.... el fin de semana

9. Indica qué planes tienes para los siguientes momentos.

Mañana por la mañana: ....
....

Esta semana: ....
....

El fin de semana: ....
....

Este semestre: ....
....

En verano: ....
....

Dentro de cinco años: ....
....

10A. Lee estas frases y traduce a tu idioma las palabras en negrita. ¿Utilizas la misma expresión para hasta y hasta dentro de?

No sabremos los resultados de los exámenes **hasta** el lunes.

....

No sabremos los resultados del examen **hasta dentro de** una semana.

....

10B. Indica la opción más adecuada en cada frase.

	Hasta	Hasta dentro de	
1. Voy a estudiar español	X		hablarlo perfectamente.
2. La reunión durará			las 5 de la tarde.
3. No habrá elecciones			4 años.
4. No vuelvo a casa			la noche.
5. Está de vacaciones			un mes.
6. No volveré a verla			un año.
7. Voy a dormir			las 10 de la mañana.

SISTEMA FORMAL

GRAMÁTICA

11. Piensa en cómo se desarrolla la tecnología y escribe predicciones para el futuro: ¿Qué crees que sucederá dentro de poco tiempo? ¿Y dentro de mucho tiempo?

En las ciudades no se verán coches voladores hasta dentro de 50 años, o quizás más.

....

....

....

....

....

....

....

....

12A. ¿Cuándo sucederán estas cosas? Completa las frases utilizando estos marcadores temporales.

en... años   dentro de... años   en... (año)

hasta...   hasta dentro de...

1. Las próximas olimpiadas serán...

....

2. Las próximas elecciones en mi país serán...

....

3. Terminaré los estudios...

....

4. Mi próximo examen será...

....

5. Estaré de vacaciones...

....

6. No trabajaré...

....

12B. Haz hipótesis sobre cuándo sucederán estas cosas. Si quieres, puedes buscar información en internet.

1. Las energías renovables superarán a las tradicionales...

....

2. Habrá viajes turísticos al espacio...

....

3. Los coches se conducirán de forma autónoma...

....

4. Podremos controlar los aparatos eléctricos de nuestra casa con la voz...

....

5. No podremos viajar a Marte...

....

12C. Compara tus hipótesis de B con las de otras personas de la clase.

13A. Completa el texto con las siguientes construcciones verbales.

dejar de (2)   empezar a   seguir (2)

Cómo será nuestra vida con los robots

Los expertos dicen que los robots van a cambiar nuestra vida por completo. Nos dicen que cada vez los veremos en más sitios. Al principio será una novedad, pero poco a poco (1) .... formar parte de nuestra vida cotidiana y nos parecerá natural tenerlos en todas partes. Gracias a ellos, (2) .... hacer muchas tareas repetitivas y aburridas. Serán una gran ayuda en muchos aspectos de nuestra vida. El problema es que muchas empresas (3) .... contratar a tantas personas porque los robots realizarán tareas que antes solo realizaban los humanos. Sin embargo, se piensa que hay trabajos que no podrán realizar las máquinas: para procesos que requieren creatividad, (4) .... necesitando a personas y, por lo tanto, (5) .... teniendo empleos.

13B. Basándote en los ejemplos del texto de A, completa el siguiente cuadro.

	Preposición	¿Infinitivo o gerundio?
empezar	a	infinitivo
dejar		
seguir/continuar		

13C. Piensa en tu vida diaria. Escribe tres cosas que crees que seguirás haciendo y tres cosas que dejarás de hacer en el futuro.

....

....

....

....

....

....

....

....

....

....

....

....

....

....

....

14A. Completa estas opiniones de algunos estudiantes y profesores sobre los MOOCs con recursos para comparar. Puedes consultar la página 149 del Libro del alumno.

1. Los MOOCs son .... los cursos presenciales porque son gratuitos.

2. Con los MOOCs no obtienes certificado y, si lo obtienes, siempre estará .... considerado .... el de un curso convencional.

3. Me gustan. Muchos son gratuitos y creo que puedes aprender .... bien .... con un curso de pago.

4. Las probabilidades de abandonar el curso son mucho .... con un curso de pago.

14B. ¿Qué opinas sobre estos aspectos de los MOOCs?

1. Los contenidos:

....

....

2. La evaluación:

....

....

3. El número de alumnos:

....

....

15. Relaciona cada frase con su reacción más lógica.

1. Ya han llegado las vacaciones.
2. Aún no han llegado las vacaciones.

a. ¿Cuánto tiempo falta?
b. Uf, qué suerte, a mí me falta un mes para irme a la playa.

3. Ya tenemos las calificaciones finales.
4. Aún no tenemos las calificaciones finales.

a. ¿Ah, sí? ¿Y qué notas has sacado?
b. Bueno, paciencia, seguro que las tendréis pronto.

5. Ya he terminado el máster.
6. Todavía no he terminado el máster.

a. ¿No? Pensaba que lo terminabas este año...
b. ¿Y qué vas a hacer ahora? ¿Un doctorado o buscar trabajo?

7. Ya sé si me han admitido en la universidad.
8. Aún no sé si me han admitido en la universidad.

a. ¿Ah, sí? ¿Y qué? Cuenta, cuenta...
b. No te impacientes, te lo dirán uno de estos días. Además, seguro que sí, hombre...

9. Ya he encontrado trabajo.
10. Todavía no he encontrado trabajo.

a. Vaya, lo siento... Pero ¿estás enviando muchos currículums?
b. ¿Sí? ¡Qué bien! ¿Dónde?

16. Continúa estas frases de forma lógica.

1. Si envías muchos currículums, ...

2. Si estudias un poco todos los días, ...

3. Si no haces actividad física, ...

4. Si llegas tarde a clase, ...

5. Si estudias un máster, ...

GRAMÁTICA

17A. Lee estas predicciones sobre la ciudad del futuro e indica a cuál o cuáles se refieren las personas de la tabla.

¿Cómo será la ciudad del futuro?

1. Energías renovables: una combinación de energías renovables, entre las que destacan la eólica y la solar, generará electricidad de forma limpia y segura.
2. Transporte público sin conductor: autobuses, metro e incluso taxis circularán con sistemas de conducción autónoma, gracias a las innovaciones en sensores y *software*.
3. Coches eléctricos: se impondrán y cambiarán radicalmente el tráfico de la ciudad: menos ruidos, cero emisiones de CO_2 y mayor eficiencia energética.

4. *Big data:* la información masiva y analizada en tiempo real nos ayudará en multitud de sectores: gestión del tráfico y de las emergencias, reducción de consumo de energía, reducción de crímenes, etc.
5. Edificios inteligentes: serán mucho más eficientes, ahorrando energía y recursos al regular de forma automática la temperatura y la calidad del aire.
6. *Parkings* robotizados: no aparcaremos nosotros los coches. Se aparcarán solos, en plazas diseñadas para aprovechar todo lo posible el espacio.

	Hablan de...
a. Yo creo que cada vez podremos trasladarnos de forma más rápida y segura.	2
b. Se reducirá radicalmente la contaminación en las ciudades.	
c. Las facturas de electricidad serán más baratas.	
d. Debido a esta tendencia, se perderán puestos de trabajo.	
e. Estaremos continuamente controlados.	
f. Habrá menos violencia.	
g. Habrá más espacio para zonas verdes y viviendas.	
h. Desaparecerán las centrales nucleares.	

17B. Escribe frases acerca de estos temas, utilizando *cada vez menos* y *cada vez más*.

1. Cada vez más coches serán eléctricos.
2. ....
3. ....
4. ....
5. ....
6. ....
7. ....

LÉXICO

18. Indica con qué verbos puedes combinar estas palabras. En algún caso puede haber más de una posibilidad.

| hacer | buscar | fomentar | saber |

1. .... el pensamiento crítico
2. .... recursos
3. .... las habilidades blandas
4. .... colaborar
5. .... interactuar con otras personas
6. .... una videollamada
7. .... una videoconferencia
8. .... un trabajo
9. .... un examen
10. .... información

19. Relaciona los elementos de las dos columnas para formar expresiones. Luego busca en internet titulares de prensa con estas expresiones.

	a. en internet	
1. aprendizaje	**b.** en inmersión	
2. ritmo	**c.** digital	
3. recurso	**d.** a distancia	
	e. de aprendizaje	

....
....
....
....
....
....
....
....
....
....
....
....
....
....
....
....
....

CARACTERÍSTICAS DEL TEXTO

20. Escribe un texto acerca de la presencia de la mujer en nuestra sociedad, usando estos argumentos u otros que prefieras. Utiliza los siguientes marcadores.

| Por un lado, | Por otro lado, | Por otro, |
| Por una parte, | Por otra parte, | Por otra, |

• Las mujeres son mayoría en la universidad.
• Las mujeres son minoría en puestos de responsabilidad.
• Las mujeres cobran menos dinero que los hombres por el mismo trabajo.
• En determinados sectores tradicionalmente masculinos, las mujeres tienen que demostrar que valen mucho más que los hombres.

....
....
....
....
....
....
....
....
....
....
....
....
....
....
....
....
....
....
....
....
....
....
....
....
....
....
....

SONIDOS

21A. Intenta leer las siguientes enumeraciones prestando atención a la entonación.

1. Utilizo tres dispositivos electrónicos a diario: el móvil, la tableta y el ordenador.

2. Utilizo muchos dispositivos electrónicos a diario: el móvil, la tableta, el ordenador...

21B. 🔊 33 Escucha y comprueba. ¿Tu entonación ha sido la adecuada?

21C. 🔊 34 Escucha a Clara y a Iván y marca qué tipo de entonación se realiza en cada caso.

1. Clara

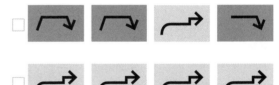

2. Iván

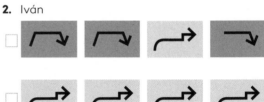

🔔 ATENCIÓN ········

En español hay dos tipos principales de enumeración: completa o incompleta.

Si la enumeración es completa (están todos los elementos que queremos enumerar: el móvil, la tableta y el ordenador), la entonación suele seguir este patrón, con el último elemento claramente descendente y el penúltimo ascendente:

Si la enumeración es incompleta (los elementos que se mencionan son ejemplos, pero se podrían añadir otros: el móvil, la tableta, el ordenador...), la entonación no desciende tanto en cada elemento y puede ser ligeramente ascendente:

FOCO CULTURAL

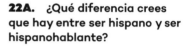

Hispanos e hispanohablantes

El español en EE. UU.: un futuro prometedor, pero con matices

Para conocer la situación del español en EE. UU. hay que empezar distinguiendo entre hispano e hispanohablante. La población hispana está compuesta por unos 53 millones de personas, pero no hay cifras oficiales recientes de cuántas personas hablan español en un país en el que el inglés es preponderante.

En 2011 había 37,6 millones de hispanohablantes en EE. UU., una cifra que sube a 42,5 millones para el Instituto Cervantes, en datos publicados en 2016. A una cantidad u otra hay que sumar casi 15 millones que cuentan con algún conocimiento de la lengua.

El español crece en Estados Unidos hasta el punto de que, según algunas proyecciones, en 2050 este se convertirá en la nación con más hispanohablantes del mundo.

Crece el dominio del inglés entre los hispanos (el 62 % lo habla), al mismo tiempo que el bilingüismo decae en las sucesivas generaciones. Frente a un 82 % de hispanos que mantienen el español en la segunda generación, en la tercera ya solo lo habla el 47 %. A pesar de todo,

entre los hispanos la minoría bilingüe es mayor de lo que lo fueron en su momento las minorías de alemanes, franceses o italianos que desembarcaron en el Nuevo Mundo.

Texto adaptado de *El País*

Una nueva generación de escritores estadounidenses de origen hispano

Nueva York es mi casa.
Soy ferozmente leal a esta adquirida patria chica. Por Nueva York soy extranjera ya en cualquier otra parte. Pero Nueva York no fue la ciudad de mi infancia, no fue aquí que adquirí las primeras certidumbres, no está aquí el rincón de mi primera caída ni el silbido lacerante que marcaba las noches.
Por eso siempre permaneceré al margen, una extraña entre estas piedras, aun bajo el sol amable de este día de verano, como ya para siempre permaneceré extranjera, aun cuando regrese a la ciudad de mi infancia.
Cargo esta marginalidad inmune a todos los retornos, demasiado habanera para ser neoyorkina, demasiado neoyorkina para ser —aun volver a ser— cualquier otra cosa.

Lourdes Casal, *Palabras juntan revolución*

22A. ¿Qué diferencia crees que hay entre ser hispano y ser hispanohablante?

22B. ¿Qué sabes del español en EE. UU.? De las siguientes frases, señala las que crees que son correctas.

☐ EE. UU. será en 2050 el país del mundo con mayor número de hispanohablantes según previsiones actuales.
☐ Actualmente hay 53 millones de hispanohablantes en EE. UU.
☐ Los hispanos que viven en EE. UU. son bilingües.

22C. Lee el artículo de *El País* y comprueba tus respuestas a A y B.

23A. Lee el texto de Lourdes Casal y señala cuáles de estos temas crees que trata. Subraya en qué fragmento.

☐ identidad
☐ muerte
☐ recuerdos de infancia
☐ soledad
☐ odio
☐ amor

23B. Reformula con tus propias palabras las siguientes frases.

1. Soy ferozmente leal a esta adquirida patria chica.

....

2. Demasiado habanera para ser neoyorkina, demasiado neoyorkina para ser cualquier otra cosa.

....

1. ¿Cómo debe ser una universidad, en tu opinión? Escribe un pequeño texto. Puedes usar estos verbos.

- haber
- tener
- disponer de
- desarrollar
- fomentar
- hacer
- interactuar
- colaborar

Una universidad tiene que disponer de...

....

....

....

....

....

....

....

....

2. ¿Crees que cambiará mucho tu vida cuando termines tus estudios? Escribe qué será diferente o qué será igual. Utiliza las perífrasis verbales con empezar, seguir y dejar.

....

....

....

....

....

....

....

3. Lee la información de estos dos cursos y compáralos utilizando los siguientes recursos.

igual de	más	menos	mejor	peor

CURSO DE ESPAÑOL INTENSIVO NIVEL B1

El Centro de Lenguas ofrece a partir del **1 DE SEPTIEMBRE** cursos intensivos de idiomas impartidos por nuestros profesores universitarios. Los cursos están dirigidos exclusivamente a estudiantes de la facultad.

Fechas: 01/09 al 30/11
Horario: dos días a la semana (lunes y miércoles). Horario nocturno de **20:00** a **22:00**
Total: 60 horas
Evaluación: examen final

Los cursos pueden ser convalidados por créditos de libre configuración previa solicitud en la secretaría. **Inscripción:** secretaria@hhk.ac.es

CURSO DE ESPAÑOL NIVEL B1

¡¡Estudia español en **ACADEMIA GAUDÍ**!! Este verano mejora tu español y disfruta de la ciudad con nuestro curso intensivo. Profesores nativos.

Fechas: 01/07 al 21/07
Horario: Todos los días (de lunes a viernes) de **9:00** a **13:00**
Total: 60 horas

☺ Visitas culturales incluidas.
Inscripción: inscripcion@gaudi.es

1. ....

2. ....

3. ....

4. ....

5. ....

6. ....

4. Imagina que perteneces al comité de bienvenida de un grupo de estudiantes de intercambio que llegan dentro de una semana a tu universidad. Prepara una pequeña presentación con información útil acerca de la vida en el campus y de las actividades futuras en las que podrán participar.

DIARIO DE APRENDIZAJE

¿Qué es lo más útil o importante que he aprendido?

....

¿Qué actividades me han ayudado más?

....

¿Qué me parece difícil todavía?

....

¿Qué me interesa hacer en relación con esta unidad? (información que quiero buscar, algo que quiero leer, película que quiero ver, música que quiero escuchar, etc.)

....

Palabras relevantes para mí:

....

Estructuras gramaticales interesantes:

....

Errores que cometo:

....

12

ORGANIZACIÓN Y TIEMPO

1. La gestión del tiempo.
2. Frases hechas.
3. Rutinas.
4. Organización personal.
5. Desenvolverse en el día a día.
6. Test del procrastinador.
7. Presente de subjuntivo (regulares).
8. Presente de subjuntivo (irregulares).
9. **Ser**, **poner**, **ir**, **conocer**, **saber**.
10. **Hacer**, **conectar**, **volver**, **escribir**, **tener**, **comenzar**...
11. **Lo**, **lo que**.
12. **Es importante/necesario** (**que**), **te aconsejo/recomiendo** (**que**).
13. **Cuando** + subjuntivo.
14. **Cuando** + subjuntivo/ indicativo.
15. Frases de relativo + indicativo/subjuntivo.
16. **En**, **de**.
17. Expresiones con **tiempo**.
18. **Ofrecerse para**, **ser**, **dar**, **tener experiencia**, **disponer de**.
19. – 20. Uso de la coma.
21. – 22. Entonación en preguntas, afirmaciones y exclamaciones.

Foco cultural: México, Guatemala, Belice, El Salvador y Honduras

Evaluación

PUNTO DE PARTIDA

1A. Contesta estas preguntas. Si no te identificas con ninguna de estas opciones, escribe la tuya.

¿Prefieres estudiar por la mañana o por la noche?

....
....
....
....
....

¿Preparas los exámenes con tiempo o lo dejas todo para el final?

....
....
....
....

¿Cumples los plazos o no llegas a tiempo?

....
....
....
....

¿Te gusta aprovechar el tiempo al máximo para hacer cosas o prefieres tener mucho tiempo para descansar?

....
....
....
....
....

En clase, ¿te gusta tomar notas en papel o en el ordenador?

....
....
....
....

¿Lo apuntas todo o confías en tu memoria?

....
....
....
....
....

¿Te sientes más cómodo/-a planificando y priorizando necesidades o prefieres improvisar?

....
....
....
....
....

¿Prefieres usar una agenda de papel o una agenda digital?

....
....
....
....

¿Pides los apuntes a tus compañeros o prefieres trabajar con los tuyos?

....
....
....
....
....

1B. En clase, compara tus respuestas con las de otra persona. ¿Cuántas cosas tenéis en común?

2. Lee estas conversaciones y complétalas con estas frases hechas de la actividad 2B de la página 151 del Libro del alumno.

> • Más vale tarde que nunca.
> • Vísteme despacio que tengo prisa.
> • El tiempo todo lo cura.
> • Agua pasada no mueve molino.
> • El tiempo vuela.

1.

– ¡En esta foto tenía 20 años! Parece que fue ayer.

– Sí, ...

2.

– ¿Cómo está Luis? ¿Cómo lleva lo de la separación?

– ¡Mucho mejor! Sí, ya han pasado dos años y por fin empieza a asumirlo.

– ...., ¿no?

3.

– Lucía ha terminado la carrera.

– ¡Qué bien!

– Sí, ¡10 años!

– Bueno, ...:

4.

– Me equivoqué, pensé que con un fin de semana para estudiar era suficente, pero no. Y ahora he suspendido...

– Bueno, no pienses más en eso. ....
....:

5.

– Creo que tendré acabado esto en diez minutos.

– No hace falta que lo hagas tan rápido, tómate tu tiempo. Es importante que lo hagas bien. Recuerda eso de ....
.....................................:

3A. Mira estos gráficos. ¿Qué diferencias observas entre las rutinas de Beethoven y de Flaubert?

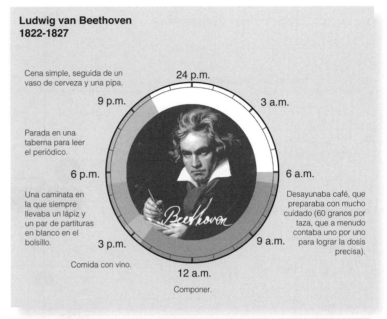

Ludwig van Beethoven
1822-1827

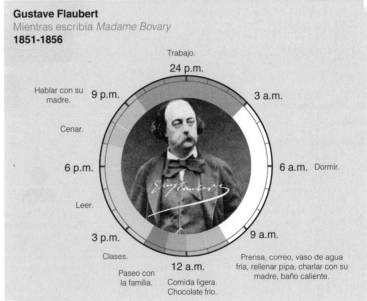

Gustave Flaubert
Mientras escribía Madame Bovary
1851-1856

Fuente: Mason Currey, *Daily Rituals: How artists work*

....
....
....
....
....
....
....
....

3B. Reflexiona sobre tu propia rutina e intenta plasmarla en un gráfico parecido a los de A. Luego compárala con la de otra persona de clase. ¿Qué diferencias y similitudes encuentras?

4. Indica si estas afirmaciones se corresponden con tu realidad o no, y exlica por qué.

1. En mi vida hay muchos imprevistos.

....

....

2. Apunto todas las fechas importantes.

....

....

3. Tengo todos mis dispositivos sincronizados.

....

....

4. Lo hago todo corriendo.

....

....

5. Uso la agenda del móvil.

....

....

6. Me pongo alarmas para acordarme de las cosas.

....

....

5. Describe cómo actúa una persona que...

1. está al día de todo.

....

....

....

2. mete la pata continuamente.

....

....

3. desperdicia el tiempo.

....

....

....

4. en su trabajo, delega mucho.

....

....

....

5. no dedica tiempo suficiente a reponer fuerzas.

....

....

....

6A. "Procrastinar" significa "diferir" o "aplazar tareas". Realiza este cuestionario para descubrir tu perfil de procrastinador.

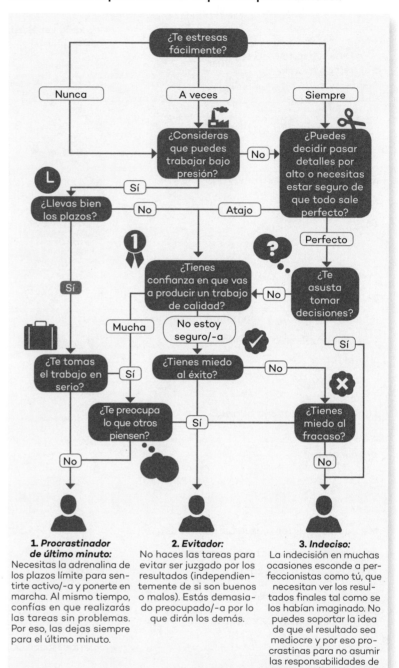

1. Procrastinador de último minuto:
Necesitas la adrenalina de los plazos límite para sentirte activo/-a y ponerte en marcha. Al mismo tiempo, confías en que realizarás las tareas sin problemas. Por eso, las dejas siempre para el último minuto.

2. Evitador:
No haces las tareas para evitar ser juzgado por los resultados (independientemente de si son buenos o malos). Estás demasiado preocupado/-a por lo que dirán los demás.

3. Indeciso:
La indecisión en muchas ocasiones esconde a perfeccionistas como tú, que necesitan ver los resultados finales tal como se los habían imaginado. No puedes soportar la idea de que el resultado sea mediocre y por eso procrastinas para no asumir las responsabilidades de tomar una decisión u otra.

6B. Relaciona estos consejos con cada perfil de procrastinador.

	1	2	3
• No intentes que tu tarea sea perfecta.			
• Piensa que el éxito y el reconocimiento de los compañeros no es algo de lo que debas tener vergüenza.			
• Céntrate en cómo puedes hacer el trabajo de la mejor forma posible y no pienses en lo que otros pensarán al verlo.			
• Es importante que te pongas plazos previos al plazo límite en tu agenda para no dejarlo todo para el final.			
• Selecciona una tarea e imagina cómo sería hacerla con tiempo suficiente, en vez de entregarla a última hora.			

GRAMÁTICA

7. Completa este cuadro con las formas regulares del presente de subjuntivo.

	Estudiar	Beber	Vivir
yo	....	....	....
tú, vos	estudies	....	....
él, ella, usted	....	....	viva
nosotros/-as	....	....	....
vosotros/-as	....	bebáis	....
ellos, ellas, ustedes	....	....	....

8. Ahora completa este cuadro con las formas de los verbos irregulares en presente de subjuntivo.

Verbos con irregularidades vocálicas

	Recomendar	Dormir	Conseguir
yo	recom**ie**nde	....	....
tú, vos	....	....	....
él, ella, usted	....	d**ue**rma	....
nosotros/-as	....	....	....
vosotros/-as	....	d**u**rmáis	....
ellos, ellas, ustedes	....	....	cons**i**gan

Verbos con raíz irregular (con la irregularidad de la 1.ª persona del presente de indicativo)

	Tener	Decir	Conocer
yo	....	....	....
tú, vos	....	**dig**as	....
él, ella, usted	....	....	....
nosotros/-as	....	....	**conozc**amos
vosotros/-as	....	....	....
ellos, ellas, ustedes	**teng**an	....	....

Verbos completamente irregulares

	Ser	Ir	Saber
yo	sea	....	....
tú, vos	....	....	....
él, ella, usted	....	vaya	....
nosotros/-as	....	....	....
vosotros/-as	....	....	sepáis
ellos, ellas, ustedes	....	....	....

9. Completa las siguientes frases usando el verbo en negrita en cada caso. A veces los verbos estarán en subjuntivo y otras, en indicativo.

1. Creo que no **eres** muy paciente, es importante que lo _seas_ .... más.

2. ¿No has **puesto** los libros en esta estantería? Es necesario que los .... aquí. Todo el mundo los .... aquí.

3. Estás fatal y no quieres **ir** al médico. Es importante que .... ya.

4. ¿No **conoces** al nuevo profesor? Eres el único que no lo ....

5. No **sé** cuándo es el examen. ¿Alguien lo .... ?

10. Un profesor le explica a un alumno por qué ha suspendido un trabajo. Completa las frases que le dice con los siguientes verbos.

hacer	conectar	volver	escribir
tener	comenzar	presentar	

1. Este texto no está bien estructurado. Antes de empezar a escribir, te recomiendo que .... un esquema, unas breves notas, algo sencillo, pero es necesario que .... claro qué ideas vas a redactar y en qué orden.

2. También te aconsejo que .... siempre con una buena introducción. Es necesario que esta introducción .... el tema, pero de manera breve.

3. Te recomiendo que .... un párrafo diferente para cada idea.

4. Es importante que .... los párrafos y las ideas con conectores.

5. Ahora, te aconsejo que .... a leer tu texto y que pienses qué necesitas mejorar.

GRAMÁTICA

11. **Indica si es más adecuado usar** lo **o** lo que **en cada una de estas frases.**

	Lo	Lo que	
1.		X	me ha contado Inés es muy fuerte.
2.			le dice su jefe no es normal.
3.			peor es su mal humor.
4.			más increíble es que se lo ha dicho y él no le ha hecho caso.
5.			más le gusta de su trabajo es la flexibilidad.
6.			importante ahora mismo para ella es su familia.

12. **Escribe consejos para personas que se encuentran en estas situaciones.**
Utiliza los siguientes recursos: es importante (que), es necesario (que), te aconsejo (que), te recomiendo (que).

Quiere aprobar todos los exámenes:

....
....
....
....
....

No quiere quedarse nunca sin batería en el móvil:

....
....
....
....
....

Quiere conseguir levantarse pronto por la mañana:

....
....
....
....
....

Quiere tener muchos amigos:

....
....
....
....
....

No quiere llegar tarde a las citas:

....
....
....
....
....

Quiere mejorar su inglés para estudiar en una universidad estadounidense:

....
....
....
....
....

Quiere poder trabajar y estudiar a la vez:

....
....
....
....
....

Quiere hacer más deporte, pero no le gusta mucho:

....
....
....
....
....

13. **¿Cuándo realizarán estas personas sus planes? Completa las frases.**

1. A las 8 h llego a casa. Entonces te llamaré.

La llamará **cuando** ....

2. No voy a poder terminar el trabajo este fin de semana, porque estaré de viaje. Pero lo haré a la vuelta.

Terminará el trabajo **cuando** ....

3. Te devolveré el libro pronto. Lo voy a leer rápidamente.

Le devolverá el libro **cuando** ....

4. Podemos quedar para el intercambio de conversación después de mi clase de literatura. ¿Te viene bien?

Quedarán **cuando** ....

5. Qué buena idea lo del banco del tiempo. Ahora no tengo tiempo para participar, pero lo haré pronto.

Participará en el banco del tiempo **cuando** ....

14. **Relaciona los elementos de las dos columnas para formar frases.**

1. Estudio...
2. Estudiaré...

a. cuando tenga exámenes.
b. cuando tengo exámenes.

3. No te preocupes, siempre te devuelvo el dinero...
4. No te preocupes, te devolveré el dinero...

a. cuando cobro.
b. cuando cobre.

5. Me presentaré al examen...
6. Me presento al examen...

a. cuando esté preparado.
b. cuando estoy preparado.

7. Uso una agenda...
8. Usaré la agenda...

a. cuando tenga que apuntar fechas importantes.
b. cuando tengo que apuntar fechas importantes.

9. Busco a una chica para mi grupo de música...
10. Busco a una chica que se llama Ana y...

a. que sabe tocar la guitarra.
b. que sepa tocar la guitarra.

11. Para celebrar el cumpleaños, necesitamos un local...
12. Para celebrar el cumpleaños tenemos un local...

a. que es muy grande.
b. que sea muy grande.

13. ¿Cerca de la universidad hay una biblioteca...
14. ¿Sabes dónde hay una biblioteca...

a. que cierra más tarde de las 22:00? No lo sabía...
b. que cierre más tarde de las 22:00?

15A. **Lee este diálogo y subraya la opción más adecuada en cada caso.**

– ¿Has visto un móvil? Uno que (1) **tiene/tenga** una funda de color negro.
– ¿Negro? Creo que he visto uno que (2) **es/sea** negro. Está junto a las chaquetas.
– Sí, este es. Ya me he quedado sin batería. Necesito un móvil nuevo que (3) **aguanta/aguante** todo el día.
– La batería de mi móvil tampoco (4) **dura/dure** mucho tiempo. Pero he comprado una batería externa para recargarlo. Con esto (5) **aguanta/ aguante** todo el día.

15B. **¿Cómo quieras que sea tu próximo móvil? Describe cinco características que debe tener.**

Quiero un móvil que... ....

....

....

....

....

....

....

....

....

....

LÉXICO

16A. Completa este mail con en o de.

● ● ●

← → C ⌂ ⌕

Estimado director de la escuela Nuevo León:

Me llamo Gonzalo García y escribo para

ofrecerme como profesor (1) .... español.

Soy licenciado (2) .... Filología hispánica

y tengo un máster en enseñanza de español

como lengua extranjera. En estos momentos doy

clases (3) .... español (4) .... un

centro de lenguas privado.

Tengo siete años (5) .... experiencia (6) ....

la enseñanza y dispongo (7) .... todo el

material necesario para dar clases.

En espera de su respuesta,

Gonzalo García

16B. Completa con la preposición adecuada.

1. Ofrecerse como profesor _de_ (algo)

2. Dar clases .... (algo)

3. Dar clases .... (un lugar)

4. Tener años .... experiencia

5. Tener experiencia .... (algo)

6. Disponer .... (algo)

17. Completa las frases con una de estas expresiones con la palabra tiempo.

a. matar el tiempo
b. perder el tiempo
c. a tiempo
d. con tiempo
e. a su debido tiempo
f. ganar tiempo
g. aprovechar el tiempo
h. ¡Cuánto tiempo!

1. No he aprobado esta vez, pero no pasa nada. Lo haré ....

2. No me gustan nada las esperas en los aeropuertos. Siempre leo alguna revista para ....

3. Las redes sociales tienen muchas cosas buenas, pero a mucha gente le hacen ....

4. ¡Ana! ¡Qué sorpresa! Qué maravilla volver a verte. ....

5. He tenido que correr para conseguir llegar .... a la reunión.

6. Siempre llego a clase unos minutos antes de la hora, me gusta llegar ....

7. Cuando estoy en el tren, siempre trabajo con mi ordenador para ....

8. Tengo una aplicación que selecciona y resume las noticias que me interesan. Me encanta porque me hace ....

18. Completa la tabla.

Ofrecerse para...	Ser...	Dar...	Tener experiencia...	Disponer de...
dar clases	licenciado			

CARACTERÍSTICAS DEL TEXTO

19. ¿Entiendes la diferencia entre estas dos frases? Tradúcelas a tu lengua.

Vamos a comer niños.

Vamos a comer, niños.

La coma salva vidas.

Be-online.net

....

....

....

....

20. Pon las comas que faltan en estas frases.

1. Ana ¿tú has participado en el banco del tiempo de Bilbao?

2. Cuando lo necesites pídeme ayuda.

3. En el banco del tiempo ofrezco varios servicios: doy clases de inglés corto el pelo plancho la ropa y acompaño a gente mayor a donde necesiten.

4. Los fines de semana que es cuando trabajo en la cafetería no tengo tiempo para estudiar.

5. Marta la novia de Diego estudia en esta universidad.

6. Si quieres información sobre las clases de yoga mira esta página web.

7. Si te acostumbras a usar esta aplicación ganarás mucho tiempo.

8. Con esta aplicación puedes ver los kilómetros que haces guardar tus recorridos y ver tu historial.

9. Esta universidad que es una de las que tiene más prestigio es muy cara.

10. Javi siempre llegas tarde. Estoy cansada de esperarte.

11. En casa de mis padres que está a las afueras de Madrid estaremos más tranquilos para estudiar.

12. Si solo trabajas los fines de semana y estudias un poco todos los días creo que sí que puedes aprobar este curso.

SONIDOS

21A. Lee en voz alta estas tres preguntas del test de la página 153 del Libro del alumno. Presta atención a la entonación. Luego, escucha cómo se pronuncian.

🔊 35

1. ¿Escribes listas bien definidas de tus objetivos?

2. ¿Planeas y registras tu tiempo diario y semanal?

3. ¿Puedes pasar largos ratos sin interrupciones cuando lo necesitas?

21B. Escucha la pronunciación de estas tres frases. ¿Notas la diferencia?

🔊 36

1. Hace calor.

2. ¿Hace calor?

3. ¡Hace calor!

🔔 **ATENCIÓN**

En español la entonación indica si una frase es simplemente enunciativa (transmite una información), interrogativa o exclamativa.

enunciativa	interrogativa	exclamativa
Hace calor.	*¿Hace calor?*	*¡Hace calor!*

22. Escucha e identifica si las frases son una afirmación, una pregunta o una exclamación. Coloca puntos y signos de interrogación y exclamación donde correspondan.

🔊 37

1. Es necesario que apuntes todas las citas en la agenda

2. Hay que dormir lo suficiente

3. He cumplido con la fecha límite

4. Estás al día con la asignatura de Literatura

5. Estás al día con todo

6. Te tomas un descanso conmigo

7. Tienes pleno control sobre tu tiempo

8. Tienes unas notas buenísimas

FOCO CULTURAL

El tiempo maya

Los mayas son una población aproximada de siete millones de personas que viven en una amplia zona de Mesoamérica que comprende varios países (el sur de México, Guatemala, Belice y partes de El Salvador y Honduras). Los mayas no solo hablan actualmente la lengua de sus antepasados, sino que además cuentan con una gran herencia cultural derivada de los conocimientos en agricultura y astronomía que poseía esta antigua civilización.

Los mayas tenían una concepción cíclica del tiempo. En el mundo maya se repiten las referencias a ciclos perfectos en la naturaleza, como el de la siembra, el cultivo y la cosecha del maíz.

Para contar el tiempo, desarrollaron un complejo sistema de varios calendarios que se relacionaban entre sí y que encajaban de forma matemática: el calendario Tzolkin tenía 260 días, divididos en 13 meses de 20 días, y el calendario Haab calculaba periodos de 365 días para completar un ciclo. A su vez, estos dos calendarios se combinaban en la Rueda Calendárica, que contaba ciclos de 18 980 días o 52 años Haab. Cada 5 125 años se formaba la llamada cuenta larga, que cuando finalizaba, sencillamente volvía a comenzar de nuevo.

Calendario maya: ¿llega una nueva era o se acaba el mundo?

La llegada de la nueva era maya el próximo viernes se celebrará en los países centroamericanos que sirvieron de asiento a esa antigua cultura prehispánica (y también en otros), marcada por la polémica de si se trata del comienzo de nuevos tiempos o del temido apocalipsis.

Según la visión maya, el próximo 21 de diciembre culminará la era actual que arrancó en el 3 114 a. C. y comenzará la siguiente, lo que ha motivado celebraciones gubernamentales y de organizaciones mayas en Centroamérica.

Esas festividades, que incluyen rituales ancestrales, seminarios y eventos gastronómicos, entre otros, culminarán a medianoche del próximo viernes con ceremonias en los sitios arqueológicos, a las que ya han anunciado su asistencia los presidentes de Guatemala y Honduras.

Pero el acontecimiento también ha sido entendido por algunos, erróneamente, como la llegada del fin del mundo, una teoría que ha sido rechazada por los herederos de la civilización prehispánica, por científicos e incluso por la Iglesia católica.

Texto adaptado de laopinion.com (artículo de 2012)

---

23. ¿Qué sabes de los mayas? Intenta contestar estas preguntas. Después lee el texto *El tiempo maya* y comprueba tus hipótesis.

1. ¿En qué territorios y países vivieron y viven actualmente las comunidades mayas?

....

....

....

2. ¿En qué ámbitos tenían conocimientos científicos los antiguos mayas?

....

....

....

3. ¿Qué visión del tiempo tenían los mayas y cómo se diferenciaba de la predominante en la actualidad?

....

....

....

24. Lee el artículo *Calendario maya: ¿llega una nueva era o se acaba el mundo?* e indica si las siguientes afirmaciones son verdaderas o falsas.

1. El 21 de diciembre termina una era, según el calendario maya.
V ☐ F ☐

2. Para los descendientes de los antiguos mayas, eso significa el fin del mundo, el apocalipsis.
V ☐ F ☐

3. La Iglesia católica y algunos científicos apoyan la tesis de la llegada del apocalipsis.
V ☐ F ☐

4. Se celebrará el fin de la era maya con eventos a los que acudirán presidentes del Gobierno.
V ☐ F ☐

1. Escribe un pequeño texto con consejos para organizar mejor tu tiempo cuando eres estudiante.

....
....
....
....
....
....
....
....
....
....
....
....

2. Escribe un anuncio en el que te ofreces para dar clases particulares de la especialidad que prefieras. No olvides incluir si tienes experiencia y formación específica.

....
....
....
....
....
....
....
....
....
....
....
....

3. Marca la respuesta correcta.

1. Organízate bien y ....
las cosas para el último momento.
a. no dejes   **b.** no dejas   **c.** deja

2. ¿Sabes si hay alguien en la universidad
que .... clases de español?
a. dé   **b.** da   **c.** ofrece

3. Conozco a una chica que es francesa y
.... español muy bien.
a. habla   **b.** hable   **c.** ofrece

4. No me gusta nada .... ha
dicho el profesor.
a. lo   **b.** lo que   **c.** los que

5. Tienes mala cara. Te aconsejo
que .... más.
a. duermes   **b.** duermas   **c.** dormir

6. Es importante ....
los trabajos a tiempo.
a. hagas   **b.** haces   **c.** hacer

7. Ahora no tengo tiempo, pero te llamaré
cuando .... a casa.
a. llego   **b.** llegue   **c.** llegaré

8. Te aconsejo que ....
la agenda del móvil.
a. usas   **b.** uses   **c.** usar

9. Voy a estudiar un rato, no me gusta nada
.... el tiempo.
a. matar   **b.** perder   **c.** aprovechar

10. Es importante terminar todos los
trabajos y .... los plazos.
a. hacer   **b.** cumplir   **c.** dedicar

DIARIO DE APRENDIZAJE

¿Qué es lo más útil o importante que he aprendido?

....

¿Qué actividades me han ayudado más?

....

¿Qué me parece difícil todavía?

....

¿Qué me interesa hacer en relación con esta unidad?
(información que quiero buscar, algo que quiero leer, película que quiero ver, música que quiero escuchar, etc.)

....

Palabras relevantes para mí:

....
....

Estructuras gramaticales interesantes:

....
....

Errores que cometo:

....
....

13

CONSUMO Y MEDIOAMBIENTE

PUNTO DE PARTIDA

1A. **¿Crees que tu modo de vida es sostenible? Haz este test para saberlo.**

La huella ecológica es un indicador medioambiental que mide la superficie terrestre que necesita una persona para generar los recursos que consume y absorber los desechos que genera.

1. ¿Qué tipo de productos consumes?
  a. Frescos y de procedencia local, sobre todo.
  b. Algunos productos frescos y otros envasados.
  c. Sobre todo productos envasados, y carne todos los días.

2. ¿Qué haces con la basura?
  a. Siempre la separo para reciclar.
  b. Normalmente la separo, pero no tengo mucho cuidado.
  c. Pongo toda la basura en una misma bolsa.

3. ¿Cómo vas a la universidad o al trabajo?
  a. En bici o andando.
  b. En transporte público.
  c. En coche.

4. El lavavajillas o la lavadora los usas...
  a. solo cuando están llenos.
  b. normalmente cuando están llenos.
  c. Siempre que necesito lavar algo.

5. ¿Qué haces mientras te duchas o te lavas los dientes?
  a. Siempre cierro el grifo cuando no necesito el agua.
  b. Casi siempre cierro el grifo, pero a veces se me olvida.
  c. Dejo el grifo abierto todo el tiempo; es más cómodo.

6. ¿A qué temperatura pones la calefacción en invierno?
  a. Entre 18 y 20 °C.
  b. Más de 21 °C.
  c. Tengo calefacción central. A veces hace mucho calor y tengo que abrir las ventanas.

7. Cambias de móvil, tableta u ordenador...
  a. cuando se me estropean y no es posible repararlos.
  b. cuando empiezan a funcionar mal.
  c. cuando sale un modelo nuevo.

1B. **Estos son los resultados del test. ¿Estás de acuerdo con ellos? ¿Qué podrías hacer para reducir tu huella ecológica?**

Mayoría de respuestas a: Estás muy concienciado con el medioambiente. Tu modo de vida es sostenible. ¡Enhorabuena!
Mayoría de respuestas b: Te importa el cuidado del medioambiente, pero a veces tus hábitos no son sostenibles. ¡Con un poquito de esfuerzo podrás mejorar!
Mayoría de respuestas c: Tu comodidad está por delante de tu conciencia ecológica. ¡Solo tenemos un planeta! ¡Piensa en él!

....
....
....
....
....

2A. Lee y mira este poema visual sobre el consumismo. Escoge tres versos que te interesen y explícalos con tus propias palabras, en tu cuaderno.

2B. Haz tu propio poema visual sobre uno de estos conceptos (u otro) relacionados con el tema de la unidad.

• Basura
• Reciclaje
• Consumo colaborativo
• Consumo responsable
• Consumo y medioambiente

es.3lirica.wikia.com

3. Esta es la transcripción de los testimonios de las personas del vídeo de la unidad. Complétala con las siguientes expresiones. Después comprueba con el vídeo.

14

| falta de transparencia | productos ecológicos | trabajo de calidad | salario digno |

| productos de mi tierra | a un precio muy bueno | compañías eléctricas | energía verde |

1. Ya estaba harta de los bancos de siempre y de su (1) .... Un día me hablaron de la web del mercado social konsumoresponsable.coop. Busqué alternativas a estos bancos y ya tengo mi cuenta en Fiare. Y estoy muy orgullosa.

2. En nuestra oficina necesitábamos a alguien que nos echara una mano con la limpieza. Así que buscamos en konsumoresponsable.coop, y allí encontramos la cooperativa de Pedro. Ahora estamos tranquilas porque sabemos que nuestra oficina está siempre limpia con (2) .... Y, sobre todo, sabemos que Pedro tiene un (3) .... y un (4) ....

3. Estaba harto de los abusos de las (5) .... Busqué alternativas y las encontré, con el móvil, en la página web konsumoresponsable.coop. Ahora me suministra una cooperativa: Somenergía. Lucho por una (6) .... y pago prácticamente lo mismo, pero participo en las decisiones y lucho por un mundo mejor. Estoy con Somenergía y no es más caro que Iberdrola.

4. Estoy muy tranquilo de saber que consumo (7) ...., ecológico y de primera calidad. Y, además, (8) .... Por cierto, encontré a Ainhoa en konsumoresponsable.coop.

4. Forma frases relacionando los elementos de las dos columnas de la manera más lógica.

1. Fíjate, la mayor parte de la ropa que compramos está fabricada en países donde no se respetan ni los derechos humanos ni los medioambientales;

2. No me gusta comer productos elaborados y fruta llena de pesticidas,

3. Es importante reducir los residuos que producimos;

4. Un consumo excesivo de carne perjudica al medioambiente,

a. así que voy a buscar un grupo de consumo de productos ecológicos.

b. sobre todo de plástico, ya que es un material difícil de reciclar.

c. y, además, no es bueno para la salud.

d. por cierto, hoy hay una manifestación contra la explotación infantil, ¿vamos?

5. Vuelve a leer el texto de las páginas 166 y 167 del Libro del alumno y señala cuáles de estas afirmaciones aparecen y cuáles no.

	Sí	No
1. Consumir de manera responsable significa respetar los derechos laborales de las personas que elaboran los productos que compras.	☐	☐
2. Interesarse por la vida útil de un objeto que vas a comprar es una manera responsable de consumir.	☐	☐
3. Laura Singer decidió generar menos residuos para ser más consecuente con su filosofía de vida.	☐	☐
4. El Club de reparadores está formado por expertos profesionales que te ayudan a arreglar un aparato que no funciona.	☐	☐
5. Una manera de consumir menos plástico es comprar a granel los productos de limpieza.	☐	☐

6. Ahora busca en el texto palabras o expresiones que significan lo siguiente:

1. producir basura: ....

....

2. productos sin envasar: ....

....

3. arreglar: ....

....

4. gastar menos: ....

....

5. actividad que no se realiza siempre en un

mismo lugar: ....

....

6. utilizar una sola vez: ....

....

7. ¿Qué palabras acompañan a estas en el texto? Escríbelo y añade dos combinaciones más con cada una relacionadas con el consumo.

productos ⟩ _____
⟩ _____

comercio ⟩ _____
⟩ _____

producción ⟩ _____
⟩ _____

envoltorios ⟩ _____
⟩ _____

bolsas ⟩ _____
⟩ _____

aparatos ⟩ _____
⟩ _____

generar ⟩ _____
⟩ _____

ahorrar ⟩ _____
⟩ _____

reducir ⟩ _____
⟩ _____

8A. 🔊 **38** Escucha a Gloria (página 167 del Libro del alumno) y señala cuáles de las siguientes afirmaciones hace. Corrige las que no se corresponden.

	Sí	No
1. Cree que la gente compra ropa barata por necesidad.	☐	☐
2. Está sensibilizada con el tema de la producción textil porque colabora en una asociación que lucha contra el trabajo de los niños.	☐	☐
3. Cree que hay una relación directa entre el precio de la ropa y el salario de la persona que la ha realizado.	☐	☐
4. Su organización va a pedir a los Gobiernos que respeten los derechos laborales de las mujeres.	☐	☐
5. En la producción de ropa se usan materiales biodegradables.	☐	☐

8B. Lee la transcripción del audio anterior y completa con estos fragmentos. Después, escucha y comprueba.

🔊 38

1. colaboro en una ONG
2. lo hace por consumismo
3. de segunda mano
4. un trabajador bien remunerado
5. consumir de manera responsable
6. que respeten los derechos laborales
7. ganar un salario digno
8. luchar por los derechos
9. que no tiene muchos recursos
10. que se respeten los derechos medioambientales
11. genera una cantidad inmensa de recursos

Bueno, intento ..(5).. en todos los aspectos de mi vida, pero... estoy muy concienciada con el tema de la ropa porque .... que lucha contra la explotación infantil. Y, en el mundo de la moda, desgraciadamente, hay mucha explotación infantil. ¿Alguna vez te has planteado qué hay detrás de una camiseta de tres euros? Desde luego, no ...., eso está claro.

Locutora: Sí, pero hay gente .... y, para ellos, una camiseta de tres euros puede ser la solución.

Gloria: No, nunca, nunca es la solución: existen tiendas .... e incluso hay mucha gente que dona ropa. La mayoría de la gente que compra camisetas a tres euros ....

Locutora: Tú colaboras con la campaña "Ropa limpia", ¿no?

Gloria: Sí.

Locutora: ¿Y en qué consiste?

Gloria: Mira, pues, entre otras cosas, ... de los que hacen la ropa. Vamos a pedir a los Gobiernos que exijan a las marcas .... de los trabajadores textiles. ¿Sabes que una trabajadora del sector textil de Bangladesh, por ejemplo, tendría que trabajar más de 22 horas todos los días de la semana para ....?

Locutora: ¡22 horas!

Gloria: Sí, 22... También vamos a exigir ...., porque la ropa ...., residuos que terminan en la naturaleza o en el mar y que no llegan a degradarse.

8C. Escoge cuatro de las expresiones anteriores y escribe un ejemplo con cada una.

....
....
....
....

9A. ¿Has oído hablar del friganismo? Mira la imagen. ¿Qué te sugiere?

....
....
....

9B. Ahora escucha a Ariel y contesta las siguientes preguntas.

🔊 39

1. ¿Qué objeciones pone la locutora a esta práctica? ¿Qué responde Ariel?
....

2. ¿Cómo es la gente que forma parte de este grupo?
....
....

3. ¿Qué problema tiene esta práctica?
....
....

9C. ¿Qué te parece el friganismo? ¿Lo practicarías? ¿Por qué? Escribe un comentario para la web del programa de radio explicando tu punto de vista.

....
....
....
....
....
....
....

GRAMÁTICA

10. Lee las reivindicaciones de estos colectivos y complétalas con los verbos en la forma adecuada.

1. Asociación de vecinos "Dos de mayo"

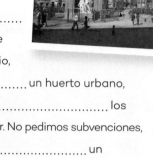

Exigimos al Ayuntamiento que

(responsabilizarse) ....

de la limpieza del solar que hay al lado de

la plaza Vicente Aleixandre. Una vez limpio,

queremos (crear) .... un huerto urbano,

y que el Ayuntamiento nos (dar) .... los

permisos necesarios para empezar a trabajar. No pedimos subvenciones,

solamente queremos (tener) .... un

espacio verde para plantar verduras ecológicas. Queremos

también, de este modo, (potenciar) .... las

relaciones vecinales.

2. Asociación por el respeto a los animales

Nosotros simplemente reivindicamos

que el lenguaje no (discriminar) ....

a los animales. Es necesario que la gente (tomar)

.... conciencia de que

cuando usamos expresiones como "eres un burro", "te comportas

como un cerdo" o "eres un rata" estamos discriminando a los animales.

Exigimos a académicos de la lengua y a periodistas que (eliminar)

.... estas expresiones que atentan contra los

derechos de los animales.

3. Asociación de estudiantes por un consumo responsable

Creemos que en la universidad también

hay que consumir y vivir de manera

sostenible, por lo que pedimos al rector que

(instalar) .... paneles solares en algunas

facultades. Además, queremos que los menús de las cafeterías

(incluir) .... productos ecológicos. Por último,

exigimos que (haber) .... contenedores para

reciclar todo tipo de basuras y que se (hacer) ....

campañas de concienciación. Soñamos con una universidad sostenible.

Ojalá (ser) .... así muy pronto.

11. ¿Qué crees que reivindican estas asociaciones? Escribe el texto de una de ellas utilizando los recursos que aparecen debajo.

1. Asociación por una alimentación saludable, "Vida sana"
2. Asociación "Amigos de la tierra"
3. Asociación de artesanos del reciclaje "Vida nueva"

Queremos (que)	Exigimos (que)
Pedimos (que)	Esperamos (que)

Asociación ....

....

....

....

....

....

....

....

....

....

....

....

....

....

....

....

....

....

....

....

....

....

....

....

....

....

....

....

....

....

....

....

....

12. Completa la tabla con las formas adecuadas del condicional.

	Dejar	Hacer	Decir	Salir	Tener
yo	dejaría				
tú		harías			
vos					
él, ella, usted					
nosotros/-as	dejaríamos				
vosotros/-as					
ellos, ellas, ustedes		harían			

13A. ¿Cuáles de las siguientes cosas haces o has hecho, cuáles no y cuáles te gustaría hacer?

	Lo hago o lo he hecho	No lo hago o no lo he hecho	Me gustaría hacerlo
1. Reducir el consumo de carne.	☐	☐	☐
2. Comprar ropa de segunda mano.	☐	☐	☐
3. Dejar de usar envases de plástico.	☐	☐	☐
4. Llevar bolsas de tela al supermercado.	☐	☐	☐
5. Comprar productos a granel.	☐	☐	☐
6. Reparar los electrodomésticos.	☐	☐	☐
7. Hacer tus propios productos de higiene y cosméticos.	☐	☐	☐
8. Elaborar productos de limpieza caseros y naturales.	☐	☐	☐
9. Ir en bici o andando a la universidad.	☐	☐	☐
10. Dejar de viajar en avión.	☐	☐	☐

13B. Compara tus respuestas de la actividad anterior con dos personas de la clase.

14A. Lee los diálogos y conjuga la forma adecuada del condicional.

1. — (gustar, yo) (1) .... instalar paneles solares en mi casa.

— Ya, pero es muy caro. (Deber) (2) .... existir algún tipo de ayuda por parte del Gobierno.

2. — Las frutas que comemos tienen un montón de pesticidas.

— Sí, (tener que, nosotros) (3) .... consumir productos ecológicos, aunque son mucho más caros.

3. — Yo también quiero comprar ropa de una manera más responsable, pero ¿por dónde empiezo?

— Pues (poder, tú) (4) .... ir a una tienda de ropa de segunda mano que hay en mi barrio, ¡tienen cosas superchulas!

4. — ¿(dejar, tú) (5) .... de viajar en avión para reducir tu huella ecológica?

— Uff, creo que no, me encanta viajar.

5. — Estoy harta de los abusos de los bancos.

— Sí, tienes razón, (deber, nosotros) (6) .... informarnos sobre la banca ética y abrir una cuenta ahí.

14B. Escribe ahora una reacción para cada una de las frases de la actividad anterior.

1. ....
....
....

2. ....
....
....

3. ....
....
....

4. ....
....
....

5. ....
....
....

15A. Completa el cuadro.

Sustantivos	Verbos
reciclaje	....
....	ahorrar
contaminación	....
....	consumir
....	solidarizarse (con)
producto	....
....	responsabilizar
conciencia	....
....	gestionar
sustitución	....
....	reutilizar
sensibilización	....
....	aumentar
reducción	....
....	desechar

15B. Une los elementos de las dos columnas para formar combinaciones habituales de cosas que se pueden hacer para conseguir un desarrollo sostenible. Hay varias posibilidades.

1.	comprar	a.	productos locales
2.	reducir	b.	los más débiles
3.	gestionar	c.	la inversión en energías renovables
4.	concienciar	d.	en el mercado
5.	solidarizarse con	e.	las emisiones de CO_2
6.	consumir	f.	a la población sobre la importancia de la ecología
7.	aumentar	g.	los recursos eficientemente

....
....
....
....
....
....
....
....
....
....
....
....

16. Lee la información sobre la campaña de una universidad para conseguir un campus más sostenible y escoge la palabra adecuada en cada caso.

La campaña Campus Sostenible apuesta por el (1) **ahorro/consumo** energético a través de la unión de esfuerzos individuales.

Desde nuestra universidad creemos que cambiar pequeños hábitos de (2) **reducción/consumo** de la sociedad conlleva grandes ventajas:
- se (3) **reduce/desecha** la contaminación,
- se (4) **sensibiliza/ahorra** dinero,
- (5) **gestiona/aumenta** la calidad de vida.

Esta campaña pone en marcha diversas medidas para conseguir la (6) **concienciación/reducción** y la participación activa de la comunidad universitaria. Algunas de estas medidas son:
- Mejora en la (7) **gestión/sustitución** de los residuos instalando contenedores para su (8) **consumo/reciclaje**.
- Sustitución de las bombillas actuales por otras de bajo (9) **ahorro/consumo**.
- (10) **reducir/sensibilizar** a la población universitaria sobre el (11) **consumo/producto** responsable de agua a través de folletos y carteles en los baños.
- Ofrecer productos (12) **ecológicos/envasados** y de temporada en las cafeterías de las facultades.

17. Sobre este tema, escribe al menos cuatro cosas que podemos...

ahorrar: energía ....
reciclar: ....
gastar: ....
reducir: ....

CARACTERÍSTICAS DEL TEXTO

18. Completa estas frases de una manera lógica.

1. Debido a ....

los océanos están llenos de microplásticos.

2. Deberíamos disminuir nuestro consumo de

carne, puesto que ....

....

3. Quiero aportar mi granito de arena para

conservar el medioambiente; por lo tanto, ...

....

4. .... ,

de manera que hay personas que han

decidido eliminar el plástico de sus vidas.

19A. Lee el texto (en 19C) sobre "la nevera solidaria". Según el texto, marca si las siguientes afirmaciones son verdaderas o falsas.

	V	F
1. En el mundo se desperdician muchos alimentos.	☐	☐
2. La nevera solidaria es un proyecto destinado a ayudar a países en vías de desarrollo.	☐	☐
3. Cualquiera puede tener una nevera solidaria en su casa.	☐	☐
4. La donación de alimentos la hacen solo los restaurantes.	☐	☐
5. La nevera solidaria también puede estar en un edificio.	☐	☐

19B. ¿Qué te parece la iniciativa? Coméntalo con otra persona de la clase.

19C. Vuelve a leer el texto y observa los recursos subrayados. ¿A qué se refieren? Escríbelo al lado.

LA NEVERA SOLIDARIA

Cada año se tiran a la basura 1300 millones de toneladas de alimentos, una cantidad enorme si tenemos en cuenta la escasez de alimentos que existen en algunas regiones de nuestro planeta. Por esta razón, En Galdakao, en el País Vasco, han llevado a cabo una iniciativa social que pretende combatir este hecho: la nevera solidaria. Se trata de un mecanismo sencillo y eficaz para evitar que los alimentos en buen estado acaben en el cubo de la basura. Si, por ejemplo, usted hoy ha preparado unas lentejas y le han sobrado muchas, podría llevarlas a la nevera solidaria para que alguien anónimo la abra, coja las lentejas y se las coma. ¿Cómo funciona exactamente esta iniciativa? Pues se instala una nevera en un local o en la calle y se invita —tanto a dueños de restaurantes o supermercados como a gente en particular— a dejar comida que no va a poder consumir. En Galdakao, la iniciativa ha sido un éxito. Por eso, se ha extendido a otras localidades españolas, entre ellas Valencia, donde la nevera está en una residencia universitaria.

1. una cantidad: ....

2. esta razón: ....

3. este hecho: ....

4. las: ....

5. la: ....

6. esta iniciativa: ....

7. que: ....

8. ellas: ....

9. donde: ....

SONIDOS

20. ¿Recuerdas las reglas de acentuación? Mira la página 41 del Libro del alumno 🔊 **40** y revísalas. Después, escucha estas palabras y pon la tilde en las que sea necesario.

- organico
- envasado
- reivindico
- reivindico
- reivindicacion
- azucar
- consejo
- aumentar

- kilo
- aproximadamente
- arbol
- transporte
- además
- justo
- critica
- precio

- deberiamos
- fosil
- procedencia
- movil
- habito
- desperdicio

FOCO CULTURAL

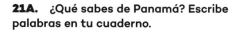

Barro Colorado

Una pequeña isla en la mitad del Canal de Panamá se ha convertido en La Meca de la comunidad científica internacional, que ve en este pequeño paraíso un laboratorio al aire libre para analizar los efectos del cambio climático. Se trata de Barro Colorado, una isla de 1564 hectáreas en el lago artificial de Gatún, creado a principios del siglo XX para dar funcionamiento al Canal de Panamá.

La isla, administrada por el Instituto Smithsonian de Investigaciones Tropicales (STRI, por sus siglas en inglés), alberga una de las principales reservas de bosques húmedos tropicales de todo el mundo. En la actualidad, se llevan a cabo unos 350 proyectos científicos en el lugar.

"Frente al cambio climático, estamos intentando entender cómo el bosque está reaccionando ante las temperaturas y cómo el flujo de carbono varía con la temperatura y la humedad del suelo", explicó a la AFP la bióloga e ingeniera ambiental Vanesa Rubio.

Según los científicos, debido a la deforestación y a la contaminación ambiental, los bosques liberan una mayor cantidad de dióxido de carbono, un gas causante del calentamiento global.

"El ciclo de carbono ya cambió. Ahora se enloqueció", lamentó Rubio. Además, para conocer la evolución del bosque, en el centro de la isla hay 50 hectáreas con más de 200 000 árboles marcados y censados cada cinco años.

"Con el cambio climático, la sequía es más fuerte y la temperatura ha aumentado y parece que muchos de estos árboles no lo soportan", dijo a la AFP Rolando Pérez, un botánico panameño que lleva un cuarto de siglo identificando árboles en la isla.

Pérez manifiesta que no ha disminuido "enormemente" el número de árboles, sino que ha variado "la composición o las especies que no soportan o que sí han sido susceptibles" al cambio climático.

Según los estudios, el cambio climático se ha notado particularmente en la elevación del crecimiento de árboles y lianas en los bosques tropicales, lo que ha reducido el almacenamiento de carbono y ha alterado la composición de las comunidades de plantas.

Texto adaptado de laestrella.com

21A. ¿Qué sabes de Panamá? Escribe palabras en tu cuaderno.

21B. Ahora lee el texto sobre la isla de Barro Colorado y contesta las preguntas que aparecen a continuación.

• ¿Por qué se ha hecho popular entre los científicos la isla de Barro Colorado?

....
....
....

• ¿Qué estudian los científicos en Barro Colorado?

....
....
....

• ¿Qué han observado?

....
....
....

21C. Vuelve a leer el texto y piensa en un subtítulo o un titular. Escríbelo aquí.

....
....
....

21D. Las siguientes islas de Latinoamérica son importantes desde el punto de vista medioambiental. Busca información sobre ellas y escribe un texto en tu cuaderno.

• Islas Marietas
• Islas Galápagos
• Archipiélago de San Blas

1. **Completa este mapa mental sobre el medioambiente.**

Amenazas

contaminación del agua
polución ....

....
....

Naturaleza y paisajes

selva ....
....
....
....

Medidas para protegerlo

reciclar ....
....
....
....

2. **Escoge el marcador adecuado para cada frase.**

1. Consumir de manera responsable significa ser consciente del origen de los productos que compramos ...., consumir menos.
a. puesto que   **b.** y, sobre todo

2. Comprar productos a granel es más ecológico, ... se promueve el comercio de proximidad.
a. así que   **b.** puesto que

3. .... la demanda creciente de productos cárnicos, la superficie del planeta dedicada a producir pastos ha aumentado considerablemente.
a. Debido a   **b.** Y además,

4. Los vegetarianos consumen menos recursos y .... llevan una dieta más sana.
a. además   **b.** así que

3A. **Piensa en un problema relacionado con el consumo o el medioambiente que exista en tu país, tu ciudad, tu universidad, etc. Escribe un artículo para un blog sobre reivindicaciones ciudadanas. Debe tener esta estructura:**

1. Exposición del tema: causas, consecuencias, etc.
2. Soluciones posibles.
3. Reivindicaciones y peticiones a los organismos competentes.

3B. **Pásale tu texto a otra persona de la clase. Él te va a pasar el suyo. Léelo y corrígelo según los siguientes criterios.**

	Siempre	A veces	Nunca
1. El texto tiene la estructura que se pide.	☐	☐	☐
2. Utiliza un registro adecuado para un blog.	☐	☐	☐
3. Usa un vocabulario rico.	☐	☐	☐
4. Utiliza conectores para unir las ideas (causa, consecuencia, etc.).	☐	☐	☐
5. Usa las formas del condicional para sugerir soluciones.	☐	☐	☐
6. Utiliza de manera adecuada y variada recursos para expresar reivindicaciones.	☐	☐	☐

3C. **Haz una lista de cosas que puede mejorar y coméntaselas.**

....
....
....
....

DIARIO DE APRENDIZAJE

¿Qué es lo más útil o importante que he aprendido?
....

¿Qué actividades me han ayudado más?
....

¿Qué me parece difícil todavía?
....

¿Qué me interesa hacer en relación con esta unidad? (información que quiero buscar, algo que quiero leer, película que quiero ver, música que quiero escuchar, etc.)
....

Palabras relevantes para mí:
....
....

Estructuras gramaticales interesantes:
....
....

Errores que cometo:
....
....

14

MARKETING Y PUBLICIDAD

1. Opiniones sobre la publicidad.

2. Preguntas sobre la publicidad.

3. Héroes de mi país.

4. Citas sobre *marketing*.

5. Neologismos.

6. **Comparar, consultar, fiarse de, confiar en, tomar, hacer.**

7. Los cinco sentidos.

8. Frases del texto.

9. Anuncios publicitarios.

10. Expresar opinión.

11. Tipos de *marketing*.

12 – 13. **Parecer** con infinitivo o subjuntivo.

14. **Es evidente que, yo creo que,** etc.

15. Valorar estrategias publicitarias.

16. Expresar finalidad: **para, para que.**

17. Hábitos de consumo personales.

18. **Hacer, reflexionar, concienciar, explicar,** etc.

19 – 20. Conectores: **encima, sobre todo, es más, incluso,** etc.

21. Función expresiva de la entonación.

Foco cultural: Chile

Evaluación

1. Lee estas opiniones y relaciónalas con los siguientes temas.

1. *neuromarketing*
2. *remarketing*
3. publicidad en la calle
4. técnicas de los establecimientos
5. publicidad engañosa

a. No me parece necesario que me vuelvan a anunciar productos o servicios que he buscado antes por internet. Además, no es ético que sepan tantas cosas sobre mí.

b. Siempre ponen dulces y caramelos en las cajas para que, al pagar, en el último momento caigamos en la tentación y los compremos.

c. No es ético usar los estudios científicos sobre el cerebro para hacer mejores campañas de *marketing*.

d. Algunos dicen que puede ser una forma de arte, pero a mí me molesta y me parece que puede ser peligroso porque distrae a los conductores.

e. En los cartones de los huevos muchas veces ponen fotos de gallinas en el campo, para que pensemos que son huevos de gallinas en libertad, pero no es cierto.

2A. Contesta estas preguntas sobre el *marketing* y la publicidad.

Una campaña de publicidad que crees que fue efectiva:

....

....

Un anuncio que te gusta:

....

....

Una tienda que crees que atrae al consumidor:

....

....

Una marca que hace buenas campañas de *marketing*:

....

....

Palabras que asocias con el *marketing* y la publicidad:

....

....

....

....

....

....

2B. Comenta con tus compañeros tus respuestas a A.

3A. Imagina que el vídeo de la página 177 del Libro del alumno no habla de Argentina, sino de tu país. ¿A qué "héroes" podría mencionar? ¿Por qué podrían ser considerados héroes?

....
....
....
....
....
....
....
....
....

3B. Aquí tienes un fragmento de la transcripción del vídeo de la página 177 del Libro del alumno. Transforma las frases en negrita para que sea un anuncio en el que se promocione la participación de tu país en alguna competición deportiva.

Nos apasiona **ese niño/ese cardenal que...**
Nos apasiona **el niño de la villa que llegó a cumplir su sueño y el de su gente**, nos apasiona **el cuento de hadas y la chica que se enamoró de un príncipe y se convirtió en la reina amada por su pueblo**; nos apasiona **ese niño de Newell's que sigue inspirando multitudes y pasión en los cinco continentes**, nos apasiona **ese cardenal jubilado y a veces olvidado que se convierte en papa dando un ejemplo de humildad y grandeza a todo el mundo**, nos apasiona **soñar con ellos y demostrar que nada es imposible**.

....
....
....
....
....
....
....
....
....
....
....
....
....
....
....
....

4. Lee estas citas sobre *marketing*. ¿En qué se diferencian la publicidad y el *marketing*? Explícalo con tus propias palabras.

> La mercadotecnia incluye la investigación, la selección, la comunicación (publicidad y correo directo) y a menudo las relaciones públicas. El *marketing* es a las ventas como la labranza es a un agricultor. Prepara a una audiencia para recibir un argumento de ventas directo.
> —— MARÍA ELENA BIANCO

> El departamento de *marketing* utiliza muchas técnicas avanzadas para juntar producto y comprador de una forma que eleve al máximo los beneficios. Por ejemplo, regalan llaveros.
> —— SCOTT ADAMS

> El *marketing* no es el arte de saber cómo vender lo que produces. Es el arte de saber qué debes producir.
> —— PHILIP KOTLER

....
....
....
....
....

5A. Busca en internet los anuncios Gafas Blind Effect y Perfume Swine, y velos. Los anuncios son de una campaña creada por la agencia publicitaria Grey para la Real Academia Española. ¿Cuál crees que era el debate que quería proponer la RAE a la sociedad española?

....
....
....
....
....
....

5B. ¿En tu lengua también hay neologismos de otras lenguas que se utilizan a menudo en publicidad? ¿Con qué objetivo? Comenta algún caso que conozcas.

....
....
....
....
....

6. Vuelve a leer el texto de las páginas 178 y 179 del Libro del alumno y escribe las palabras que acompañan a estos verbos. Añade otras palabras relacionadas con la publicidad que no salen en el texto.

comparar >

>

consultar >

>

>

fiarse de >

>

confiar en >

>

tomar >

hacer >

>

>

7A. Escribe el nombre de los cinco sentidos.

....

....

....

....

....

7B. Ahora, escribe al menos un verbo relacionado con cada sentido.

vista .... > ver ....

.... > ....

.... > ....

.... > ....

.... > ....

8. Explica con tus propias palabras qué significan estas frases que aparecen en el texto de las páginas 178 y 179.

1. La publicidad **le influye** mucho.

....

....

2. No **se fía de** la publicidad.

....

....

3. Confía más **en** la opinión de otros consumidores.

....

....

4. El olfato es el sentido que más **se fija en** nuestra memoria.

....

....

5. Vivimos en un mundo **inundado de** publicidad.

....

....

6. Resulta difícil **llamar la atención** del consumidor.

....

....

7. El *neuromarketing* **genera polémica**.

....

....

8. Las emociones no venden **por sí solas**.

....

....

9. No parece verdad que todos **compremos por impulso**.

....

....

9A. ¿Qué elementos de los anuncios hacen reír y llorar a los espectadores?

....
....
....
....
....
....
....

9B. ¿Recuerdas algún anuncio en el que aparezcan los elementos que has escrito en A? Descríbelo.

....
....
....
....
....
....
....
....
....
....
....
....

10. ¿Qué opinas sobre estas cosas? Reacciona utilizando uno de estos recursos usados por Carlos, Daniela y Violeta en la actividad 5 de la página 179 del Libro del alumno.

• Es exagerado.
• Me parece una intromisión.
• Es muy pesado.
• (No) me parece bien.
• Me parece fatal.
• Es práctico.

1. Tienes que aceptar las *cookies* para poder navegar mejor.

....

2. Cuando aceptas las *cookies*, se consigue información sobre ti.

....

3. Hay anuncios personalizados en las redes sociales.

....

4. Cuando estás en el extranjero, a veces no puedes ver contenidos de páginas web de tu país.

....

5. Para entrar en algunas páginas web, es necesario crear un perfil de usuario.

....

11. Busca información en internet sobre una de estas disciplinas. Luego, explica en qué consiste con tus propias palabras.

• *marketing* de contenidos
• *marketing* de ciudades

Es una técnica/disciplina...
Consiste en...
Se basa en la idea de que...

....
....
....
....
....
....
....
....
....
....
....
....
....

GRAMÁTICA

12. Traduce las siguientes frases a tu lengua. ¿En tu lengua utilizas dos tiempos verbales diferentes?

No me parece bien **recibir** anuncios personalizados en las redes sociales.

....

....

No me parece bien **que** las empresas **nos envíen** anuncios personalizados en las redes sociales.

....

....

13. Lee este fragmento de noticia y valora la información que da usando estos recursos.

- Me parece fatal/ genial/increíble...
- Me da igual...
- (No) Me parece bien...
- Es lógico/normal...

En los últimos meses, son varias las compañías que se han lanzado a ofrecer productos y servicios a cambio de que el usuario acepte recibir anuncios directos. La mayoría de ellos están centrados en los contenidos multimedia, por los que el usuario obtiene lo que desea a cambio de escuchar unos minutos publicitarios. Hace tiempo que el presidente ejecutivo de Google, Eric Schmidt, vaticinó que el futuro de la telefonía móvil pasaba por las llamadas gratuitas a cambio de publicidad, y hay empresas que ya se han puesto a trabajar sobre ello. Los operadores lo consideran como una especie de subvención, mientras que algunos usuarios lo consideran una invasión de la intimidad. Aun así, desde las empresas que desarrollan este tipo de sistemas se insiste en la idea de que el usuario debe aceptar expresamente recibir la publicidad, ya que es la única forma de que sea efectiva y de que el anunciante tenga la garantía de que la inversión es rentable.

Texto adaptado de 20 minutos

....
....
....
....
....
....
....

14. Utiliza estos recursos para escribir tu opinión sobre las siguientes afirmaciones. Justifícala.

- Es evidente que...
- Está claro que...
- Está demostrado que...
- Me parece que...
- Yo creo que...
- Es falso que...
- No es cierto que...
- A mí no me parece que...
- Es mentira que...
- No es verdad que...

1. Hay mucho sexismo en la publicidad.

....

2. La publicidad es muy útil para los consumidores.

....

3. La publicidad también puede servir para concienciar a la gente acerca de una buena causa y mejorar la sociedad.

....

4. La publicidad es una forma de arte.

....

5. Podemos conocer a una sociedad viendo los anuncios que hace.

....

6. Sin publicidad, la televisión sería mucho más aburrida.

....

15. Una empresa quiere lanzar un nuevo modelo de teléfono móvil entre los estudiantes universitarios. Valora las siguientes estrategias de publicidad y *marketing*, indicando cuáles te parecen mejores o peores y por qué.

1. Patrocinar un concierto en el campus.
2. Patrocinar a un equipo deportivo de la universidad (por ejemplo, un equipo de baloncesto).
3. Enviar correos electrónicos a todos los estudiantes con detalles sobre el nuevo móvil.
4. Hacer un sorteo en las redes sociales. Los ganadores recibirán gratis un teléfono.
5. Poner carteles en las residencias de estudiantes, donde viven muchos de los universitarios.
6. Recoger información personal de los estudiantes a cambio de un pequeño regalo y después enviarles publicidad personalizada.

....
....
....
....
....
....
....
....
....

LÉXICO

16. Escribe para qué realizan en publicidad las siguientes acciones.

1. Los investigadores en *neuromarketing* estudian cómo funciona el cerebro.

Lo hacen para ....

....

2. Con el sistema de *eye tracking* registran el recorrido de la mirada del consumidor en una tienda.

Lo hacen para ....

....

3. Estudian las reacciones de los consumidores (ritmo cardiaco, dilatación de las pupilas) ante diferentes estímulos.

Lo hacen para ....

....

4. Los supermercados tienen estrategias, como poner dulces y caramelos en las cajas o poner la leche al fondo del establecimiento.

Lo hacen para que los consumidores ....

....

5. Mediante el *remarketing* estudian las visitas de una persona a una página web.

Lo hacen para que los consumidores ....

....

6. Los publicistas crean anuncios que nos hacen reír y llorar.

Lo hacen para que ....

....

7. Las marcas recogen datos personales de posibles consumidores en internet.

Lo hacen para ....

....

8. Muchas empresas ofrecen descuentos y ventajas si te registras en sus clubs.

Lo hacen para que los consumidores ....

....

9. A veces, antes del lanzamiento de un producto, lo venden solo en una ciudad pequeña.

Lo hacen para ....

....

10. Los compradores racionales consultan foros y redes sociales.

Lo hacen para ....

....

17. Contesta estas preguntas.

1. ¿Qué compras por impulso?
- ☐ Ropa.
- ☐ Comida.
- ☐ Aparatos electrónicos.
- ☐ Libros.
- ☐ Otros: ....

2. ¿Qué compras por internet?
- ☐ Ropa.
- ☐ Comida.
- ☐ Aparatos electrónicos.
- ☐ Libros.
- ☐ Otros: ....

3. ¿Qué tipo de anuncios te gusta ver?
- ☐ Anuncios de perfumes.
- ☐ Anuncios de coches.
- ☐ Anuncios de bebidas.
- ☐ Anuncios de juguetes.
- ☐ Campañas de sensibilización.
- ☐ Otros: ....

4. ¿Qué tipo de publicidad recibes en el buzón?
- ☐ De restaurantes.
- ☐ De agencias inmobiliarias.
- ☐ De empresas de reparación.
- ☐ Otros: ....

5. Cuando compras, ¿te dejas influenciar por alguien?
- ☐ Por las opiniones de otra gente.
- ☐ Por la publicidad.
- ☐ Por la moda.
- ☐ Otros: ....

6. ¿Cuándo comparas precios?
- ☐ Antes de ir al mercado o al supermercado para comprar comida.
- ☐ Antes de comprar una bici, una moto o un coche.
- ☐ Antes de comprar un aparato electrónico.
- ☐ Antes de comprar una prenda de ropa.
- ☐ Otros: ....

18. Completa las siguientes frases con estos verbos en la forma adecuada.

| hacer reflexionar | concienciar | explicar |
| manipular | emocionar | engañar |

1. Yo solo me acuerdo de los anuncios que me ....

y me hacen llorar.

2. A mí me gustan los anuncios que tienen un valor

informativo, es decir, que .... algo a la gente.

3. Yo creo que la publicidad .... y ....

a las personas porque hace creer que necesitamos

cosas que en el fondo no necesitamos.

4. La publicidad puede servir para .... a la

gente sobre algún tema importante, para que seamos

mejores ciudadanos. Esos anuncios nos

.... y eso me parece interesante.

CARACTERÍSTICAS DEL TEXTO

19. Indica qué conector es más apropiado en cada caso.

1.
a. La educación hoy en día es enormemente importante, ... a la hora de buscar trabajo.
b. No hay derecho, en casi todas las ofertas de trabajo piden un montón de cosas: es necesario tener un grado, un máster, hablar idiomas y .... haber estudiado un año en otro país. ¡Y qué más!

encima / sobre todo

2.
a. Los jóvenes están cada vez mejor formados, ..., creo que nunca han estado tan preparados como en la actualidad.
b. Los jóvenes están cada vez mejor formados: tienen varios títulos, hablan varios idiomas y han hecho prácticas en varias empresas. ...., muchos de ellos han estudiado en el extranjero.

es más / además

3.
a. Muchos jóvenes tienen problemas para encontrar trabajo, ... teniendo una gran formación académica.
b. Muchos jóvenes tienen problemas para encontrar trabajo, ... los que no tienen estudios.

incluso / sobre todo

4.
a. El profesor me ha suspendido y .... ha querido hablar conmigo para explicarme las razones.
b. El profesor me ha suspendido y .... me ha dicho que mi examen ha sido muy flojo.

además / ni siquiera

20. Completa las frases de forma adecuada.

1. Me molesta la publicidad en las redes sociales, **sobre todo** ....

2. Me molesta la publicidad en las redes sociales, **es más**, ...

3. Me gustan todos los anuncios, **incluso** ....

4. Me gustan todos los anuncios, **además** ....

5. Hay un montón de anuncios sexistas y **encima** ....

6. Hay un montón de anuncios sexistas y **ni siquiera** ....

7. Se están haciendo muchos esfuerzos para reducir la obesidad infantil, **incluso** ....

8. Se están haciendo muchos esfuerzos para reducir la obesidad infantil, **además** ....

SONIDOS

21A. **Escucha estas dos frases. ¿Qué diferencias ves en la entonación?**
🔊 **¿Qué se busca con la entonación de la segunda frase?**
41

1. Otra vez el mundial, otra vez el himno, las expectativas, la pasión…
2. Nos apasiona soñar con ellos y demostrarnos que nada es imposible.

....

....

....

....

....

....

21B. **Vuelve a ver el vídeo "Héroes que nos inspiran", de la página 177 del Libro del alumno. Presta atención a cómo cambia la entonación a lo largo del vídeo. En el tercer párrafo de la transcripción, subraya las frases más expresivas y rodea con un círculo las palabras más destacadas.**

21C. **Haz lo mismo con el texto que has escrito en la actividad 3B y luego grábate leyéndolo.**

Lo que nos apasiona es inspirarnos, nos apasiona ver gente que no se rinde, que pelea hasta el último minuto y logra triunfar; nos apasionan las historias épicas, de anotar en el último momento, sí, pero porque nos apasionan los héroes, nuestros héroes, los del barrio.

Nos apasiona el pibe de Tandil que les gana a los mejores del mundo, nos apasiona aquel que no se rinde en la batalla y logra maravillas.
Nos apasiona el niño de la villa que llegó a cumplir su sueño y el de su gente, nos apasiona el cuento de hadas y la chica que se enamoró de un príncipe y se convirtió en la reina amada por su pueblo; nos apasiona ese niño de Newell's que sigue inspirando multitudes y pasión en los cinco continentes, nos apasiona ese cardenal jubilado y a veces olvidado que se convierte en papa dando un ejemplo de humildad y grandeza a todo el mundo, nos apasiona soñar con ellos y demostrarnos que nada es imposible.

Porque el héroe no es el que triunfa siempre, es el que se cae, el que sufre, pero se vuelve a levantar; es el que acepta su humanidad, es el humilde que revela grandeza, es el pequeño que se hace grande, pero que cree en sus sueños, como tantos héroes que creyeron, que nos unieron, que nos hablan desde la historia y que nos inspiran todos los días…
Bienvenido al mundial. Creamos en nuestros sueños.

FOCO CULTURAL

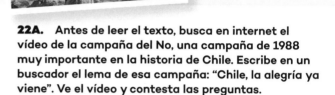

Franja del "No"

En 1988, Pinochet debía someterse a un referéndum ciudadano que decidiría si gobernaba otros ocho años más.

El 5 de septiembre de 1988, a las 11 de la noche, aparecieron los primeros espacios de propaganda electoral en los televisores de todos los chilenos. Tanto la opción del "Sí" como la del "No" disponían de 15 minutos diarios para convencer a la ciudadanía sobre las ventajas y/o desventajas de tener a Pinochet hasta 1997.

Desde el principio, las dos franjas se diferenciaron como el día y la noche. La propaganda del "Sí" prefirió recurrir a una "campaña del terror", como la calificaron sus detractores, enfatizando la inminente sensación de caos que se instalaría en el país si se producía una derrota del gobierno militar. Volverían los temidos "marxistas" y el crecimiento económico experimentado por el país en la década se extinguiría.

La propaganda del "No", en la que participaron los artistas y actores más destacados del país, en tanto, fue inteligente, sutil y efectiva desde el principio. Sin entrar en el juego de las descalificaciones de la propaganda rival, los publicistas y comunicadores de la oposición apelaron a un emotivo mensaje de esperanza, salpicado de vez en cuando de mucho humor.

Con el correr de los días, se palpó qué franja era la que estaba conquistando el corazón y la intención de voto de los televidentes. El propio ministro del Interior del régimen militar, Sergio Fernández, admitiría años después que los resultados de la campaña del "Sí" fueron lamentables.

Lo demás es historia conocida. El general Pinochet fue derrotado gracias a que la opción del "No" se impuso sobre el "Sí", con un porcentaje del 55,99 % contra un 44,01 %. Miles de chilenos salieron el día 6 de octubre a las calles a celebrar.

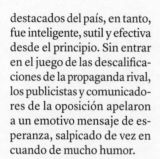

Fuente: guioteca.com

22A. Antes de leer el texto, busca en internet el vídeo de la campaña del No, una campaña de 1988 muy importante en la historia de Chile. Escribe en un buscador el lema de esa campaña: "Chile, la alegría ya viene". Ve el vídeo y contesta las preguntas.

• ¿Qué tipo de campaña publicitaria crees que era?

....

• ¿A qué o quién crees que va dirigido el no ("vamos a decir que no", "voy a decir que no")?

....

22B. Lee el texto y comprueba tus hipótesis.

22C. Indica cuáles son las características de cada campaña, según el texto.

	Campaña del "sí"	Campaña del "no"
Utilizaba el miedo.	....	....
Advertía del desorden.	....	....
Tenía un mensaje positivo.	....	....
Transmitía esperanza.	....	....
Hablaba de los éxitos económicos.	....	....
Utilizaba el humor.	....	....

22D. Sin mirar en el diccionario, ¿qué crees que significa la palabra franja en el texto?

22E. Busca el vídeo de la campaña del "Sí". ¿Identificas las características que se mencionan en el texto? Añade otras y luego coméntalo en clase.

23. ¿Quieres saber más sobre la historia reciente de Chile? Busca información en internet sobre estos temas y anota lo más relevante.

| Gobierno de Unidad Popular | Salvador Allende |

| Augusto Pinochet | dictadura |

| transición a la democracia |

1. Completa el siguiente mapa mental con vocabulario de la unidad.

Tipos de publicidad

....

....

....

....

....

Objetivos de la publicidad

....

....

....

....

....

PUBLICIDAD

Adjetivos para describir una campaña

....

....

....

....

....

Técnicas publicitarias

....

....

....

....

....

2. Piensa en un anuncio que no te gusta nada. Escribe un texto para un foro de internet describiendo el anuncio y valorándolo.

....

....

....

....

....

3. Marca la respuesta correcta.

1. Es evidente que la mayoría de la gente .... sin pensar.

a. compre   **b.** comprar   **c.** compra

2. Me parece que algunos anuncios .... muy sexistas.

a. sean   **b.** son   **c.** ser

3. No me parece bien que .... tantos anuncios sexistas.

a. hay   **b.** haya   **c.** hayan

4. Me parece fatal que la publicidad .... manipular nuestras decisiones.

a. intenta   **b.** intente   **c.** intentaba

5. En las grandes superficies todo está diseñado para .... cómodos.

a. estemos   **b.** estamos   **c.** que estemos

6. Es conveniente consultar foros y redes sociales para .... antes de comprar.

a. informarnos   **b.** informamos   **c.** informemos

7. Creo que hay mucho sexismo presente en la publicidad. ...., creo que casi todos los anuncios tienen elementos sexistas.

a. Es más   **b.** Encima   **c.** Ni siquiera

8. Esta campaña es muy mala: agresiva, engañosa, y .... es creativa.

a. encima   **b.** incluso   **c.** ni siquiera

9. Yo, como consumidor, ... especialmente de otros consumidores.

a. confío   **b.** me fío   **c.** me confío

10. Esta campaña es muy polémica. Es evidente que está pensada para .... y conseguir así que se hable de ella.

a. divertir   **b.** provocar   **c.** engañar

DIARIO DE APRENDIZAJE

¿Qué es lo más útil o importante que he aprendido?	Palabras relevantes para mí:
....	....
¿Qué actividades me han ayudado más?	....
....	**Estructuras gramaticales interesantes:**
¿Qué me parece difícil todavía?	....
....	....
¿Qué me interesa hacer en relación con esta unidad? (información que quiero buscar, algo que quiero leer, película que quiero ver, música que quiero escuchar, etc.)	**Errores que cometo:**
....	....

15

HISTORIAS Y DESAFÍOS

1. Test sobre conocimientos generales de la unidad.

2. Un acontecimiento histórico.

3. Escribir preguntas sobre acontecimientos históricos.

4. Combinaciones léxicas sobre política internacional.

5. Objetivos de la ONU.

6. Comprender un testimonio audiovisual.

7. Completar una biografía.

8. Trabajo con poemas breves.

9. Escritores saharauis.

10. Datos de Guinea Ecuatorial.

11. Comprender y analizar un cuento escrito en pasado.

12 –13. Indefinido/imperfecto.

14. Contar un cuento tradicional.

15. Completar frases con el pretérito pluscuamperfecto.

16. Completar una biografía.

17. Escribir biografías.

18. Frases de relativo.

19. **Como/cómo, cuando/ cuándo, donde/dónde**.

20 – 22. Léxico sobre política internacional.

23. **Luchar por, huir de, ocupar**...

24. Tipos de argumentos.

25. Nominalización.

26. La aspiración de la **s**.

Foco cultural: Guinea Ecuatorial

Evaluación

PUNTO DE PARTIDA

1. Marca la respuesta correcta.

1. El acuerdo de paz que se firmó al finalizar la Primera Guerra Mundial fue el...
   a. Tratado de Berlín.
   b. Tratado de Schengen.
   c. Tratado de Versalles.

2. El organismo internacional que se fundó en 1945 al finalizar la Segunda Guerra Mundial fue la...
   a. Organización de las Naciones Unidas (ONU).
   b. Organización del Tratado del Atlántico Norte (OTAN).
   c. Unión Europea (UE).

3. A finales del siglo XIX, las principales potencias europeas se repartieron las colonias africanas en la...
   a. Conferencia de Berlín.
   b. Conferencia de Múnich.
   c. Conferencia de Potsdam.

4. El principal destino de los esclavos africanos durante la época colonial fue...
   a. Francia e Inglaterra.
   b. España y Portugal.
   c. América y el Caribe.

5. La mayoría de los movimientos de independencia de los países hispanoamericanos tuvieron lugar en el siglo...
   a. XVII.
   b. XVIII.
   c. XIX.

2A. Completa las frases con la palabra o expresión correspondiente. ¡Sobran dos!

una guerra civil   un movimiento independentista

una monarquía   una dictadura   México y Argentina

Argentina   Italia y Alemania

Durante la década de 1930 tuvo lugar .... en España. Como consecuencia de ella, de 1939 a 1975 los españoles vivieron bajo ....

Dos países aliados al régimen fueron

....

Muchos españoles tuvieron que exiliarse a

....

2B. ¿Qué más sabes sobre este hecho de la historia de España? Apunta algunas ideas en tu cuaderno y compártelas en clase.

3. Busca en la unidad otros hechos históricos y escribe tres preguntas. Al terminar la unidad, jugad en clase. ¿Quién acierta más?

1. ....
2. ....
3. ....

4A. El trabajo de las Naciones Unidas se basa en estos cinco pilares. Complétalos con la palabra correspondiente.

| ayuda | derecho | Derechos | desarrollo | paz |

1. Defender el .... internacional.
2. Distribuir .... humanitaria.
3. Mantener la .... y la seguridad.
4. Promover el .... sostenible.
5. Proteger los .... Humanos.

4B. Explica con tus palabras qué significa cada uno.

....
....
....
....
....

5A. Relaciona cada una de estas acciones con el objetivo correspondiente de la Agenda 2030 de la ONU.

1. Construir letrinas en áreas rurales.
2. Desarrollar sistemas de alerta de desastres naturales.
3. Eliminar la basura química en ríos.
4. Establecer políticas migratorias no discriminatorias.
5. Fomentar las microempresas.
6. Garantizar el acceso libre a la información.
7. Prohibir el trabajo infantil.
8. Promover la inclusión social de todas las personas.
9. Reducir las emisiones de CO2.

6 AGUA LIMPIA Y SANEAMIENTO

....
....

8 TRABAJO DECENTE Y CRECIMIENTO ECONÓMICO

....
....

10 REDUCCIÓN DE LAS DESIGUALDADES

....
....

13 ACCIÓN POR EL CLIMA

....
....

5B. Vuelve a la infografía de la página 187 en el Libro del alumno. Escoge tres objetivos más y escribe tres acciones que se pueden llevar a cabo para conseguirlos.

....
....
....
....
....
....

6A. Vuelve a ver el vídeo "Informar sobre África". ¿Qué dice José Naranjo sobre estos temas?
16

Recursos y medios	Interés de los medios en África	Situación actual en África
....	....	....
....	....	....
....	....	....
....	....	....

6B. Compara tus notas con las de un compañero.

7. Ahora completa la biografía de José Naranjo con los siguientes verbos en la forma y el tiempo verbal adecuados.

| colaborar | especializarse | nacer | vivir |
| estudiar | hacer | recibir | ser | terminar |

José Naranjo (1) .... en Gran Canaria en 1971. (2) .... Periodismo en Madrid y (3) .... en 1994. Desde entonces (4) .... periodista independiente, (5) .... con medios como *El País* y Cadena SER y (6) .... en el fenómeno de la inmigración africana hacia España.

(7) .... numerosos premios por su trabajo. Entre los años 2011 y 2016 (8) .... un seguimiento sobre el terreno de la guerra de Malí, la epidemia de ébola en Guinea Conakry, Sierra Leona y Liberia y el conflicto de Boko Haram en Chad, Níger y Nigeria. Desde 2011 (9) .... en África (entre Senegal y Malí).

8A. ¿Con cuál de los siguientes conceptos (u otros) relacionas los poemas? ¿Por qué?

> Un beso,
> solamente un beso,
> separa
> la boca de África
> de los labios de Europa.
> — LIMAM BOICHA

> No hay palabras
> que me alivien
> y solo soy fuerte
> si te lloro
> y solo existo
> si te pienso.
> — MOHAMED ALI ALI SALEM

> Se esconden los crímenes,
> se negocian los principios
> y se intenta sigilosamente matar
> una esperanza.
>
> Entonces,
> ¿qué es la carta magna del mundo?
> — BAHIA MAHMUD AWAH

1. Cooperación: *Yo lo relaciono con...*
porque...

2. Distancia: ....

3. Derechos Humanos: ....

4. Política internacional: ....

5. Identidad: ....

6. Derechos Humanos: ....

7. Amor: ....

8. ....

8B. Escribe ahora tus propios poemas.

> Un ....,
> solamente un ....
> separa ....
> de ....

> Se esconden ....,
> se negocian ....
> y se intenta sigilosamente ....
> un/a ....
>
> Entonces,
> ¿qué es ....?

9A. Vuelve a leer el texto "Letras saharauis. Resistir con la palabra" en la página 188 del Libro del alumno y responde las siguientes preguntas.

1. ¿Dónde se formaron muchos de los integrantes de la Generación de la Amistad Saharaui?

....

2. ¿Por qué les costó la vuelta a los campamentos?

....

3. ¿Por qué motivo se instalaron en España?

....

9B. Escribe en tu cuaderno, con tus propias palabras, cómo puede la literatura ser un arma.

10. Completa esta ficha con datos sobre Guinea Ecuatorial.

Capital:	Año de independencia: ....
Lenguas oficiales:	Durante los años 70, ¿qué tipo de gobierno existía? ....
Lenguas autóctonas:	¿Qué marcó la vida política del país en 1979? ....
Etnias y culturas:	¿Cada cuántos años se celebran elecciones? ....
Países limítrofes:	Gobierno actual: ....
Principal recurso natural:	Otros datos de interés: ....
¿Qué país dominó Guinea Ecuatorial hasta 1778?	
Periodo colonial español:	

GRAMÁTICA

11A. Lee estos fragmentos del cuento "La Guerra de Hormelef", del escritor ecuatoguineano Juan Manuel Davies, y ordena la historia.

Por eso (a) cuando se murió el jefe supremo de Hormelef, el gran Nkúkuma, Hormelefnkúkuma, sus dos hijos gemelos decidieron dividir el poblado y formar dos nuevos poblados diferentes.

Érase una vez un poblado tan pequeño que solo tenía dos clases de animales: los antes y las igas. El poblado se llamaba Hormelef. Estaba cerca de Etiopía y los animales allí eran iguales en todo: tamaño, fuerza, velocidad, todo.

Desde entonces todos conocieron a las igas o animales pequeños de Horm, como "hormigas" y a los antes o animales grandes de Elef, como "elefantes".

Cuando las igas se dieron cuenta de que (b) los antes les robaban la comida, iniciaron una guerra que duró varios años.

Ya nadie sabe cómo ni por qué, pero llegó una época en que los antes empezaron a robar la comida a las igas y poco a poco los antes empezaron a engordar y a ser más grandes, mientras que las igas se volvían cada vez más pequeñas porque casi no comían nada.

Para separar a los dos grupos de animales y terminar así la guerra, (c) el nuevo Nkúkuma de Horm, Hormnkúkuma, se llevó a los animales pequeños con él y el Nkúkuma de Elef, Elefnkúkuma, se quedó con los grandes.

Durante la guerra de Hormelef, las igas, para no ser exterminadas, empezaron a crear unos pasadizos subterráneos para esconderse y sorprender a los antes.

(d) La guerra continuaba día tras día, mes tras mes, año tras año, destruyendo la quietud y el magnífico equilibrio que disfrutaban los habitantes del poblado.

Fuente: cervantesvirtual.com

 ATENCIÓN

En español, las fábulas y cuentos empiezan a menudo con las expresiones Érase una vez o Había una vez.

11B. Fíjate en las frases destacadas en el relato y en los tiempos verbales que se utilizan en ellas. ¿Para qué se usa cada tiempo del pasado? Escribe el nombre correspondiente al lado de cada explicación.

1. Presentar y enumerar acciones terminadas o hacer avanzar la historia con acciones:

....

2. Describir situaciones como no terminadas o en desarrollo o presentar circunstancias que enmarcan las acciones:

....

11C. Lee las siguientes frases y relaciona cada una con uno de estos esquemas.

	1	2
1. La guerra continuaba día tras día, mes tras mes, año tras año.	☐	☐
2. La guerra duró tres largos años.	☐	☐
3. Las igas se volvían cada vez más pequeñas porque casi no comían nada.	☐	☐
4. Las igas cambiaron de tamaño como consecuencia de la desnutrición.	☐	☐

1. Describir una acción pasada en su desarrollo.

2. Narrar un evento pasado terminado, en su totalidad.

1999   2002

11D. Resume ahora el relato con tus propias palabras utilizando los siguientes recursos.

Antes de la guerra ....

....

....

Durante la guerra ....

....

....

Después de la guerra ....

....

....

12. Marca la opción correcta en cada caso.

1. Cuando mi padre terminó de contarme su historia, me **ponía/puse** a llorar.

1. Cuando era estudiante, no me **gustaron/gustaban** las asignaturas de historia.

1. Mi madre dice que cuando llegó a este país, la gente **estaba/estuvo** bastante informada y dispuesta a ayudar.

1. Encontró trabajo rápidamente, porque **tenía/tuvo** muchos contactos en ese país.

1. Como tenían una vida con familia, trabajo y buenos amigos aquí, mis abuelos **decidieron/decidían** no volver a su país de origen después del exilio.

13A. Continúa cada enunciado con el final más adecuado.

1. Ayer fuimos a una conferencia sobre África	**a.** y nos llegó un mail cancelando el evento.
2. Ayer íbamos a una conferencia sobre África	**b.** y nos pareció muy interesante.
3. Cuando volvía a España,	**a.** conocí en el avión a una activista muy interesante.
4. Cuando volví a España,	**b.** conocí en la universidad a una activista muy interesante.
5. Estuve de voluntaria en el campamento	**a.** cuando me dijeron que tenía que volver a mi país por razones diplomáticas.
6. Estaba de voluntaria en el campamento	**b.** durante tres meses. Luego volví a casa.
7. Vivía en Madrid	**a.** cuando acabó el conflicto en mi país. Fue una gran noticia.
8. Viví en Madrid	**b.** hasta que acabó el conflicto en mi país, en total tres años.

13B. Relaciona cada frase con su interpretación.

1. Cuando llegó, su padre se fue.	**a.** Vio a su padre un momento.
2. Cuando llegó, su padre se había ido.	**b.** No vio a su padre.
3. Cuando terminó los estudios, empezó a trabajar.	**a.** Trabajó durante los estudios.
4. Cuando terminó los estudios, ya había empezado a trabajar.	**b.** Trabajó después de los estudios.
5. Al volver a su país, formaron una familia.	**a.** Formaron la familia en el extranjero.
6. Cuando volvieron a su país, ya habían formado una familia.	**b.** Formaron la familia en su país.

14. Piensa en un cuento típico de tu país y escríbelo en español en tu cuaderno. Puedes utilizar algunos de los siguientes recursos.

- Érase una vez
- Cuando
- Llegó una época en que
- Mientras
- Durante
- Desde entonces

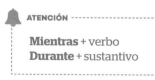

ATENCIÓN ----------

Mientras + verbo
Durante + sustantivo

15. Completa las frases con el verbo adecuado en pretérito pluscuamperfecto.

| conocer | emigrar | informarse | terminar | ver |

1. Luis viajó a Córdoba para reencontrarse con su hermana, que .... a Argentina tres años antes.

2. Cuando volvió a su país, los conflictos armados ya ....

3. No reconocimos a nuestro hijo porque no lo .... desde que nació.

4. Al llegar, Mario contactó con un amigo que .... durante un voluntariado.

5. Yo conocía muy bien la situación del país: .... antes de viajar allá.

16. Completa la biografía de Alfred Nobel con los verbos en pretérito imperfecto, indefinido o pluscuamperfecto.

Alfred Nobel (nacer) .... en Estocolmo en 1833. Cuando (ser) .... niño, su familia (irse) .... a vivir a Rusia. A los 17 años ya (hablar) .... ruso, francés, inglés y alemán de manera fluida.

Su padre lo (enviar) .... al extranjero para ampliar sus conocimientos en ingeniería química. En París (conocer) .... al químico italiano Ascanio Sobrero, quien tres años antes (inventar) .... la nitroglicerina, un líquido altamente explosivo. En 1863, Nobel (volver) .... a Suecia con su padre y su hermano Emil. Allí (trabajar) .... en el desarrollo de la nitroglicerina como un explosivo de uso comercial. Un año después su hermano y otras personas (morir) .... a causa de una explosión, pero este hecho no (detener) .... los experimentos. En 1867 Nobel (inventar) .... la dinamita. Al morir, en 1896, (patentar) .... 355 materiales químicos y sintéticos. (dejar) .... parte de su fortuna para la creación de un premio para personas destacadas en cinco campos: física, química, medicina, literatura y paz. Los primeros premios se (entregar) .... cinco años después de su muerte.

Fuente: nobelprize.org

17A. Observa la información sobre Malala Yousafzai, la premio Nobel más joven de la historia, y escribe en tu cuaderno un texto sobre ella con los recursos que aparecen más abajo.

Fecha y lugar de nacimiento:
Mingora, Pakistán, 1997

2007: El régimen talibán empieza a controlar el valle Swat.

2008: Aproximadamente 400 escuelas destruidas por el régimen talibán, Malala en TV: "¿Cómo se atreven los talibanes a quitarme el derecho básico a la educación?".

2009: Se prohíben la televisión, las actividades culturales y la escuela a niñas.

2009: Opinión y testimonio de Malala: blog de BBC, documental del *New York Times*.

2011: Premio National Youth Peace Prize (Pakistán).

2012: Atentado talibán (disparos) en contra de Malala camino del colegio a casa, la comunidad internacional apoya a Malala.

2013: Publicación del libro *Yo soy Malala*.

2014: Nobel de la Paz por su lucha por el derecho de todos los niños a la educación.

2013-2015: Aparición en la lista de las "100 personas más influyentes" de la revista *Time*.

2017: Nombramiento de Malala como Mensajera de la Paz de la ONU.

- De niña...
- A los X años...
- Poco antes / Pocos años antes...
- Mucho (tiempo) después...
- Antes/después de...
- Al...
- Durante...
- En 2008...
- Cuando...
- Ese mismo año...

 ATENCIÓN

Antes de / después de + infinitivo
Antes de salir
Después de llegar

17B. ¿A quién le darías tú el premio Nobel de la Paz y por qué? Escribe su biografía en tu cuaderno y razona tu elección. Puedes usar los recursos de la actividad anterior.

18A. Relaciona los elementos de las columnas para formar definiciones.

Una elección	es un documento	con el que	puedes resolver asuntos legales.
Una embajada	es un lugar	en el que	la ciudadanía participa en la toma de decisiones políticas.
Un pasaporte	es un procedimiento		puedes identificarte internacionalmente.
Un referéndum			los ciudadanos eligen a sus representantes políticos.
Un tratado			se puede poner fin a un conflicto.
Un tribunal			puedes recibir protección de tu país en otro.

....
....
....
....
....
....
....
....
....
....
....

18B. Fíjate en las notas (en azul) que tomó un periodista para preparar su entrevista a un reconocido escritor exiliado y completa las preguntas con la estructura de relativo correspondiente.

preposición + artículo (**el/la/los/las**) + **que**

1. Se ha enfrentado **a** muchos problemas por su actividad política.

¿Cuál es el mayor problema .... se ha enfrentado por su actividad política?

2. Vino a este país **por** múltiples razones.

¿Cuáles son las principales razones .... decidió venir a este país?

3. Su país de origen se encuentra **en** una situación complicada.

¿Qué opina sobre la situación política .... se encuentra su país actualmente?

4. Le gustaría volver a ver **a** muchas personas de su país.

¿Quiénes son las personas de su país .... le gustaría más volver a ver?

19. Completa las frases con la opción adecuada.

cuándo/cuando   cómo/como

1. ¿............................ fue la última vez que no supiste .... reaccionar a una situación?

dónde/donde   cuándo/cuando

2. ¿............................ ibas de niño/-a .... querías estar solo/-a o esconderte?

cómo/como   cuándo/cuando

3. ¿............................ te sientes .... piensas en tu futuro y en el futuro del planeta?

cómo/como   dónde/donde

4. ¿............................ imaginas un mundo .... todas las personas sean iguales?

LÉXICO

20A. Completa las frases con los pares de palabras correspondientes.

el racismo / la explotación

la guerra / el desplazamiento

la intolerancia / el exilio

las protestas / la caída

1. .... civil guatemalteca provocó .... de muchas personas.
2. .... fue la ideología en la que se basó .... de africanos durante la época colonial.
3. .... masivas contribuyeron a .... del régimen militar en Chile.
4. .... política de la posguerra ocasionó .... de muchos republicanos españoles a México.

20B. Escribe sobre acontecimientos que conozcas de la historia universal utilizando estos pares de palabras.

tratado/conflicto   reivindicación/derecho

muro/frontera   deportación/campamento

....
....
....
....
....
....
....
....
....

21A. Relaciona las columnas para formar combinaciones de palabras.

1. acuerdo   **a.** civil
2. conflicto   **b.** colonial
3. crisis   **c.** ocupado
4. dominio   **d.** bilateral
5. guerra   **e.** política
6. territorio   **f.** armado

21B. Escribe frases utilizando cada una de las combinaciones anteriores.

1. *Alemania y Francia tienen acuerdos bilaterales para la cooperación cultural, política y económica.*
2. ....
3. ....
4. ....
5. ....
6. ....

22A. Completa con el sustantivo correspondiente.

estado   golpe   guerra   movimiento   tratado

1. .... de paz
2. .... de protesta
3. .... de independencia
4. .... de derecho
5. .... de estado

22B. Define las expresiones anteriores con tus propias palabras.

....
....
....
....
....
....
....
....
....
....

23. Escribe estas palabras en la serie correspondiente. Luego continúa las series. Hay varias posibilidades.

la libertad	un conflicto
el dominio	un asentamiento
un territorio	un ataque

luchar por

luchar contra

intervenir en

huir de

rebelarse contra

fundar

ocupar

reivindicar

24A. Relaciona las expresiones con el tipo de argumento que pueden introducir.

1. A manera de ejemplo...
2. Por lo anterior...
3. Al igual que...
4. Algo cuestionable viniendo de una persona que...
5. Como señala el reconocido analista...
6. Del mismo modo...
7. Es evidente que...
8. De acuerdo con la experta...
9. No se puede dar crédito a alguien como...
10. Por eso...
11. Un caso paradigmático es...
12. Está comprobado que...

Ad hominem	....
Analogía	....
De autoridad	....
De causa-efecto	....
Ejemplificación	....
Racional	....

24B. Añade una expresión para cada tipo de argumento.

....

....

....

....

....

....

24C. Escribe distintos tipos de argumentos a favor o en contra de la siguiente afirmación: "Vivimos en la era de la burbuja informativa y la desinformación".

....

....

....

....

....

....

....

....

....

....

....

CARACTERÍSTICAS DEL TEXTO

25A. La nominalización es común en los titulares de periódicos. Reformula los titulares transformando los sustantivos y las palabras que sean necesarios.

> ### La música como escape de la guerra entre los jóvenes sirios

Los jóvenes sirios escapan de la guerra a través de la música.

> ### Indignación con el Estado Islámico por la destrucción de la famosa mezquita

> ### México destaca la importancia de la cooperación con Estados Unidos

> ### Ha muerto Simone Veil, icono de la lucha por los derechos de la mujer

> ### *The New York Times* cuestiona la independencia de los medios tradicionales españoles

> ### Alarma en todo el país ante las lluvias torrenciales

25B. Piensa en tres noticias que has escuchado esta semana y escribe titulares como los de la actividad anterior.

SONIDOS

26A. Escucha unos fragmentos de entrevistas a 🔊 estas personas. ¿Sobre qué temas habla cada 42 una de ellas?

| turismo | fiestas | historia | música | política |

1. Josefa Dorta (Canarias): ....

2. Ana María González Mafud (Cuba): ....

3. Carlos Alberto Posineri Scala (Paraguay): ....

4. Abelardo San Martín (Chile): ....

26B. Escucha estas frases que dicen los 🔊 entrevistados de A y fíjate en la pronunciación 43 de la s. ¿Qué observas?

1. Se ha bu**s**cado también nueva**s** fuente**s** de economía turí**s**tica.

2. La**s** grande**s** orque**s**tas cubana**s**, los grande**s** compositore**s** cubano**s** de orquesta**s** bailable**s**, etc.

3. El Rey Carlo**s** V le había otorgado enorme**s** tierra**s**.

4. Las mujere**s** y lo**s** hombre**s** chileno**s** tratan de hacer gala de su**s** arte**s** gastronómica**s**.

 ATENCIÓN

Cuando la /s/ está al final de una sílaba, pueden darse dos fenómenos: la aspiración, <tres> [tréh], o la eliminación: <esto> [étto].

 ATENCIÓN

El debilitamiento de la s es común en el Caribe, Centroamérica, Venezuela, costas de Colombia y del Caribe, algunas áreas de Ecuador y de México, costa norte del Perú, Chile, región porteña y parte del interior de Argentina, Paraguay, sur de España e Islas Canarias. El sonido se debilita hasta desaparecer en Panamá, costas de Colombia y Venezuela, regiones de Cuba, Puerto Rico y República Dominicana.

27. Escucha y marca en cuáles de estas frases se 🔊 aspira o elimina la s y en cuáles se pronuncia. 44

1. nuestros amigos

2. islas caribeñas

3. comidas típicas

4. fiestas nacionales

5. bosques protegidos

6. políticas estatales

7. grupos ecologistas

8. escritores españoles

FOCO CULTURAL

Guinea Ecuatorial, ese desconocido paraíso de biodiversidad

Guinea Ecuatorial es un pequeño país del África Central que acoge en sus poco más de 28 051 km² una de la mayor biodiversidad del mundo. Comparable, o incluso superando (como se atreven a afirmar algunos biólogos que han visitado el país), a la archiconocida meca del ecoturismo, Costa Rica.

El país, junto a Camerún, República Centroafricana, República Democrática del Congo, Gabón y la República del Congo, forma la Cuenca del Río Congo, una selva tropical de 180 millones de hectáreas que se extiende por el corazón de África y es la segunda zona boscosa más grande del mundo, después de la Amazonía. Lo llaman el segundo pulmón del planeta, y es además una de las últimas regiones de la Tierra dominadas por el bosque en su estado más puro.

Sin embargo, la riqueza que en muy pocos años han generado los pozos petrolíferos descubiertos en Guinea Ecuatorial en los años 90 ha empujado el país a un desarrollo sin precedentes en África. Con una renta per cápita de más 15 514 € en el año 2013 (de las más altas del continente) y un rápido crecimiento económico, Guinea Ecuatorial es hoy un país en construcción. Nuevas infraestructuras, éxodo rural, ampliación de las ciudades, aumento del consumo y poca conciencia ecológica han hecho que en muy poco tiempo las formas tradicionales y ancestrales con las que los ecuatoguineanos se relacionaban con su entorno hayan cambiado, llegando a constituir una amenaza para su riquísima variedad de ecosistemas. La disminución de los bosques, la caza comercial de especies amenazadas y en peligro de extinción o la gestión de los residuos son los principales riesgos que afronta el país.

Texto adaptado de ecoticias.com

28. ¿Qué sabes de Guinea Ecuatorial? Escribe cinco cosas que asocias con el país.

....

....

....

....

....

....

29. Di si estas afirmaciones son verdaderas o falsas según la información del texto.

a. Guinea Ecuatorial tiene, con diferencia, mucha menos biodiversidad que Costa Rica. **V** ☐ **F** ☐

b. En Guinea Ecuatorial aún se pueden encontrar zonas naturales no transformadas por el ser humano. **V** ☐ **F** ☐

c. Guinea Ecuatorial ha sido un importante productor de petróleo desde principios del siglo XX. **V** ☐ **F** ☐

d. La mayoría de los ecuatoguineanos se relacionan con la naturaleza de la misma manera que sus antepasados. **V** ☐ **F** ☐

30. Busca información sobre los principales riesgos que afronta el país y compártela con la clase.

• La disminución de los bosques

....

• La caza comercial de especies amenazadas

....

• La gestión de residuos

....

....

1. Relaciona cada frase con su interpretación.

1. Cuando yo llegué, Marta se iba.

a. Marta se fue y después llegué yo.

2. Cuando yo llegué, Marta se fue.

b. Primero llegué yo y luego Marta se marchó.

3. Cuando yo llegué, Marta se había ido.

c. Mi llegada y la salida de Marta coincidieron.

2. Forma oraciones de relativo.

1. La educación es un derecho fundamental. Todos los niños deben tener acceso a este derecho.

....

2. Es un evento histórico sumamente importante. Nadie habla de ese evento.

....

3. Es una medida internacional. Con esta medida se podrá ayudar a mucha gente.

....
....

3. Piensa en un acontecimiento importante de la historia política de tu país y escribe un breve texto que incluya los siguientes aspectos.

- Cuándo pasó
- Cómo era la situación antes o qué había sucedido
- En qué circunstancias ocurrió
- Qué consecuencias tuvo
- Por qué te parece importante

....
....
....
....
....
....
....

4A. Completa este mapa mental con palabras que aparecen en la unidad u otras que conoces.

causas	consecuencias
diferencias ideológicas	migraciones masivas

GUERRA

actores / instituciones	acciones
grupos rebeldes	de guerra: bombardeos,
	de paz: alto el fuego,

4B. Piensa en un conflicto armado nacional o internacional y escribe un texto breve en tu cuaderno con las palabras del ejercicio anterior.

DIARIO DE APRENDIZAJE ✍

¿Qué es lo más útil o importante que he aprendido?	Palabras relevantes para mí:
....	....
¿Qué actividades me han ayudado más?	....
....	Estructuras gramaticales interesantes:
¿Qué me parece difícil todavía?	....
....	....
¿Qué me interesa hacer en relación con esta unidad? (información que quiero buscar, algo que quiero leer, película que quiero ver, música que quiero escuchar, etc.)	Errores que cometo:
....	....
	....

16

REDES

1. Verbos relacionados con el uso de internet.

2. Aplicaciones de internet.

3. Un título para una viñeta.

4. Redes sociales y educación.

5. Comprender un texto sobre *influencers* y *bloggers*.

6. Un *youtuber* argentino.

7. Escuchar una conferencia.

8. Inventar una *app*.

9. Texto sobre consejos para usar internet.

10. Estilo indirecto en presente y pasado.

11. Comprender un mensaje de voz.

12. Posición de los pronombres en la frase.

13. Frases de relativo con indicativo o subjuntivo.

14. Hábitos personales relacionados con internet.

15. Extranjerismos.

16. Verbos relacionados con el uso de internet.

17. Mapa mental sobre las redes sociales.

18. Sinónimos de **decir**.

19. Onomatopeyas.

Foco cultural: Argentina y Uruguay

Evaluación

PUNTO DE PARTIDA

1A. **¿Cuándo hiciste estas cosas por última vez?**

1. **colgar** una foto en una red social: *Este sábado. Colgué una foto de una fiesta que hicimos en casa de una amiga.*

2. **subir** un vídeo hecho por ti: ....

3. **reaccionar** a un comentario, foto o noticia: ....

4. **descargarte** algo para leer (un libro, un artículo, unos apuntes…): ....

5. **compartir** un enlace a una noticia interesante: ....

6. **chatear** con alguien de otro país: ....

7. **bajarte** una **aplicación** nueva para tu móvil o **tableta**: ....

8. **publicar** o **compartir** una **lista** de canciones hecha por ti: ....

1B. **Traduce al inglés o a tu lengua las palabras en negrita del apartado anterior.**

....
....
....
....

2A. **¿Qué aplicaciones usas con más frecuencia? Selecciónalas. Puedes añadir otras.**

Instagram	LinkedIn	Youtube	Facebook	Buffer	Hang out
☐	☐	☐	☐	☐	☐

WhatsApp	Skype	Pinterest	Spotify	Messenger	Soundcloud
☐	☐	☐	☐	☐	☐

Snapchat	Google+	Tumblr	Reddit	Deezer	Otras:
☐	☐	☐	☐	☐	....

2B. **Habla con otra persona de la clase sobre las aplicaciones de A que más usas y cuéntale para qué las utilizas.**

3. Inventa un título cómico o irónico para esta imagen sobre el uso excesivo de las redes
🐾 sociales. Luego, compáralo con otras personas de la clase. ¿Cuál os gusta más? ¿Por qué?

4A. Lee este texto sobre el uso de las redes sociales en la educación. Indica en la tabla en qué párrafos se habla de ventajas y en cuáles de inconvenientes.

1. Las redes sociales pueden incrementar la colaboración entre los diferentes compañeros de clase, ya que es muy fácil establecer vías de comunicación y diálogo que nos permitan trabajar en un proyecto colaborativo.

2. Cualquier uso abusivo puede perjudicar nuestro descanso y, en consecuencia, también influirá negativamente en nuestro rendimiento académico.

3. Los alumnos están expuestos a una serie de peligros si no se toman las precauciones adecuadas para evitar casos como el *grooming* (acciones dirigidas a ganarse la amistad de un menor de edad por parte de un adulto con fines de abuso sexual) o el ciberacoso o *ciberbullying* (acoso psicológico entre iguales por medio de internet, telefonía móvil o videojuegos *online*).

4. Cualquier medio social es un fantástico vehículo para que un alumno pueda difundir recursos o contenidos en él. Así se genera una biblioteca colaborativa que muchos alumnos pueden utilizar y de la que aprender.

5. A través de las redes, los alumnos pueden comunicarse con profesores de su propia institución educativa u otras instituciones. Además, un alumno podrá contactar con otros estudiantes de otros países que estudian su misma carrera, y compartir impresiones y experiencias.

Texto adaptado de marketingandweb.es

	1	2	3	4	5
Ventaja					
Inconveniente					

4B. ¿Usas redes sociales en tus estudios? ¿En qué crees que te ayudan?

En/con Pinterest/Spotify... puedo / se puede... compartir...
Pinterest/Spotify... (me) ayuda a... compartir...
Pinterest/Spotify... puede servir / (me) sirve para... comunicarse...
Pinterest/Spotify... es muy útil / va bien para...
En/con... Pinterest/Spotify... es muy/más fácil compartir...
Pinterest/Spotify... (me) permite compartir...
Pinterest/Spotify... facilita el intercambio...

....
....
....
....
....
....
....
....
....
....
....
....
....
....
....
....
....
....
....
....
....

5. Lee el texto de la página 200 del Libro del alumno y señala las frases que son correctas. En las que no son correctas, explica por qué no lo son.

1. Para ser *influencer* basta con tener miles de seguidores en tus redes sociales.
V ☐ F ☐ ....

2. Los *influencers* más famosos ganan mucho dinero y suelen tener representante.
V ☐ F ☐ ....

3. Un *influencer* que promociona una sola marca durante un periodo de tiempo continuado es un "embajador de marca".
V ☐ F ☐ ....

4. Un *blogger* es un *influencer* que solo escribe en blogs.
V ☐ F ☐ ....

5. Un fan solo tiene influencia en su entorno más cercano.
V ☐ F ☐ ....

6. Busca en internet a algún otro *youtuber* argentino y haz una ficha como esta con la información que encuentres.

MARIANO BONDAR, Buenos Aires, 1996

Canal de YouTube: www.youtube.com/user/mariianbonD

Número de suscriptores en youTube: 1.569.131

Perfil en Facebook: www.facebook.com/MarianoBondar1/

Número de seguidores en Facebook: 259.756

Perfil en Instagram: www.instagram.com/mariano_bondar

Número de seguidores en Instagram: 873.000

Perfil en Twitter: twitter.com/Mariano_Bondar

Número de seguidores en Twitter: 451.000

Libro/s publicado/s: "Uno igual al resto"

Otras actividades: Espectáculo de teatro con otro youtuber (Lucas Castel) titulado "Iguales al resto", en gira por toda Argentina.

....
....
....
....
....
....
....
....
....
....
....
....

7. Vas a escuchar el principio de una 🔊 conferencia titulada "Uso problemático 45 de internet en una muestra de estudiantes universitarios colombianos". Después de la audición, marca las frases correctas y corrige las erróneas.

1. Más de 500 estudiantes participaron en esta investigación.
V ☐ F ☐ ....
....

2. Los estudiantes eran de dos universidades colombianas.
V ☐ F ☐ ....
....

3. Todos los estudiantes eran mayores de edad.
V ☐ F ☐ ....
....

4. La encuesta que tuvieron que hacer los estudiantes constaba de tres partes diferenciadas.
V ☐ F ☐ ....
....

5. Los resultados mostraron que había un 12 % de adictos a internet.
V ☐ F ☐ ....
....

6. Otra conclusión a la que se llegó es que el uso abusivo o problemático de internet interfería en el día a día de los estudiantes.
V ☐ F ☐ ....
....

8. Busca en internet alguna *app* para el deporte. Inspírate en ella para inventar una *app* ideal para ti que fomente el ejercicio y evite el sedentarismo. Rellena la ficha.

Nombre
....

Descripción
....

Tres características
....
....
....

9A. Lee estos consejos para el uso de internet publicados en el periódico mexicano *El Universal*. ¿Estás de acuerdo con ellos? ¿Los sigues?

9B. ¿Tienes experiencias negativas relacionadas con alguno de estos consejos? Escríbelas.

10 consejos útiles para el uso de internet

1. Piensa antes de publicar. Todo lo que escribas en la red puede permanecer al alcance de otros, aun cuando lo borres: datos, información, ideas, fotografías.

2. Mantén secreta tu contraseña. No se la digas a nadie. Inventa una que sea difícil de adivinar, pero fácil de recordar. No utilices tu nombre ni tu fecha de nacimiento.

3. Cuida tu imagen y la de los demás. No subas fotos tuyas o de otros de las que después te puedas arrepentir. Una vez en Internet su difusión es incontrolable. Su publicación puede dañar a alguien.

4. Verifica qué saben de ti. Busca tu nombre en internet y verifica qué información aparece de ti.

5. Cierra tu sesión. Si te conectas en una computadora que no sea la tuya, siempre cierra tu cuenta para que otros no tengan acceso a tu información o se hagan pasar por ti.

6. Respeta a los demás. Tú eres responsable de lo que publicas. Cuida las palabras que pones en los foros y redes sociales. No hagas lo que no quieras que te hagan.

7. Usa un apodo o alias. Así te proteges y solo tus amigos y familiares sabrán que eres tú.

8. No digas todo de ti. Da la mínima información posible. No te expongas ni expongas a los tuyos.

9. Asegura y cuida tus cuentas. Decide qué información es conveniente publicar y compartir en las redes sociales, así como quiénes pueden acceder a ellas.

10. Crea varias cuentas de correo electrónico. Puedes tener uno para los amigos, otro para juegos y redes sociales, etcétera.

Fuente: archivo.eluniversal.com.mx

GRAMÁTICA

10A. Lee este mensaje que te ha enviado un amigo. Escribe los mensajes que te pide usando el estilo indirecto.

> Hola. Soy Ángel. Mira, es que me estoy quedando sin batería y embarco en 5 minutos a Buenos Aires. Necesito que le envíes unos whatsApps a algunas personas. A María: dile que he regado sus plantas cada 3 días y le he dejado las llaves en el buzón. A Pablo: dile que Gina me envió ayer las facturas y que se las reenviaré en cuanto pueda. A Salva: dile que ya tengo el contacto de su amiga de Bs As., me lo dio Nora. A Tere: dile que me hospedo en el Hotel Emperador, que puede localizarme ahí. A Santiago: dile que ya quedaremos la semana que viene, esta semana no puedo. A mi hermana: ¡Feliz cumpleaños! 10:12 ✔✔

1. María: *Me acaba de decir Ángel que ha regado tus plantas cada tres días y que...*

2. Pablo:

3. Salva:

4. Tere:

5. Santiago:

6. Hermana:

10B. Han pasado tres días y nadie ha contestado a tus mensajes. Vuelve a enviarlos. Realiza las modificaciones verbales necesarias.

1. María: *Ángel me dijo hace tres días que...*

2. Pablo:

3. Salva:

4. Tere:

5. Santiago:

6. Hermana:

11A. Escucha este mensaje de voz que te ha dejado una amiga y responde a las preguntas. 🔊 46

1. ¿Qué le ha pasado?

2. ¿Cómo se siente ahora? ¿Por qué?

3. ¿Qué te pide?

11B. Escribe un comentario para un foro. Cuenta la historia de tu amiga que te pide consejo.

12. Completa estos diálogos con pronombres y colócalos antes o después del verbo. Si hay dos posibilidades, escribe las dos.

1.

– ¡Qué tarde! ¡Y los niños a punto de salir del cole!

– No, pero hoy no .... hay que ir a buscar................. Están con la canguro...

2.

– Sí, le dije a Alma que habías aprobado todas las asignaturas.

– ¡Era un secreto! ¿Por qué .... has tenido que

decir.................?

3.

– ¿Le has vendido el coche a tu primo?

– Sí, me hizo una oferta muy buena y me vi

obligado a vender...................

4.

– ¿Los kiwis son para los niños?

– Sí, ... compramos................... porque tienen mucha vitamina C.

5.

– La abuela no encuentra sus gafas. ¿................... puedes

buscar................... tú?

– Claro, creo que están en su mesilla de noche.

13. Completa las siguientes frases con indicativo o con subjuntivo.

1. Avísame cuando .... (estar, tú) disponible, que tengo que comentarte una cosa.

2. Sí, puedo ir cuando me .... (decir, tú); no tengo nada en la agenda ese día.

3. Puedo acercarme a donde .... (alojarse, vosotros), pero solo si no está muy lejos. ¿Me enviáis la localización por whatsApp cuando la sepáis?

4. No puedo ir a donde .... (vivir, vosotros), porque está demasiado lejos.

5. Puedo pintar las paredes así como lo .... (desear, ustedes), pero les aseguro que estos colores no van a quedar bien.

6. Puedo pintar las paredes como .... (decidir, ustedes). Piénsenlo bien y envíenme un mensaje con los colores que .... (elegir, ustedes).

14. Escribe frases como las del ejemplo para contar lo que haces en estas situaciones. Usa los recursos de la tabla.

- publicar en tu perfil
- enviar por whatsApp (o similar)
- subir a alguna de tus redes sociales
- enviar por email
- descargar
- compartir
- ...

1. Si un amigo me pide los apuntes de clase...

se los envío por email. ....

....

2. Si me ha sucedido algo bueno hoy...

....

....

3. Si veo algún vídeo divertido...

....

....

4. Si tengo fotografías bonitas de una fiesta reciente...

....

....

5. Si hay alguna noticia que me indigna...

....

....

6. Si veo alguna oferta de trabajo interesante para alguno de mis amigos...

....

....

7. Si he hecho fotos de un viaje...

....

....

8. Si me envían por whatsApp un chiste gracioso...

....

....

SISTEMA FORMAL

LÉXICO

15A. Busca en la unidad doce anglicismos que hacen referencia a internet y a su uso. Después busca (en la unidad o en el diccionario) la palabra en español para cada uno de ellos, si la hay, y escríbela también en tu lengua.

Inglés	Español	Tu lengua
online	en línea	

15B. Aquí tienes algunos extranjerismos que se usan en español. Investiga sobre ellos y completa la tabla.

	Lengua de la que proceden	¿Está en el diccionario?	¿Se ha adaptado a la ortografía del español?
1. póster			
2. jazz			
3. penalti			
4. clicar			
5. güisqui			
6. au pair			
7. estrés			
8. atrezo			
9. chef			
10. kitsch			
11. espaguetis			
12. líder			
13. sunami			
14. estándar			
15. chalé			
16. break			
17. chequear			
18. casting			

15C. Comenta con otras personas de la clase qué cambios ortográficos ha habido en los extranjerismos adaptados a la ortografía del español.

16. Completa este mapa mental sobre las redes sociales.

acciones
publicar
actualizar

nuevas profesiones
influenciador
embajador de marca
gestor de redes sociales

REDES SOCIALES

otros
post, tuit, chat

17. ¿Con qué palabras puedes combinar estos verbos para hablar del uso de internet y de redes sociales?

usar

tener

compartir

actualizar

publicar

descargar

subir

comentar

escribir

CARACTERÍSTICAS DEL TEXTO

18A. Sustituye el verbo decir **por uno de los siguientes que se ajuste más al contexto de la frase. En algún caso tendrás que cambiar además lo que aparece subrayado.**

| aclarar | afirmar | anunciar | asegurar | expresar |

| opinar | informar de | negar |

1. El famoso futbolista acusado de evasión fiscal **dice** .... tener pruebas que demuestran su inocencia.

2. Al contrario de lo que creíamos, el profesor **dijo** .... que no era obligatorio leer *El Quijote*, pero sí, recomendable.

3. Arturo Pons **dijo** que no estaba .... implicado en ninguna trama de corrupción.

4. El presidente de la compañía **ha dicho** .... en rueda de prensa que habrá una reducción de plantilla del 30 %. **Dice** .... que es la única manera de evitar la quiebra.

5. La policía **ha dicho** .... que, por causa del incendio, hay cortes de tráfico en algunas carreteras.

6. La portavoz de la comunidad de vecinos **dijo** que estaba molesta .... con la actitud de algunos concejales.

7. Algunos expertos **dicen** .... que una adicción a internet puede ser tan nociva como una adicción a una droga.

18B. Piensa en cosas que te han dicho personas que conoces o que has oído este último mes y escribe noticias, usando por lo menos cinco de los verbos anteriores.

Raquel afirma tener dinero suficiente para pagarse las vacaciones.

....
....
....
....
....
....
....
....
....
....
....
....
....
....
....
....
....
....
....

SONIDOS

19. Escucha todas estas onomatopeyas españolas.
🔊 **¿Con qué palabras las relacionas?**
47

1. Grrrrrr
2. Mua
3. Ñam
4. Chssss...
5. Ja, ja, ja
6. Zzz, zzz, zzz...
7. ¡Brrrrr!
8. Bah
9. ¡Buaaaa!
10. Glup
11. ¡Puaj!
12. Juas, juas
13. ¡Ay!
14. Achís
15. ¡Paf!

a. 🤣 carcajadas: ....
b. 🤫 pedir silencio: ....
c. 😤 enfado: ....
d. 😋 rico, sabroso: ....
e. 😒 desprecio: ....
f. 😄 risas: ....
g. ❄️ sentir frío: ....
h. 💋 beso: ....

i. 😭 llorar: ....
j. 🥛 tragar: ....
k. 🤧 estornudo: ....
l. 🤢 asco: ....
m. 😴 sueño profundo: ....
n. 😣 dolor: ....
ñ. 👊 golpe: ....

FOCO CULTURAL

Tute llega a Montevideo Comics

La edición 15ª de Montevideo Comics, el mayor festival uruguayo de la cultura de las viñetas, se lleva a cabo este fin de semana y tiene a Tute como uno de sus protagonistas internacionales.

Juan Matías Loiseau, "Tute", tiene 43 años y lleva más de dos décadas trabajando en las publicaciones más diversas. Últimamente, es difícil pasar cinco minutos en Facebook sin ver uno de los cuadros de humor que Tute publica diariamente en el periódico argentino *La Nación*. Con él conversamos de este mundo acelerado e inmediato, que supo encontrar en su humor rápido y efectivo algo digno de ser viralizado. "Internet se convirtió en una gran vidriera internacional. Para los que empezamos a trabajar en esto antes de las computadoras, fue un gran cambio, una revolución", dice.

"Subir un dibujo y tener respuesta del lector automáticamente es muy estimulante. Antes, uno hacía el cuadro de humor, se tomaba el colectivo para ir al diario, entregaba en mano el dibujo, y había que esperar a la Feria del Libro para saber qué repercusión había tenido y eso solo en tu país".

Genealogía de lujo

Retrocedamos el reloj hasta su infancia. El padre de Juan Matías era Carlos Loiseau, conocido como "Caoli" (1948-2012), creador del recordado personaje Clemente y uno de los grandes exponentes del humor gráfico argentino en la década de los 70 y los 80.

"Para mí, dibujar era natural. Todos a mi alrededor lo hacían. Mi madre es artista plástica, veía dibujar a mi papá todos los días, y viajábamos con los amigos de mi viejo y ellos también dibujaban. Así que estaba muy estimulado por todas partes", aclara Tute.

Esos amigos de su padre eran figuras notables del dibujo, alrededor de quienes él creció. "En la Feria del Libro, solía ponerme al lado del Negro Fontanarrosa a dibujar mientras él firmaba libros. Tengo dibujos de todos de aquellos años, de Quino, Rep, Maicas, Langer, Fontanarrosa, Ferro, Viuti, Tabaré, Bróccoli... Aprendí mucho viéndolos dibujar, leyendo sus libros", rememora.

Tanto en las viñetas únicas como en las historietas de Tute hay un tema que parece dominarlo todo: el amor. Basta con leer *Tenemos que hablar* (Lumen, 2017) para toparse con parejas enamoradas, parejas a punto de separarse, amores correspondidos... y de los otros. Son estas las piezas que más se viralizan en las redes sociales, quizá por ser las más universales.

Texto adaptado de findesemana.ladiaria.com.uy

20A. Lee los primeros tres párrafos del texto. ¿Qué efecto han tenido internet y las redes sociales en la carrera de Tute?

....
....
....

20B. Lee el resto del texto y subraya los nombres de los dibujantes famosos que menciona, con los que Tute estuvo en contacto. Investiga en internet sobre tres de ellos: nacionalidad, si han muerto o no, principales obras o personajes...

....
....
....
....

20C. ¿Algunos de los dibujantes famosos anteriores son mujeres? Busca en internet alguna humorista gráfica argentina o uruguaya.

....

20D. Mira la viñeta que acompaña al texto: ¿qué relación tiene con el tema de la unidad? ¿Y con el amor?

....
....
....

21. En grupos, buscad viñetas de Tute que traten el tema del amor e intentad un criterio para clasificarlas: parejas enamoradas, parejas a punto de separarse, etc.

1. Marca la opción correcta en cada frase.

1. Me dijo que su hermano .... un accidente de coche y que .... en el hospital.
 a. tiene, está
 b. tenía, estaba
 c. había tenido, estaba

2. Vamos a donde ...., pero decídete ya, por favor.
 a. quieres
 b. quieras
 c. querrás

3. No podemos ir al pueblo cuando .... tu madre; en esas fechas tengo mucho que estudiar.
 a. quiera
 b. quiere
 c. querría

4. – ¿Y los libros?
 – ¡Ay! ¡Pero si .... tenías que ir a recoger .... tú a la biblioteca!
 a. los / los
 b. ø / ø
 c. los / ø

5. – ¿Le has enviado los apuntes a Laura?
 – Imposible, no .... tengo. Tendrás que enviar .... tú a mí antes, ¿no?
 a. los / ø
 b. los / -melos
 c. ø / me los

6. Los estudiantes .... su malestar con el rector de la universidad con varias manifestaciones multitudinarias.
 a. informaron
 b. aclararon
 c. expresaron

2. Escribe un texto de unas 10 líneas sobre tu experiencia con las redes sociales: cuáles usas, cuánto las usas, con quién las usas y con quién no, a qué famosos sigues, cómo han modificado tu vida, anécdotas interesantes...

LAS REDES SOCIALES Y YO

....
....
....
....
....
....
....
....
....
....
....
....
....
....
....
....
....
....
....
....
....

DIARIO DE APRENDIZAJE

¿Qué es lo más útil o importante que he aprendido?
....

¿Qué actividades me han ayudado más?
....

¿Qué me parece difícil todavía?
....

¿Qué me interesa hacer en relación con esta unidad?
(información que quiero buscar, algo que quiero leer, película que quiero ver, música que quiero escuchar, etc.)
....

Palabras relevantes para mí:
....

Estructuras gramaticales interesantes:
....

Errores que cometo:
....

17

TRADICIONES

1. Preguntas sobre fiestas y tradiciones culturales.

2. Testimonios sobre fiestas populares.

3. Encontrar incoherencias en varios textos.

4. Corregir errores en varias informaciones.

5. Completar unos comentarios con verbos.

6. Uso de la voz pasiva.

7. Recursos para intensificar.

8. Uso de los sentidos.

9. Experiencias intensas con los sentidos.

10. Texto sobre una celebración popular.

11. Escribir un texto sobre una celebración.

12. Escribir un texto sobre algunas celebraciones del calendario universitario.

13. El foco en la entonación.

Foco cultural: Ecuador

Evaluación

PUNTO DE PARTIDA

1. Contesta estas preguntas. Luego compara tus respuestas con otra persona.

1. ¿Qué celebración de tu cultura te parece más interesante? ¿Por qué?

....
....
....

2. ¿Cuál es la fiesta más importante del lugar donde vives? ¿Por qué?

....
....
....

3. ¿Conoces alguna tradición de Latinoamérica? Explícala.

....
....

4. ¿Conoces alguna tradición de España? Explícala.

....
....
....

5. ¿Qué haces normalmente para celebrar el Año Nuevo?

....
....
....

6. ¿Cómo se celebra en tu cultura la llegada del verano?

....
....
....

7. ¿Se celebra la entrada de otras estaciones en tu cultura? ¿Cómo?

....
....
....

8. ¿Cuál de los cinco sentidos es, en tu opinión, el más usado para celebrar cosas y pasarlo bien?

....
....
....

9. Explica cuándo fue última vez que dijiste en tu lengua el equivalente a "¡Qué fiesta tan divertida!"

....
....
....

10. ¿En qué celebración o fiesta te gustaría participar en el futuro?

....
....
....

2A. Lee los testimonios de estas tres personas sobre tres celebraciones. En tu cuaderno, completa una ficha como la de la derecha para cada fiesta.

- Nombre de la celebración
- Cuándo y dónde se celebra
- Qué se celebra y por qué
- Cómo se celebra y quiénes participan

Fiesta de la Natividad de la Virgen

Irene   El nacimiento de la Virgen se celebra el 7 de septiembre en muchos pueblos de España, coincidiendo con el fin de los trabajos agrícolas del verano. En realidad, es una fiesta de acción de gracias que tiene su parte religiosa. En el pueblo de mis abuelos, Cueva Cardiel, en la provincia de Burgos (Castilla y León), donde sus habitantes se dedican al cultivo del cereal, se empieza la fiesta con la celebración de una misa por la mañana. Pero la fiesta dura hasta la noche, con concursos en los que los de fuera y la gente del pueblo compiten preparando los mejores platos. Por la noche hay baile. Todo el mundo baila con la música de algún grupo que se contrata para la ocasión. Los mayores se lucen bailando pasodobles y los jóvenes, la música de ahora.

Óscar   Es la fiesta del solsticio de invierno y se celebra en Madrid, junto al río Manzanares, el 21 de diciembre, el día que comienza el invierno. El Ayuntamiento organiza un desfile teatral con escenas relacionadas con el invierno y la luz. Los ciudadanos participan en el "desfile de luz" con sus propios farolillos, lámparas y globos de luz, que se fabrican en asociaciones, en los colegios y en las casas. Al acabar el desfile, todos sueltan sus globos de luz y el cielo se llena de luces. La celebración termina con un espectáculo de fuegos artificiales. La luz y el color hacen de la noche más larga del año una celebración cálida, íntima y divertida.

Fiesta de la Luz

La romería de San Cecilio

Inma   San Cecilio es el patrón de la ciudad en la que nací y crecí: Granada. Fue el primer obispo de la ciudad y se dice que murió martirizado por los soldados de Nerón. El día de su santo es el 1 de febrero. La romería se hace el domingo más cercano a ese día y consiste en subir andando hasta la Abadía del Sacromonte, para honrar al santo y hacerle ofrendas. Esta tradición comenzó en 1599: la epidemia de peste asolaba la ciudad, que buscó la protección de su patrón. Hoy se ha convertido en una fiesta en la que se comparten habas frescas, salaíllas (pan con sal) y la típica tortilla del Sacromonte, en un lugar increíble con unas magníficas vistas a la Alhambra y Albaicín.

2B. ¿En qué se parecen y en qué se diferencian las celebraciones anteriores? Completa esta tabla.

Similitudes	Diferencias
	En la Fiesta de la Luz no se come.

2C. Inventa un eslogan para el cartel de cada una de las fiestas de A. Luego busca los carteles que existen.

1. ....
   ....
2. ....
   ....
3. ....
   ....

3A. Sin consultar la versión original del texto de las páginas 210 y 211 del Libro del alumno, lee esta versión del texto y encuentra cinco incoherencias internas en la información que presenta. Hay una en cada párrafo.

1. El fuego es el protagonista de las fiestas de numerosas localidades con motivo de la noche de San Juan. En San Pedro Manrique, un pequeño pueblo de la provincia de Soria, cada 23 de junio sus habitantes celebran la noche de San Juan caminando descalzos (con zapatos o algún tipo de protección) sobre una alfombra de brasas de madera de tres metros que se cruza en unos cinco segundos.

Incoherencia: ....

2. Aunque esta tradición concentra a una gran cantidad de turistas y curiosos, hay una regla muy estricta: los habitantes del pueblo son los únicos que tienen permiso para pasar las brasas. Muchos incluso caminan llevando a hombros a algún familiar. Algunos lo hacen por tradición y otros para cumplir alguna promesa religiosa. Solo los extraños de fuera del pueblo se queman cuando pasan porque no se protegen, afirman los locales.

Incoherencia: ....

3. Durante muchos años, varios antropólogos han argumentado que los rituales colectivos de alta emoción tienen una función social muy codificada, ya que contribuyen peligrosamente a la competitividad y rivalidad dentro del grupo, la denominada "efervescencia colectiva". Sin embargo, esta noción de efervescencia que ayuda a cohesionar y evitar conflicto en el grupo siempre ha sido considerada algo difícil de definir e imposible de medir, como explica Dimitris Xygalatas, un antropólogo griego que ha realizado una investigación sobre el tema. Asegura que su estudio muestra por primera vez que los efectos de la acción social tienen una base fisiológica, que se puede medir con precisión, y que este efecto es independiente de la coordinación motora, pues los espectadores permanecían inmóviles y los pasadores recorren la alfombra de brasas de uno en uno.

Incoherencia: ....

4. Para este estudio se usaron pulsímetros debajo de la ropa. Los espectadores no tenían ni idea de lo que estaba pasando. Los científicos colocaron estos pulsímetros a 12 pasadores del fuego, 9 espectadores relacionados con ellos y 17 visitantes que no tenían ninguna relación con las personas que cruzaron las brasas ardiendo. El ritual duró unos 30 minutos, durante los cuales 28 personas hicieron paseos de cinco segundos de duración. Los investigadores detectaron que el corazón de los familiares y amigos evolucionaba de una manera similar al de las personas que cruzaban las brasas. Por el contrario, los visitantes que conocían a los pasadores no presentaron cambios en sus pulsaciones.

Incoherencia: ....

5. Tras analizar otras localidades en las que se llevaron a cabo este tipo de fiestas, Xygalatas describió lo diferentes que son estos rituales en Grecia, Bulgaria, España o la isla Mauricio, por ejemplo. Y es que el fuego es el protagonista de numerosos rituales muy parecidos, con la misma estructura y función aunque celebrados en zonas muy alejadas geográficamente. En ellos se mezclan elementos del cristianismo y otras religiones con el culto a la naturaleza.

Incoherencia: ....

3B. Propón un título para el artículo y uno para cada párrafo.

Título para el artículo:

....

Título para los párrafos:

1. ....

2. ....

3. ....

4. ....

5. ....

GRAMÁTICA

4. En cada uno de estos datos hay un error. Corrígelo como en el ejemplo, usando las estrategias para focalizar elementos, de la página 216 del Libro del alumno. Si lo necesitas, puedes usar internet.

1. ~~Montreal~~ organizó las Olimpiadas de 1968.

  a. *No, (las Olimpiadas de 1968) las organizó México.*

  b. *Fue México la ciudad que organizó las Olimpiadas de 1968.*

  c. *No fue Montreal sino México la ciudad que organizó las Olimpiadas de 1968.*

2. El ejército cubano asesinó a Che Guevara en Bolivia en 1967.

  a. ....

  b. ....

  c. ....

3. Jean Cocteau visitó las islas Galápagos en 1835.

  a. ....

  b. ....

  c. ....

4. Argentina ganó el mundial de fútbol de 2010 en Sudáfrica.

  a. ....

  b. ....

  c. ....

5. Barcelona celebró la Exposición Universal en 1992.

  a. ....

  b. ....

  c. ....

6. Canadá perdió la guerra de Cuba con Estados Unidos en 1898.

  a. ....

  b. ....

  c. ....

7. Francisco de Goya pintó *Las Meninas* en 1656.

  a. ....

  b. ....

  c. ....

8. Los musulmanes conquistaron Granada en 1492.

  a. ....

  b. ....

  c. ....

9. Los musulmanes expulsaron a los judíos de España en 1492.

  a. ....

  b. ....

  c. ....

5. Completa estos comentarios sobre celebraciones del fin de año en distintos lugares del mundo con los siguientes verbos en tercera persona. Revisa las construcciones reflexivas de la página 216 y los recursos para expresar impersonalidad de la página 217.

lanzar	tirarse	abrir	barrer
romper	cenar	hacer	besar
bañarse	regalar	decorar	

1. En Argentina y en Uruguay .... fuegos artificiales.

2. He oído que en Dinamarca la gente .... platos y sillas porque trae fortuna y espanta los malos espíritus.

3. Al parecer, en Bolivia .... carne de cerdo, porque representa la abundancia y la prosperidad. Y algunos bolivianos .... las puertas y las ventanas para ventilar la casa y deshacerse de lo malo que ocurrió durante el año.

4. En muchas casas de la India los habitantes .... las casas con muchas lámparas de aceite.

5. En Australia la gente .... mucho ruido a las 12 h de la noche: cláxones, silbidos...

6. En Nueva York mucha gente .... en el mar, aunque el agua esté muy fría.

7. Muchos colombianos .... primero a una persona del sexo opuesto, porque lo contrario trae mala suerte.

8. En Venezuela .... hallacas caseras (una comida típica) a sus conocidos, para desearles buena suerte.

9. En Tailanda .... cubos de agua unos a otros para atraer lluvias abundantes para el año siguiente.

10. Los chinos .... muy bien toda la casa.

6. Transforma las frases siguiendo los dos modelos. Recuerda las construcciones pasivas de la página 217.

1. La UNESCO declaró la ciudad de Quito Patrimonio de la Humanidad en 1978.

a. La ciudad de Quito fue declarada Patrimonio de la Humanidad por la UNESCO en 1978.

b. La ciudad de Quito la declaró Patrimonio de la Humanidad la UNESCO en 1978.

2. Los incas conquistaron el reino de Quito en el siglo XV.

a. ....

b. ....

3. Sebastián de Benalcázar tomó la ciudad de Quito en 1534.

a. ....

b. ....

4. Los españoles construyeron la catedral de Quito en el siglo XVI.

a. ....

b. ....

5. Los españoles descubrieron las islas Galápagos en 1535.

a. ....

b. ....

6. Juan José Flores organizó el primer Gobierno de la República del Ecuador de 1834 a 1839.

a. ....

b. ....

7. La Constitución de 1906 eliminó el catolicismo como religión oficial.

a. ....

b. ....

7A. Ordena las siguientes palabras para formar frases. Recuerda los recursos para intensificar de la página 217 del Libro del alumno.

1. ¡Es... - lo - que - huelen - increíble - bien!:

....

2. ¡Hay... - qué - aburrida - ver - es - que!:

....

3. Recuerdo... - tocaban - bien - lo - que:

....

4. ¿Has... - bonita - visto - la - sonrisa - tan - que - tiene?:

....

5. Me... - que - dulces - encanta - lo - son:

....

6. ¡Hay... - tan - imagen - realista - ver - qué - que!:

....

....

7B. Relaciona los siguientes temas de conversación con las frases de A.

a. un concierto: ....

b. un chico: ....

c. unas flores: ....

d. unas frutas: ....

e. un cuadro: ....

f. una película: ....

7C. Usando las construcciones para intensificar de A, escribe frases sobre los siguientes temas.

Una comida que te encanta: ¡Lo bueno que está el risotto con verduras que hace mi abuela!

1. La mejor película que has visto últimamente:

....

2. Tu actor/actriz favorito/-a:

....

3. Una bebida que te encanta:

....

4. Un lugar que te fascina:

....

5. Una canción que te parece fantástica:

....

LÉXICO

8. Reflexiona sobre el uso que hacemos de los sentidos. Toma nota en la tabla de palabras relacionadas con cada una de las categorías.

Sentido	Acciones	Partes del cuerpo	Adjetivos relacionados	Situaciones en las que uso este sentido
Tacto				
Gusto				
Olfato				
Oído				
Vista				

9. ¿Recuerdas alguna experiencia muy especial e intensa con alguno o algunos de los cinco sentidos? Explícala en una breve entrada a un blog. Intenta contestar estas preguntas.

- ¿Dónde y cuándo fue?
- ¿Con quién y cómo estabas?
- ¿Qué pasó?
- ¿Qué sentiste, qué experimentaste?
- ¿Qué sensación recuerdas más intensa?

Hace unos años viajé a Jordania con una amiga. Fuimos al desierto de Wadi Rum y pasamos una noche allí. Nunca había estado en un lugar tan silencioso, no se oía nada...

....

....

....

....

....

....

....

....

CARACTERÍSTICAS DEL TEXTO

10A. Lee estos fragmentos de dos textos sobre el Día de la Cruz y ordénalos. Ten en cuenta la secuencia de introducción, desarrollo y cierre que se describe en la página 217 del Libro del alumno.

a. Irene

☐ Los días previos a la fiesta se decoran las plazas con unas cruces de gran tamaño, hechas con flores y adornadas con macetas y objetos tradicionales relacionados con las tareas domésticas y con las faenas del campo. El día 3 por la tarde va la gente a visitar las cruces y en ellas se canta y se baila, además de beber y comer platos rústicos y sabrosos.

☐ El día 3 de mayo se celebra en Granada (ciudad y provincia) la fiesta del Día de la Cruz, una de las tradiciones más populares de la primavera que todos los años llena de color y alegría esta ciudad andaluza.

☐ Es una fiesta muy abierta en la que participan todos, desde abuelos a nietos, por lo que es muy popular. Su origen parece ser una fiesta pagana romana para celebrar la primavera, luego cristianizada y ahora sin ninguna connotación religiosa, salvo su nombre.

b. Cristina

☐ Personalmente me encanta este día por su color y olor. Me recuerda a mi infancia cuando mi madre me vestía de flamenca y me llevaba a ver cruces. También me recuerda cuando era más joven y bebíamos mucho vino en grupos de amigos.

☐ El 3 de mayo de cada año tiene lugar en Granada (Andalucía) una de las fiestas más populares de la ciudad, el Día de la Cruz, un día en el que nadie trabaja y todo el mundo sale a las calles para disfrutar de un espectáculo visual único.

☐ Este día las calles, las plazas y los patios se llenan de flores y motivos religiosos en honor a la Santa Cruz. Es habitual encontrar niños y mayores vestidos con trajes de flamenco. Las calles se llenan de gente que baila y admiran la decoración floral. Es especialmente bonita esta fiesta en el barrio del Albaicín, la colina que está enfrente a la Alhambra. El Ayuntamiento organiza un concurso y se dan premios a las mejores cruces y a los patios mejor decorados.

10B. ¿Qué tipo de información se da en la introducción, el desarrollo y el cierre de los dos textos?

....

....

....

....

....

....

....

....

....

11A. Vas a escribir en un foro sobre tradiciones un texto explicando alguna celebración que conoces bien. Primero, prepara el borrador del texto.

• Nombre de la celebración: ....

....

....

• Dónde y cuándo se celebra: ....

....

....

....

• Qué y por qué se celebra: ....

....

....

....

• Quiénes la celebran (participantes): ....

....

....

....

• Cómo se celebra: ....

....

....

....

....

• Valoración, comentario personal: ....

....

....

....

SONIDOS

11B. Escribe el texto.

....
....
....
....
....
....
....
....
....
....
....
....
....
....

12. Siguiendo el modelo anterior, escribe un texto en el que expliques las celebraciones y fiestas de tu calendario universitario.

....
....
....
....
....
....
....
....
....
....
....
....
....
....
....
....

13A. 🔊 48 Escucha estos diálogos y fíjate en las palabras subrayadas, que se pronuncian con más fuerza.

1.

– ¿Cuba organizó las Olimpiadas de 1968?
– <u>México</u> organizó las Olimpiadas de 1968.

2.

– México organizó las Olimpiadas de 1964, ¿no?
– México organizó las Olimpiadas <u>de 1968</u>.

13B. ¿Por qué crees que es así? Coméntalo con otras personas de la clase.

13C. 🔊 49 Escucha estas frases y subraya la palabra o palabras en las que se pone el foco (que se pronuncian con más fuerza).

1. a. Los romanos colonizaron la península Ibérica en el siglo II a. C.
b. Los romanos colonizaron la península Ibérica en el siglo II a. C.
c. Los romanos colonizaron la península Ibérica en el siglo II a. C.

2. a. Neruda escribió *Puedo escribir los versos más tristes esta noche* en 1924.
b. Neruda escribió *Puedo escribir los versos más tristes esta noche* en 1924.
c. Neruda escribió *Puedo escribir los versos más tristes esta noche* en 1924.

3. a. Picasso pintó el cuadro *Las señoritas de Avignon* en 1907.
b. Picasso pintó el cuadro *Las señoritas de Avignon* en 1907.
c. Picasso pintó el cuadro *Las señoritas de Avignon* en 1907.

4. a. Gabriel García Márquez escribió la novela *Cien años de soledad* en 1967.
b. Gabriel García Márquez escribió la novela *Cien años de soledad* en 1967.
c. Gabriel García Márquez escribió la novela *Cien años de soledad* en 1967.

5. a. Joaquín Rodrigo compuso *El concierto de Aranjuez* en 1933.
b. Joaquín Rodrigo compuso *El concierto de Aranjuez* en 1933.
c. Joaquín Rodrigo compuso *El concierto de Aranjuez* en 1933.

6. a. Pedro Almodóvar dirigió la película *Mujeres al borde de un ataque de nervios* en 1988.
b. Pedro Almodóvar dirigió la película *Mujeres al borde de un ataque de nervios* en 1988.
c. Pedro Almodóvar dirigió la película *Mujeres al borde de un ataque de nervios* en 1988.

13D. En tu cuaderno escribe, para cada una de las frases anteriores, un diálogo en el que tengan sentido, siguiendo el modelo de A.

FOCO CULTURAL

Fiestas populares de Ecuador

1. Fiesta del Inti Raymi. Se celebra el solsticio de verano y se agradece al dios Inti (Sol) por la abundancia en las cosechas y a la Pachamama (Madre Tierra) por cuidar y bendecir los cultivos. Son típicos de esta fiesta unos danzantes que llevan sus cabezas decoradas con espejos, lentejuelas y plumas de colores. En el siglo XVI este tipo de fiestas fueron prohibidas por los españoles, que las consideraban paganas.

Palabras clave: _indigenismo, agricultura_...

vista olfato sabor oído tacto

2. Fiesta de las Flores y las Frutas. Se celebra 40 días antes de la Semana Santa, en Ambato, en la provincia de Tungurahua, y conmemora a las víctimas del terremoto que hubo en esa localidad del 5 de agosto de 1949.
Ese día, las calles de Ambato se llenan de carros alegóricos, construidos por los vecinos, que recorren los barrios de la ciudad. Numerosos actos tienen lugar: corridas de toros, la elección de la Reina de Ambato, la bendición del pan y de las frutas... Además, hay música y comida típica de los pueblos de los alrededores de esta ciudad andina.

Palabras clave: ....

vista olfato sabor oído tacto

3. La Diablada de Píllaro. La Fiesta de la Diablada se realiza todos los años en Píllaro, en la provincia de Tungurahua, del 1 al 6 de enero. Según cuenta la leyenda, las comparsas representan a un diablo que llegó a América con el cristianismo. En épocas coloniales, los indígenas se disfrazaban de diablos para rechazar a los cristianos y el maltrato físico, psicológico y económico que recibían de los españoles. En esta fiesta, los indígenas saltan y bailan transformados en diablo, con sus rostros cubiertos con grandes máscaras. Las comunidades de la zona bailan en círculo y en sus manos llevan una muñeca, una botella de licor y un pañuelo.

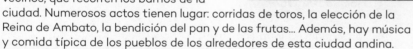

Palabras clave: ....

vista olfato sabor oído tacto

14A. Lee los textos sobre celebraciones de Ecuador y escribe en "Palabras clave" los temas que se tratan. Haz un círculo también en los sentidos más presentes en cada celebración.

14B. ¿Encuentras conexiones entre tus estudios universitarios y los temas que aparecen en estas celebraciones? Explícalos.

Yo estudio Sociología, y me interesa
el comportamiento del grupo...
....
....
....
....
....
....
....
....
....
....
....
....
....
....
....
....
....
....
....

14C. Busca información sobre el carnaval de Guaranda, la fiesta más popular de Ecuador, y escribe en tu cuaderno un texto parecido.

1.   En cada una de estas frases hay un error de gramática. Corrígelo.

1. No fue Sevilla pero Barcelona la organizadora de las Olimpiadas de 1992.

....

2. La novela *Rayuela* escribió el escritor argentino Julio Cortázar.

....

3. En Argentina y Uruguay toma el mate, una bebida hecha de una planta de la zona.

....

4. La queimada es una bebida caliente que prepara quemando orujo.

....

5. La noche de San Juan está celebrada el 23 de junio en muchas culturas occidentales.

....

6. En Navidad la gente en España se toma mucho turrón, un dulce con mucha almendra y azúcar.

....

7. Fue Darwin que visitó las islas Galápagos en 1835, no Jean Cocteau.

....

8. ¿Has visto cómo largo es este desfile?

....

9. ¡Qué música tanto bonita están tocando!

....

2.   Las siguientes celebraciones, tradiciones o fiestas de la cultura hispana son consideradas por alguna gente políticamente incorrectas. Busca información sobre ellas, elige una y anota argumentos a favor y en contra. Luego, escribe un texto presentando la celebración y hablando de las controversias que suscita.

• Celebración de la Toma de Granada (España) que conmemora la expulsión de los musulmanes y la conquista cristiana de la ciudad el 2 de enero de 1492.
• Toro de Fuego o Embolado (*Correbous*). Cataluña y Valencia (España).
• El Yawar Fiesta: fiesta de la sangre del toro y el cóndor (Perú).
• Día de la Hispanidad. Conmemoración de la llegada de Colón el 12 de octubre (Latinoanoamérica).

....
....
....
....
....
....
....
....
....
....
....
....
....
....
....
....
....
....
....

DIARIO DE APRENDIZAJE

¿Qué es lo más útil o importante que he aprendido?

....

¿Qué actividades me han ayudado más?

....

¿Qué me parece difícil todavía?

....

¿Qué me interesa hacer en relación con esta unidad?
(información que quiero buscar, algo que quiero leer, película que quiero ver, música que quiero escuchar, etc.)

....

Palabras relevantes para mí:

....

....

Estructuras gramaticales interesantes:

....

....

Errores que cometo:

....

....

18

EMOCIONES

1. Hablar de emociones.
2. Relación entre emociones y colores.
3. Estilos de aprendizaje.
4. Verbos relacionados con el estado de ánimo.
5. Construcciones valorativas: **me encanta**, **me importa**, etc.
6. Testimonios de profesores y alumnos.
7. Hablar de emociones propias.
8. Emociones y estados de ánimo.
9. Sustantivos abstractos y adjetivos.
10. Formas de agradecer, felicitar, disculparse, pedir algo y dar instrucciones.
11. Silabización y sonidos difíciles.

Foco cultural: Uruguay

Evaluación

PUNTO DE PARTIDA

1A. **Completa estas frases para hablar de tus emociones.**

Alegría. Estoy alegre cuando...

....

Bondad. Una persona buena es...

....

Cariño. Le tengo mucho cariño a...

....

Decepción. Una vez me sentí muy decepcionado/-a. Fue...

....

Enfado. Siempre me enfado cuando...

....

Frustración. Me siento frustrado/-a cuando...

....

Gratitud. La última vez que di las gracias fue...

....

Ilusión. La gran ilusión de mi vida es...

....

Miedo. Me dio mucho miedo...

....

Nostalgia. Añoro mucho...

....

Odio. Odio...

....

Sorpresa. Para mí fue una gran sorpresa...

....

Tristeza. Me pone muy triste...

....

Vergüenza. Me da mucha vergüenza...

....

1B. **Compara tus respuestas con las de otras personas.**

2A. Lee los textos e indica qué color describe cada uno de ellos.

| verde | rojo | morado | rosa | blanco |

| marrón | amarillo | azul | naranja |

1. .... Es un color alegre, cálido, representa la luz y la energía, la ilusión. Sin embargo, también puede cansar la vista y ser demasiado visible.

2. .... Atrae rápidamente la atención, evoca emociones fuertes. Sin embargo, algunos estudios demuestran que este color puede afectar en tareas de concentración, como resolver exámenes o tomar decisiones, ya que se asocia con el peligro, la rabia, el enfado o el fuego. También se asocia con la pasión, la intensidad y el amor.

3. .... Se relaciona con la calma, la productividad y la serenidad, por esa razón es el más usado en las oficinas. Representa la amplitud del cielo o del mar. También es sinónimo de seguridad, es expansivo y claro, ofrece confianza.

4. .... Está comprobado que las personas que trabajan en un ambiente de este color tienen menos dolores de estómago. Los tonos profundos de este color evocan abundancia y los claros tranquilizan. Se asocia con la salud, la tranquilidad y, sobre todo, con la naturaleza.

5. .... Significa lealtad, bienestar, éxito y sabiduría. Esta es la razón por la que los reyes se vestían con ropa de este color. La mezcla de azul y rojo de esta tonalidad le da intensidad y fuerza, mucho más que el color rosa.

6. .... Es un color que tranquiliza. Los tonos más oscuros se usan para expresar diversión, emoción, juventud. Los tonos claros se asocian con el amor y también con lo femenino.

7. .... Se relaciona con la pureza, la paz, la inocencia y el vacío. Es ideal para decorar espacios pequeños, ya que da una sensación de amplitud. Este color es el no color o la unión de todos los colores. Significa todo lo opuesto al negro, claridad frente a oscuridad.

8. .... Este color evoca la tierra, la confianza, y las cosas materiales y prácticas. Representa la seriedad y la discreción. Pero también resulta algo aburrido y pesimista. Puede asociarse con la tristeza o con la suciedad.

9. .... Este color secundario se forma con la mezcla de rojo y amarillo. Este color se usa para atraer la atención y provocar alegría. Es sinónimo de entusiasmo, felicidad, optimismo, emoción, calidez, pero también de precaución.

2B. Piensa en logos que conoces (de productos, empresas, partidos políticos, etc.), y explica qué transmiten, basándote en la información que dan el texto de A y este gráfico.

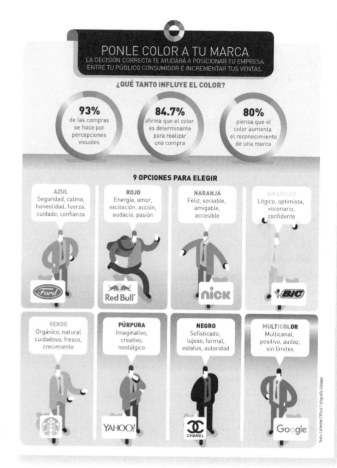

Fuente: entrepreneur.com

Transmite la idea... / una sensación de...

Se relaciona con...

....

....

....

....

....

....

....

....

....

....

....

....

....

....

....

....

3A. ¿Te identificas con estas definiciones de los estilos de aprendizaje? Márcalas de 1 (nada de acuerdo) a 4 (totalmente de acuerdo).

ESTILOS DE APRENDIZAJE

¿Cuál es tu estilo de aprendizaje dominante?

ACTIVO

	1	2	3	4
Me encanta tener nuevas experiencias e intentar cosas nuevas.	O	O	O	O
No me da vergüenza dramatizar o hacer juegos de rol.	O	O	O	O
Presentar algo en público es una actividad que no me da miedo.	O	O	O	O
No soporto tener que estar mucho tiempo sentado.	O	O	O	O
Las actividades en las que hay que resolver un problema o crear algo nuevo son mis favoritas.	O	O	O	O

REFLEXIVO

	1	2	3	4
No me aburre observar y escuchar detenidamente algo o a alguien.	O	O	O	O
Me pone nervioso/-a no tener tiempo suficiente para pensar.	O	O	O	O
Es cierto que siempre pienso antes de actuar.	O	O	O	O
Me molesta que me presionen en mi trabajo.	O	O	O	O
Me parece muy importante documentarme y reunir información cuando aprendo.	O	O	O	O

TEÓRICO

	1	2	3	4
Necesito que los objetivos y las actividades tengan planificación y estructura.	O	O	O	O
Me estreso cuando no encuentro la lógica o la razón de algo.	O	O	O	O
Me encanta tener la oportunidad de preguntar y cuestionar las cosas.	O	O	O	O
Necesito trabajar con esquemas que sistematicen los conceptos.	O	O	O	O
Para mí es muy importante tener tiempo para explorar las cosas de forma metódica.	O	O	O	O

PRAGMÁTICO

	1	2	3	4
Me motiva mucho ver vídeos que muestran cómo se hacen las cosas.	O	O	O	O
Me parece absurdo que lo que aprendo no tenga relación con la realidad.	O	O	O	O
Necesito muchos ejemplos concretos para entender lo que aprendo.	O	O	O	O
Copiar o simular modelos es una buena manera de aprender.	O	O	O	O
Me parece importante que lo que aprendo tenga aplicación en mi vida.	O	O	O	O

Test adaptado del modelo clásico de Honey y Mumford (1992)

3B. Suma los puntos para saber cuál es tu estilo de aprendizaje dominante. ¿Estás de acuerdo con el resultado?

1. Estilo activo: .... puntos

2. Estilo reflexivo: .... puntos

3. Estilo teórico: .... puntos

4. Estilo pragmático: .... puntos

3C. Explica casos concretos de tu experiencia en clase donde se confirman tus estilos de aprendizaje. Luego, coméntalos con otras personas.

— Me estresa tener que responder rápidamente, sin poder pensar. Por ejemplo, cuando hacemos actividades en las que contamos el tiempo con un reloj de arena, como el tabú...

3D. ¿Recuerdas cuál es tu tipo de inteligencia principal (actividad 4, página 220 del Libro del alumno)? ¿Ves alguna relación lógica entre esa inteligencia y tu estilo de aprendizaje dominante?

GRAMÁTICA

4. Completa estos comentarios de unos estudiantes con la forma adecuada de los verbos entre paréntesis. ¡Atención! En algunos casos tendrás que añadir pronombres.

1. Jessica: (Yo) .... (ponerse nerviosa) cuando .... (tener) que hablar en público.

2. Tom: (Yo) .... (ponerse contento) si no .... (tener) clase por la mañana temprano.

3. Ben: (Yo) .... (avergonzarse) de mi pronunciación, es terrible, prefiero no hablar.

4. Malika: (Tú) ¿ .... (divertirse) en esta clase?

5. Mark: Mi amiga Eva también .... (aburrirse) mucho en clase de Estadística.

6. Laura: Mi profesor .... (enfadarse) cuando un estudiante no .... (entregar) la tarea.

7. Uwe: (Nosotros) Los estudiantes .... (preocuparse) mucho por nuestro futuro.

8. Ivan: (Vosotros) ¿ .... (estresar) mucho con los exámenes?

9. Kevin: Mis profesores .... (preocuparse) bastante por nosotros.

10. Sadia: (Nosotros) Los estudiantes .... (motivarse) más cuando el tema .... (ser) interesante.

5. Completa con la forma adecuada de los siguientes verbos los comentarios de estos profesores. ¡Atención! En algunos casos tendrás que añadir pronombres.

1. Ana: A mí .... (poner) muy nerviosa que los estudiantes .... (llegar) tarde.

2. Pilar: A mí .... (encantar) que los estudiantes .... (hacer) preguntas.

3. Teresa: A mí no .... (importar) que a veces los estudiantes .... (hablar) en su lengua materna.

4. Kris: ¿A ti .... (dar vergüenza) que te .... (preguntar) por tu vida privada?

5. Francisco: A un buen profesor de español nunca .... (molestar) dar explicaciones.

6. Pablo: A nosotros, los profesores, ... (preocupar) que las clases .... (ser) interesantes.

7. Nuria: A nosotros también .... (estresar) los exámenes.

8. Matilde: ¿A vosotros no .... (sorprender) que la gente .... (usar) los teléfonos en clase?

9. Emilia: A muchos profesores .... (parecer) mal que los estudiantes .... (comer) en clase, pero a mí no.

10. Clara: A los estudiantes en general .... (motivar) los vídeos.

GRAMÁTICA

6. **Estos estudiantes tienen a los cinco profesores de la derecha. Lee cómo son esos profesores y escribe qué piensan de ellos los estudiantes.**

1. Tarek: es muy puntual, hace listas de problemas de lengua, se estresa con los exámenes.

A Tarek le molesta que su profesor Francisco llegue siempre tarde.

....

....

....

....

2. Olga: necesita a menudo la traducción, es muy tímida, necesita tomar nota de todo.

....

....

....

....

3. Ariel: no soporta la literatura, necesita mucho tiempo para aprender, habla muchas lenguas.

....

....

....

....

4. Jessica: es muy extrovertida y social, es una persona muy creativa, no soporta la gramática.

....

....

....

....

5. Malika: estudia música, le encanta el orden y la planificación, hace listas de errores.

....

....

....

....

....

PROFESORES

Francisco: llega siempre tarde, es muy desorganizado, le encanta el arte, solo habla en español en clase.

Pilar: hace muchas actividades en grupo, representa teatro en clase, planifica muy bien las clases, hace exámenes sorpresa.

Teresa: usa bastante textos literarios, es muy paciente y amable, habla muchas lenguas, escribe mucho en la pizarra.

Kris: traduce a menudo del español, no corrige los errores, siempre tiene muy buen humor, canta muy bien.

Ana: trabaja mucho con canciones, habla muy rápido, incluye siempre cultura en sus clases, evita explicaciones gramaticales.

LÉXICO

7. Contesta las preguntas escribiendo frases como las del modelo.

a. 🙂 Algo que **te encanta**:

Me encanta la playa. Me encanta que llegue el verano para ir a nadar.

b. 😑 Algo que **te aburre**:

c. 😖 Algo que **te molesta** mucho:

d. 🤔 Algo que **te preocupa**:

e. 🙁 Algo que **te da miedo**:

f. 🤢 Algo que **te pone nervioso/-a**:

g. 😧 Algo que **te da pena**:

h. 😔 Algo que **te da vergüenza**:

8. Escribe con cuál o cuáles de estas emociones básicas relacionas los siguientes estados emocionales.

- miedo (M)
- tristeza (T)
- sorpresa (S)
- enfado (E)
- asco (AS)
- alegría (AL)

1. pánico: *M*

2. pena:

3. rechazo:

4. odio:

5. temor:

6. enojo:

7. disgusto:

8. ira:

9. rabia:

10. asombro:

11. fascinación:

12. felicidad:

13. optimismo:

14. tranquilidad:

15. serenidad:

16. extrañeza:

17. admiración:

18. melancolía:

19. pesimismo:

20. dolor:

21. repulsión:

22. oposición:

23. peligro:

24. ansiedad:

9A. Completa los siguientes sustantivos abstractos con estas terminaciones.

| -eza | -ez | -ía | -encia |
| -ancia | -dad | -ura | -tud |

1. (la) simpat............

2. (la) alegr............

3. (la) pur............

4. (la) sensat............

5. (la) paci............

6. (la) intelig............

7. (la) trist............

8. (la) eleg............

9. (la) juven............

10. (la) abund............

11. (la) tranquili............

12. (la) seguri............

13. (la) amarg............

14. (la) loc............

15. (la) rapid............

16. (la) lenti............

9B. Escribe en esta tabla los sustantivos de A y anota también los adjetivos correspondientes.

Sustantivo	Adjetivo
la simpatía	simpático/-a

9C. Escribe en tu cuaderno frases en las que aparezcan los adjetivos de B, para hablar de tus emociones.

Los pingüinos me parecen muy simpáticos, me divierte ver cómo se mueven.

CARACTERÍSTICAS DEL TEXTO

10A. Indica qué acto o actos de habla llevarías a cabo en estas situaciones y escribe qué dirías.

agradecer | disculparse | felicitar | pedir | dar instrucciones

1. Llegas muy tarde al cine. Tus amigos te esperan para ver la película que ya ha empezado.

Disculparse: Lo siento mucho, de verdad. Es que había mucho tráfico. ☹

....

....

....

....

2. Una buena amiga tuya te anuncia que está embarazada.

....

....

....

....

....

3. Necesitas que un compañero de clase te ayude con una traducción importante.

....

....

....

....

....

4. Tus vecinos tienen la música muy fuerte y tú estás estudiando para un examen muy difícil.

....

....

....

....

....

5. Te regalan para tu cumpleaños una escultura que te parece horrorosa.

....

....

....

....

....

....

6. Tienes que hablar con tu profesor/a de español porque no puedes hacer el examen final el día previsto.

....

....

....

....

....

7. Le explicas a una amiga que cuida tu casa en vacaciones cómo regar las plantas.

....

....

....

....

....

8. Tu exnovio/-a quiere que vayas a su boda.

....

....

....

....

....

9. El café que te han servido en el bar tiene una mosca dentro.

....

....

....

....

....

10. Es la noche de fin de año y estás celebrándola con tus amigos y familiares.

....

....

....

....

....

SONIDOS

10B. ¿Qué emociones crees que representan los siguientes emoticonos? Coméntalo con otras personas.

a.   f.

b.   g.

c. h.

d. i.

e. j.

10C. Dibuja al lado de cada una de las frases que has escrito en A el emoticono o los emoticonos de B que mejor representan tu estado de ánimo en esa situación.

11A. Escribe palabras en español que tengan sonidos difíciles de pronunciar para ti.

Rojo: me cuesta pronunciar la "r" y la "j".

....

....

....

....

....

....

....

11B. Divide estas palabras en sílabas, como en el ejemplo.

1. ar/ma/di/llo
2. sonrojado
3. ascensor
4. zurcir
5. juguetón
6. aguja
7. desarrolladores
8. jamonero

11C. Piensa en palabras parecidas a las anteriores, que contengan varias sílabas iguales, en la misma posición o sílabas similares.

1. ar/ma/rio, la/dri/llo, chi/qui/llo ....
2. ....
3. ....
4. ....
5. ....
6. ....
7. ....
8. ....

11D. Escucha cómo algunas personas pronuncian las ocho palabras de B y anota los problemas que tienen.

🔊 50

pronuncian **l/r** en lugar de **ll/rr**...
confunden la **l/r** con la **ll/rr**...
les cuesta pronunciar la **l/r**...

11E. Ahora pronuncia tú las palabras de B. Si puedes, grábate pronunciándolas.

11F. Con ayuda de algún programa de internet (como Forvo) o de tu profesor/a, escucha las palabras que has escrito en A. Luego, grábate pronunciándolas.

11G. En grupos, comentad si conocéis técnicas que os podrían ayudar a mejorar vuestra pronunciación.

FOCO CULTURAL

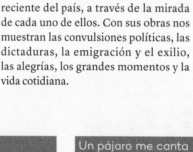

Uruguay a través de sus letras

Uruguay —un país de 3,5 millones de habitantes— ha dado al mundo numerosas personalidades del ámbito de la literatura. En la narrativa, Juan Carlos Onetti, Mario Benedetti o Eduardo Galeano, entre otros muchos; en la poesía, Benedetti, Cristina Peri Rossi, Eduardo Milán, Ida Vitale o Idea Vilariño.

En sus letras queda reflejada la historia reciente del país, a través de la mirada de cada uno de ellos. Con sus obras nos muestran las convulsiones políticas, las dictaduras, la emigración y el exilio, las alegrías, los grandes momentos y la vida cotidiana.

Alegría, ganas de abrazar
la alegría en ese pájaro. ¿Pájaro?
¿Cuál pájaro? No importa:
ganas de abrazar al pájaro ausente, aura
aérea era la garza.

Eduardo Milán

Algunos se han dejado crecer la barba,
otros, se han cortado la barba
hay quien se pierde caminando
por no poder dormir,
y hay quienes duermen demasiado,
unos vuelven en rumorosos barcos de humo
que no los llevan al país abandonado
-al país perdido-
y otros vuelven todos los días
con la imaginación.
Se reconocen por el acento,
y por la tristeza de la mirada.

Cristina Peri Rossi

Un pájaro me canta
y yo le canto
me gorgojea al oído
y le gorgojeo
me hiere y yo le sangro
me destroza
lo quiebro
me deshace
lo rompo
me ayuda
lo levanto
lleno todo de paz
todo de guerra
todo de odio de amor
y desatado
gime su voz y gimo
ríe y río
y me mira y lo miro
me dice y yo le digo
y me ama y lo amo
-no se trata de amor
damos la vida-
y me pide y le pido
y me vence y lo venzo
y me acaba y lo acabo.

Idea Vilariño

12. ¿Te gusta la poesía? ¿Qué relacionas con ella?

13A. Lee los poemas. ¿Qué emociones comunica cada uno? ¿Cómo representan esas emociones?

....
....
....
....
....
....

13B. ¿De quién crees que habla el poema de Cristina Peri Rossi y por qué están tristes esos hombres?

....
....
....
....

14. Escribe en tu cuaderno un poema sobre una emoción utilizando el esquema del de Eduardo Milán o el de Idea Vilariño.

Ternura, ganas de tocar/ abrazar... el/la/un/a...

Un/a desierto/brisa me acaricia
y yo le...

1. Elige en cada caso la opción más adecuada.

1. Mi profesora nunca .... nerviosa, tiene mucha paciencia y transmite mucha calma.
a. se pone   **b.** le pone   **c.** pone

2. A mi profesor le encanta que .... en grupos.
a. trabajar   **b.** trabajamos   **c.** trabajemos

3. A muchos estudiantes les .... miedo hablar en público.
a. dar   **b.** da   **c.** dé

4. Yo .... mucho en clase cuando .... textos literarios.
a. me aburro, leo   **b.** me aburro, leyendo   **c.** aburre, lea

5. Es importante que .... bien el trabajo en tus estudios.
a. planifiques   **b.** planificar   **c.** planificas

6. .... mucha tristeza con esas noticias tan horribles.
a. Siento   **b.** Pongo   **c.** Me siento

7. Me da mucho .... ese tipo de personas, no puedo soportarlo.
a. asco   **b.** asqueroso   **c.** asquerosidad

8. Por fin he terminado las clases. ¡ .... me alegro!
a. Qué   **b.** Cuántas   **c.** Cómo

9.

– ¿Sabes que me han ofrecido un trabajo en Londres el año que viene?

– ....
a. ¡Enhorabuena!   **b.** No hacía falta.   **c.** ¡Lo siento!

2. Elige una película, novela, documental, etc., que te guste. Explica en qué situaciones los personajes de esa historia sienten alegría, asco, enfado, miedo, sorpresa o tristeza. Interpreta su conducta.

....
....
....
....
....
....
....
....
....
....

3. Explica en un breve texto situaciones reales de tu curso de español en las que experimentaste alguna de estas emociones. ¿Cómo y por qué te sentiste de esa manera? ¿Cómo afectó a tu aprendizaje?

• alegría   • enfado   • sorpresa
• asco   • miedo   • tristeza

....
....
....
....
....
....
....
....
....

DIARIO DE APRENDIZAJE

¿Qué es lo más útil o importante que he aprendido?
....

¿Qué actividades me han ayudado más?
....

¿Qué me parece difícil todavía?
....

¿Qué me interesa hacer en relación con esta unidad? (información que quiero buscar, algo que quiero leer, película que quiero ver, música que quiero escuchar, etc.)
....

Palabras relevantes para mí:
....
....

Estructuras gramaticales interesantes:
....

Errores que cometo:
....

Francisco Rosales Varo
COLUMBIA UNIVERSITY. NUEVA YORK

Teresa Moreno
LUDWIG-MAXIMILIANS-UNIVERSITÄT. MÚNICH

Ana Martínez Lara
UNIVERSIDAD POLITÉCNICA DE MADRID

Pilar Salamanca
UNIVERSIDAD DE LENGUAS APLICADAS - SDI MÚNICH

Kris Buyse
KU LEUVEN

Silvia López
INSTITUTO CERVANTES

Juan Francisco Urbán
INSTITUTO CERVANTES

Roberto Castón
ILUSIÓN ÓPTICA, SERVICIOS EDITORIALES

Revisión pedagógica
Emilia Conejo, Agustín Garmendia, Pablo Garrido, Núria Murillo

Coordinación editorial y redacción
Emilia Conejo, Núria Murillo

Diseño y maquetación
Pedro Ponciano

Corrección
Silvia Jofresa

Agradecimientos
Javier Pérez Zapatero, Analía Lavin, Irene Alonso, Inma Martínez Varo, Óscar Guerra, Andreu Agustí, Gemma Baltasar, Adolfo Sánchez Cuadrado, María Dolores Chamorro, Cristina Hita

Audios
Difusión
Excepto: p. 13, El País (Los acentos del español) p. 157, CVC (Catálogo de voces hispánicas) p. 187, Babbel (8 Spanish Words You'll Struggle To Pronounce)

© Los autores y Difusión, S.L. Barcelona 2017
ISBN: 978-84-16347-99-5
Reimpresión: abril 2018
Impreso en España por Novoprint

difusión
Centro de
Investigación y
Publicaciones
de Idiomas, S. L.

C/ Trafalgar, 10, entlo. 1ª
08010 Barcelona
Tel. (+34) 93 268 03 00
Fax (+34) 93 310 33 40
editorial@difusion.com

www.difusion.com

Fotografías

unidad 1 p. 6 larepublica.ec, julioblod11. blogspot.com.es, cosas.pe/, centrotampa.com estadiodeportes.mx, wikipedia, p. 7 wikipedia, weloversize.com, Jóvenes indígenas (CDI Mx), p. 8 aldia.com.gt, rebecalane.bandcamp. revistaesfinge.com, fmdos.cl, wikipedia, p. 9 Redbaron/Dreamstime, p. 10 kupicoo/ iStock, p. 11 Marisa9/iStock, Geber86/ iStock; p. 12 futbol.as.com, elciudadano. cl, capitalinoerrante.com, wikipedia, lazurbana.fm, p. 14 DC_Colombia/iStock, xeni4ka/iStock, http://tahuichi.com.bo/, Pixattitude/Dreamstime; **unidad 2** p. 17 swissmediavision/iStock, kasto80/iStock SilviaJansen/iStock, justtscott/iStock, pics.filmaffinity.com, iberlibro.com, p. 18 Valentineroy/Dreamstime, p. 19 RoBeDeRo/ iStock, PeopleImages/iStock, princigalli/ iStock, nyul/fotolia, theartofphoto/fotolia, nenetus/fotolia, p. 20 m-imagephotography/ iStock, p. 21 Justin Black/Dreamstime, p. 24 travels.kilroy.net, mapamundial.co, wikipedia, Firefox; **unidad 3** p. 26 Ginasanders/ Dreamstime, p 28 yipiyipiyeah.com, p. 31 Eva/Fotolia, Ridofranz/iStock, Juanmonino/ iStock, Baronb/Fotolia, wavebreak3/ Fotolia, julief514/iStock, XiFotos/iStock, Shannon Fagan/Dreamstime, p. 33 pandavector/Fotolia, p. 35 particularcuba. com, p. 36 Olgacov/Dreamstime, Freesurf69/ Dreamstime, wikimmedia commons; **unidad 4** p. 38 4Gress.jpg, guias-viajar. com, greatperu.com, wikipedia, encrypted-tbn0.gstatic.com, p. 39 wikipedia, Veronica Delgado/Dreamstime, Samantha Ong/ Dreamstime, ecosistemasdecostarica. blogspot, p. 40 Ed Francissen/Dreamstime, onemagazine.es, p. 41 Pablo Caridad/ Dreamstime, p. 44 incoming-students. com, erasmusu.com, p. 46 Loca4motion/ Dreamstime, Nicolas De Corte/Dreamstime thegentlemanbackpacker.com, wikipedia, WordPress.com, Sjors737/Dreamstime, 100noticias.com.ni, iurisdictio-lexmalacitana. blogspot.com.es; **unidad 5** p. 49 Un currículum (Ana Gómez), p. 50 Yarruta/ Dreamstime, p. 51 waterpolista.com, p. 53 taringa.es, pinterest.com, static.notinerd. com, p. 56 columbia.co.cr, buenavibra. es, Amwu/Dreamstime; **unidad 6** p. 59 andresneuman.com, casadellibro.com, Alija/

iStock, AlexBarcelos/iStock, Jposvancz/ iStock, p. 60 estaticos.codigonuevo.com, turismografias.com, p. 62 mysauda.com, p. 63 sonrisasdebombay.org, p. 66 Sébastien Chauvel/Dreamstime, Mihai Andritoiu, Dreamstime, pinterest.es, yainis.com, Dlrz411/ Dreamstime, p. 67 amazon.es; **unidad 7** p. 68 twitter.com, t13.cl, estaticos. elperiodico.com, p. 69 Adolescentes, 2015 (ING DIRECT España), p. 71 20minutos. es, greenglass.com.ar, p. 72 es.pinterest. com, p. 75 es.pinterest.com, p. 76 Elena Elisseeva/Dreamstime, Enrique Gomez/ Dreamstime, wikipedia; **unidad 8** p. 81 José Castro, wikipedia, sabemos.es, elandroidelibre. elespanol.com, p. 82 ferratraite/iStock, imanol2014/Fotolia, Daniel Ernst/iStock, santypa/Fotolia, p. 84 elcomidista.elpais. com, spooh/iStock, scibak/iStock, chictype/ iStock, jkitan/iStock, WesAbrams/iStock, VladislavStarozhilov/iStock, ARTYuSTUDIO/ iStock, vivalaventura.es, redarrow81/iStock, p. 86 Juan Carlos Tinjaca/Dreamstime, Ulita/ Dreamstime, wikipedia, casadellibro.com; **unidad 9** p.89 Andrea Izzotti/fotolia; p. 90 Belliot/Megapixl.com, Picsfive/Dreamstime. com, Alexmax/Megapixl.com, Albert Smirnov/Dreamstime.com, Karina Bakalyan/ Dreamstime.com, Johnfoto/Dreamstime. com, primarkcatalogo.com, Bjørn Hovdal/ Dreamstime, Tarzhanova/Fotolia, El lenguaje gestual (Llorenç Conejo), p. 91 serkat Photography/fotolia, p. 93 porteimagen. blogspot.com.es, saladademodablog.files. es.pinterest.com, ugactualblog.wordpress. com, es.pinterest.com, malefashiontrends. com, p. 96 Piksel/ Dreamstime, Voyageur/ Dreamstime, Acceleratorhams/Dreamstime; **unidad 10** p. 98 Jultud/iStock, gabrieldome/ iStock, Fudio/iStock, Ppy2010ha/Dreamstime, p. 99 Monika Adamczyk/Dreamstime, Skypixel/ Dreamstime, Hasan Can Balcioglu/ Dreamstime, Jason Stitt/Dreamstime, p. 101 kasto80/iStock, tripadvisor.es, noticiasparamunicipios.com, p. 103 lapatilla. com, cookingtheglobe.com, es.pinterest. com, p. 105 abrecht-group.com, sabrosia. com, Foodio/Dreamstime, emprendedorestv. pe, libroderecetas.com/, i24web.com, deperu. com, Ildipapp/Dreamstime, plazavea.com. pe, peru.com, erasmusu.com, 5second/iStock,

p. 106 livechina/iStock, benedek/iStock, Ppy2010ha/Dreamstime; **unidad 11** p. 110 mba.americaeconomia.com; p. 112 Matthias Weinrich/Dreamstime; p. 114 Easyturn/iStock; p. 116 Bosenok/Dreamstime, Lunamarina/Dreamstime; Grigor Atanasov/ Dreamstime; **unidad 12** p. 125 plus.google. com, p. 126 Hugoht/Dreamstime, Raymona Pooler/Dreamstime, Gabriel Robledo/ Dreamstime; **unidad 13** p. 129 ¿Tienes un marrón o una alternativa? REAS (Red redes), p. 130 Morten Elm/Dreamstime, p. 131 www. istockphoto.com/ pixelfit, Ernest Akayeu/ Dreamstime, p. 132 wikipedia, Julioaldana/ Dreamstime, Brezra/Dreamstime, p. 135 cuartopoder.es/, p. 136 Picturemakersllc/ Dreamstime, Michael Mill/Dreamstime, Swisshippo/Dreamstime; **unidad 14** p. 140 Obaba/iStock, p. 141 SensorSpot/iStock, Juanmonino/iStok, p. 145 Héroes que inspiran (Creativistas, Andrés Felipe Olivera), p. 146 Maciej Bledowski/Dreamstime, Tifonimages/ Dreamstime , wikipedia; **unidad 15** p. 148 publico.es, p. 149 travindy.com, p. 150 generaciondelaamistad.blogspot.com.es, Informar sobre África (casa África), p. 152 Orlando Florin Rosu/Dreamstime, p. 153 wikipedia, p. 155 elmarcoverde.com, p. 158 thedrillproject.org, visitguineaecuatorial.com, i2.wp.com; **unidad 16** p. 161 Szasz-Fabian Jozsef/Fotolia, p. 162 i.gr-assets.com, p. 163 519524108/iStock, p. 168 Lee Torrens/ Dreamstime, Henrik Dolle/Dreamstime, pbs. twimg.com, brownonline.com; **unidad 17** p. 171 sevilla.abc.es, madrid.es.eventsdroid. com, granadaimedia.com, p. 172 Dimitris Xygalatas, p. 174 f11photo/iStock, p. 175 Obab/ istock, p. 176 aluni.net/de/aktivitaten, p. 178 Alanbrito/Dreamstime, Wordpress.com, Danilo Mongiello/Dreamstime, ec.viajandox.com, Miravalle/Dreamstime; **unidad 18** p. 183 Jose Castro, p. 184 Yuri_Arcurs/iStock, jacoblund/ iStock, Daniel Ernst/Fotolia, Jacob Lund/ Fotolia, Andriy Petrenko/Fotolia, Difusión, p. 186 Antonio Scarpi/Dreamstime, p. 187 Mary Katherine Wynn/Dreamstime, Ted P. Duran/Dreamstime, Simplyzel/Dreamstime, Articture/Dreamstime, p. 188 marciano1/ iStock, Kseniya Ragozina/Dreamstime, 3.bp. blogspot.com, poeticous.com, wikipedia

Ilustraciones

unidad 2 p. 17 flaticon.com, p. 20 flaticon. com; **unidad 3** p.29 flaticon.com, p. 30 flaticon.com; **unidad 3** p.32 flaticon.com, p. 33 flaticon.com; **unidad 4** p.43 Roger Pibernat; **unidad 5** p. 53 taringa.es, pinterest. com, static.notinerd.com; **unidad 7** p.72 es.pinterest.com, p. 75 es.pinterest.com; **unidad 9** p.92 David Revilla, p. 93 David Revilla, p. 94 Roger Pibernat; **unidad 10** p. 101 David Revilla; **unidad 12** p. 125 plus. google.com; **unidad 13** p. 131 Ernest Akayeu/ Dreamstime; **unidad 14** p. 140 Obaba/ iStock; **unidad 16** p. 160 flaticon.com, p. 167 freepik.com; **unidad 17** p. 175 Obab/istock

SI QUIERES MEJORAR TU NIVEL DE ESPAÑOL,
te recomendamos:

Gramática básica del estudiante de español

Cuadernos de gramática española A1-B1

Las claves del nuevo DELE B1

Un día en Buenos Aires

Un día en La Habana

Un día en Ciudad de México

Un día en Barcelona

Un día en Madrid

Un día en Málaga

Un día en Salamanca